寻访珠水古韵 读懂红色羊城

广州市文化广电旅游局 ◎编　著
广州市规划和自然资源局 ◎联合出品

廣東旅游出版社
GUANGDONG TRAVEL & TOURISM PRESS
中国 · 广州

图书在版编目（C I P）数据

寻访珠水古韵　读懂红色羊城/广州市文化广电旅游局编著. —广州：广东旅游出版社，2020.1
（名城·最广州）
ISBN 978-7-5570-2071-2

Ⅰ.①寻… Ⅱ.①广… Ⅲ.①革命纪念地—介绍—广州 Ⅳ.①K878.2

中国版本图书馆CIP数据核字(2019)第264100号

出 版 人：刘志松
策划编辑：蔡　璇
责任编辑：贾小娇　俞　莹
装帧设计：邓传志
责任校对：李瑞苑
责任技编：冼志良

寻访珠水古韵　读懂红色羊城
XUNFANG ZHUSHUI GUYUN　DUDONG HONGSE YANGCHENG

出版发行：广东旅游出版社
社　　址：广州市越秀区环市东路338号银政大厦西楼12楼
邮　　编：510060
邮购电话：020-87348243
印　　刷：深圳市希望印务有限公司印刷
（深圳市坂田吉华路505号大丹工业园二楼）
开　　本：787毫米×1092毫米　1/16
印　　张：20.75
字　　数：330千字
版　　次：2020年1月第1版
印　　次：2020年1月第1次印刷
印　　数：10000册
定　　价：68.00元

编 委 会

序言

一个城市有一个城市的底蕴，一个城市有一个城市的基因，记住乡愁，不忘初心，才能让一个城市真正走向新时代。这既是一种文化自信，更是一种对广大人民美好生活追求的回应。

走进和发现一个城市的乡愁需从漫步开始。所谓乡愁，就是对最精致的事物和最温暖的时光的回忆，在广州，这种乡愁首先凝聚于以长堤大马路为中心的珠江边上，这里是走入广州内心、见证广州成长最好的步径之一。

走这条步径，可见广州千年、百年、当下和未来。

2017年，根据广州市政府主要领导的指示，为了把反映广州风貌的历史文化街区保护好、传承好，建设文商旅相结合的具有岭南文化特色的功能区，我们以“走读广州，感知城市”为主题，围绕“穿越上下两千年，追忆古今羊城事”主线，启动了“最广州”历史文化步径的策划工作，“古都年轮”“城央水脉”“丝路遗风”“粤味探悠”“工场传奇”“西关小筑”“街市揽胜”等7条各具主题的历史文化步径相继诞生，串联最能体现广州特色的建筑、街道、街区，打造一批“既能喝凉茶，又能叹咖啡”的文化景点，讲好广州故事，展示魅力广州。2018年又增加“红色基因”“文宗体验”两条步径，最终形成9条“最广州”历史文化步径。

本书就从珠江边的长堤古韵和羊城红色之路开始。

当广州遇上珠江，有关一条江、一座城的故事就开始演绎、书写。一座千年商都，渐渐自珠江之畔诞育、成长。珠江曾经很浩大，濒临千年商业步行街北京路和200年前的天子南库十三行。到了19世纪末，当世界大势风云激荡之时，广州再领时代之先，弄潮儿向涛立，在曾经全国外商最多、洋货最多的十三行夷馆区一带，筑长堤，修马路。

一条江一座城一段路，这段路是长堤大马路。大马路上承广州千年商都之荣光，而作为中国最早的可以行驶汽车的新式大马路之一，它又开启了广州现代意义上的“城市建设”之端。广州古代、近现代、当代三条城市中轴线，都与珠江相交。繁华沿着珠江铺陈，广州人在怒潮勇进之后，也享受着他们拼搏得来的成果：花样百出的广式早茶，骑楼底下风雨无阻的悠闲购物，珠江边上的粤剧私伙局……是这座日新月异的都市的另一种姿态。

立于长堤，可上溯至千年前的任嚣城和海上丝绸之路，亦可下启改革开放之桥头堡，眺望广州是如何向海而生，引领大湾区，是讲好广州故事的好切口，聆听羊城脉搏的好线路。

广州深呼吸，去走走长堤，去赏赏珠江。长堤横卧山间，环抱明镜一面，烟波拥翠色，碧水共长天。

广州负山面海，向北越五岭，接通中原腹地，中华文化的春风从五岭间穿越而来，浸润着南粤大地，造就了广州人“国家兴亡，匹夫有责”之家国情怀；向南入海，迎无数载域外奇珍而来的商船，送许多扬帆前往外洋的商客，海洋文化扑面而来，亦铸就了此方水土“得风气之先”，敢为天下先。于是，当家国危难之际，无论是在旧民主主义革命还是新民主主义革命时期，广州都在振臂一呼，激流勇进，热血创世。尤其是新民主主义革命时期，从中共三大召开到广州起义爆发，从中共广东区委建立到农民运动讲习所开办，广州一直擎着火炬走在革命战争的潮头，直至广州解放。

一条江一座城一段路，这段路是羊城红色路，英雄路。英雄城中红红的木棉树下热血铺洒而成的红色路径呀，漫步徜徉，让人长志气，增底气，强自信，传精神。

感谢珠水古韵，感谢红色基因。落其实者思其树，饮其流者怀其源，它们奠定了广州的底气和根本，催促着广州不停顿，不止步，激励着广州前行有力。今天，广州正在贯彻落实习近平总书记视察广东重要讲话和重要指示批示精神，引领着粤港澳大湾区建设的步伐，在综合城市功能、城市文化综合实力、现代服务业、现代化国际化营商环境方面不断出新出彩，迸发着新活力。

不忘本来、吸收外来、面向未来——《寻访珠水古韵　读懂红色羊城》为此而来。厚植家国情怀，书写广州初心，展示城市形象，加强文化传播，擦亮旅游品牌，满足读者需要——《寻访珠水古韵　读懂红色羊城》为此出版。

谨此为序。

广州市文化广电旅游局

广州市规划和自然资源局

2019年12月

目录

陈家祠
康王北路
中山七路
粤剧艺术博物馆
恩宁路
上下九步行街
沙面建筑群
广州十三行
博物馆
人民南路
粤海关博物馆
豫章书院
东亚大
人民桥
沙基惨案
纪念广场
广州邮政博物馆
南方大厦
爱群大厦
塔影楼
长堤
珠

寻访珠水古韵
读懂红色羊城
步径路线
越秀山
观音山战斗遗址
中山纪念堂
广州起义烈士陵园
毛泽东同志主办农民运动讲习所旧址纪念馆
杨匏安旧居纪念馆
北京路步行街
广州起义纪念馆
广州起义路
中华全国总工会旧址纪念馆
广东革命历史博物馆
东濠涌
中共广东区委旧址纪念馆
中共三大会址纪念馆
团一大纪念广场
民间金融博物馆
解放南路
海珠广场
江湾大桥
海珠桥
解放大桥

第一章

一条江，一条路，一座城

五岭之南，一座城市向海而生。

这座城市踌躇于岭海之间，一条河流将它轻轻拥入臂弯。

像尼罗河之于开罗，像塞纳河之于巴黎，河流总是把最好的自己留给城市。与珠江相遇，是广州最深厚的福缘，也是命定的运数。因为无论是从地理的角度看，还是从历史的角度看，甚至是从文化的角度看，珠江都显得如此偏爱广州。

01 你好，珠江

大珠江与小珠江

广州是在珠江襁褓里长大的孩子，这座城市所具备的许多特质和个性，都从珠江那里继承而来。在漫步城市之前，不妨先了解一下珠江。

珠江很大。广义上的珠江，是由西江、北江、东江组合而成的水系网络。原本这三条河流自成格局，各不相干，但来到广州之后却几度交缠、分汊，形成错综复杂、难分彼此的河网。整条珠江支流众多，横跨六省区，是中国南方最大的河流。

珠江也很小。狭义上的珠江，指的是自广州白鹅潭至出海口之间数十公里长的水道。这条水道将城市分隔为南北两个部分，并且将流淌在街头巷尾、多如牛毛的河涌汇集到一起，以此打通全城水运的任督二脉，2000多年间与广州这个城市结下深厚的不解之缘。

江河的秉性

所谓江河流水，无一不是性情中人，各有各的品格与脾性。珠江性格柔韧、大方，既有包容一切的襟怀，同时又阴晴不定，悄悄掩藏着一千八百种小脾气。柔韧是南方河流的特质，比之长江、黄河，珠江更是如此。正是这种特质，使珠江开山劈土，注海成陆。这条河流既不习惯在浪涛之下夹带黄沙滚滚，又不喜欢在凛冬之中用冰雪隐藏身姿。它吸引

漓江沿岸的岩溶景观。 珠江三角洲水系的河网平原。
北江沿岸的丹霞地貌。 东江沿岸的低丘平原。

珠江西航道、前航道、后航道交汇处的白鹅潭。

珠江干流广州市区段示意图。

来大量支流依附，又舍得将河道逐一拆开，让流水好聚好散，分别经由八门入海。正因如此，珠江洪汛总是说来就来，一刻不耽搁，也说走就走，绝对不拖沓。这种干脆、率性、毫不留情，大抵也是珠江百般性情中的一个侧面。

再往前回溯一段距离。当西江、北江、东江三条姊妹河汇流成为珠江之前，也还是风姿各表、性格迥异的。西江源起云贵高原，上游遍布高原湖泊，中游流经深山峡谷，下游则是一派田园景致，流域内既有壮丽的黄果树瀑布群，也有秀美的漓江山水。而向来以潭深流急著称的北江，自江西大茅山流出，沿途峰林陡峭，长峡延绵，丹霞山的赤壁红岩就伫立在江流沿岸。相较之下，东江则少有湍流险滩，只任由大段河道蜿蜒延展，铺陈于宽广的河谷平原，勾画出涌流穿插、濠渠相连的南国水乡风光。

西江的端庄秀丽，北江的奔放直爽，东江的慵懒散漫……这些江河沿途景色各异，予人的印象也大相径庭。它们最终交流汇聚，构筑成庞大的珠江水系，毫无疑问也正是南方江河的一个缩影。

属于广州的珠江

关于珠江水系的话题实在太多，我们暂且回到只属于广州的珠江水道上。

“珠江”二字的缘起，与广州当地一则传说有关。相传有一名波斯商人听闻本国国宝摩尼珠流落中国，便辗转在广州赎回。从港口扬帆归国至此水域时，商人拿出宝珠细细观赏，却不料这颗宝珠霎时化作白光跃入水中，入夜生辉，化珠为石，自此伫立江流，岿然不动。这块巨石被称作“海珠石”，而“珠江”之名，就因石而来。

20世纪30年代，出于维护航运安全及扩充东堤的考虑，海珠石突出部分被炸毁，并填筑为堤，其余部分则被填埋。尽管珠江水道上已无巨石踪影，但“海珠”之名仍保留下来。1933年，首座横跨广州珠江两岸的铁桥——海珠桥落成通车，现今广州所辖行政区的其中之一，即以海珠为名。

有趣的是，海珠石、海珠区、海珠桥三者并无一与海相邻，为何名字中偏偏带有“海”字呢？事实上，直到唐朝时广州还濒临南海，是一座不折不扣的海港城市。宋朝时，珠江水面仍相当宽阔，广州人称过江为“过海”。可见“海珠”之名，在当时实在是极为妥当的。明清以后，珠江水面不断变窄，广州港已从原先的海港变为河港。海珠石再也不是“海中之珠”，但珠江水道依然作为沟通海港与珠江沿岸河港的重要航运线，并且发挥着其他作用。

自明朝起，珠江河岸两侧的木棚船开始勾连成片，这条水道成为浮家泛宅、以水为田的疍民之乡。清朝时，广州十三行码头临江而设，作为全国仅存的海上丝绸之路发祥地，珠江水道上洋船、货艇终日往来不绝。清末民初之际，长堤始筑，梨园弟子纷纷登船唱戏，珠江水面竟成烟柳繁华之地、官宦商贾邀游玩乐的风月场所。再至民国，珠江沿岸骑楼林立，车水马龙，已是广州乃至岭南最繁荣时尚的商业中心。

《旧中国杂记》曾这样形容珠江边的广州："可以看到各式各样大大小小的船艇在不停地来往，几乎把整个江面都盖满了……这些小艇中十有九只是整个家庭的唯一住所，全家人从不在岸上落脚。这些人里面不仅有生意人、工匠、木匠、鞋匠，以及裁缝、卖故衣、卖食品、卖饰物的，而且还有算命先生、应急郎中，也许还有'正规的'开业医生、剃头匠、爆玉米花的和专门替人洗头的。总而言之，这些浮家泛宅的居民，就像陆上的居民一样，各行各业，干什么的都有。"宛如一个蔚为壮观的"水上城市"。在这个城市中，五花八门的小商业，一应俱全。

时至今日，珠江水道两岸大厦参差，高檐巨宇连亘而立，成为广州城市形象的一大展示窗口。珠江既是广州城市变迁的见证者，同时也是城市发展的参与者。这一江一城，相息相生，甚至可以说是一体两面，衰荣与共。

这是属于广州的"珠江"。下面，我们不妨稍微换个角度，追溯一下广州城2000多年来的建城轨迹，来看看属于珠江的"广州"。

外销画中的珠江和江心的海珠石炮台。

城市名字的由来

广州在成为广州之前，有过好几个名称，“番禺”是使用时间最久的一个。秦朝征服百越，郡县制便随之被推广到岭南。时任南海郡尉的任嚣，在现今广州仓边路附近修筑“番禺城”，作为南海郡郡城。这便是后世赫赫奕奕的广州城的前世容颜。城池规模虽小，但意义却非常重大——它既是广州建城之始，也代表岭南首次被纳入中央版图。

“番禺”之名因何而出，现已难有确论。有猜测是南海之神的名称，也有猜测是古时越语的音译，又或是借本地番山、禺山为名。较有说服力的一种意见认为，“番禺”为“蕃禺”的简写，因为“九州之外，谓之蕃国”，所以“番禺”实则是指远离中原的蛮夷之地。尽管这种命名方式带有文化歧视的意味，但广州与当时的中央朝廷之间的距离，山长水远寥阔无边，却是不争的事实。而这样的地理条件，也为后来南越国独立事件埋下伏笔。

实际上，在秦朝军队大举南下之前，百越一直与楚国有所来往。史书记载，春秋时期，楚国曾在南越地区修筑了一座“楚庭”，也称“楚亭”。现在广州越秀山上仍有“古之楚庭”石牌坊，但却是清朝人追思怀古所建。虽然真正的楚庭规制几何，又在何处，至今已难考辨，但“楚庭”依然作为一个古老的地名流传下来。

又传说，曾有五位身穿彩衣、手执稻穗的仙人，骑着五只颜色各异的山羊降临楚庭。仙人将稻穗赠予民众，祈愿此地永无饥荒，随后腾空而去，五只山羊未能相随，化作石像留在当地。因为这个传说，广州又有“羊城”“穗城”的别称。今越秀公园里的五羊雕塑，就是广州的城市标志之一。

三国时期，吴国将交州一分为二，划出一个广州，州治从交州广信（今广西梧州）迁到番禺，这是广州作为地名首次出现。当时的广州范围很广，包含现今海南以及广东和广西的一部分。很长一段时间，广州都被用来代指包含岭南在内的一片广阔的地域，而番禺则是这片地域的政治、经济、交通中心。随着建制不断变更，广州之名又逐渐取代番禺，成为城市的正式名称。

从城郭初筑到一国之都

修筑番禺城的初衷，是要为南海郡设立一处政治、军事中枢。其城北面为白云山余脉，东西两翼均有河流环绕，南边则是水面宽阔的珠江入海口。任嚣选取这样一个负山面海之地修筑城池，既出于军事守备的需要，也充分考虑了当时的交通状况。秦汉时期，岭南陆路交通极为不便，尤其在河网稠密的平原地带，舟楫是主要的交通工具。秦朝南攻百越，是跨过崇山叠嶂的五岭，这极大地耗损了秦军的攻击力。于是秦始皇在发兵后不久，就派史禄主持开凿沟通珠江和长江的运河，以运送军粮，这才确保秦军最终拿下了这一片岭南之地。任嚣深知水系交通的重要性，才将城址选在三江汇流之处，这样一来，从当时的番禺城溯珠江而上，就能连通岭南大部分地区。即便今天江河流水几经易道后，西、北、东三江已不直接在广州汇流，但广州也仍旧保持着明显的航运区位优势。从选址的结果来看，这座最早的广州城自秦朝修筑，西汉时曾因战火迁移，至东汉回迁旧址之后，其城址便再无改动，这在整个中国的城市发展历史中实属罕有。

城池建好不久，秦始皇驾崩，中原陷入战乱。任嚣的继任者赵佗封关绝道，借助五岭山脉的天险，将楚汉战争的烽火隔绝在岭南之外，又以番禺城为据点兼并桂林、象郡，随后自封为王，建立南越国。公元前204年，这座建成尚不足十年的番禺城摇身一变，成为南越国都城。直到汉武帝平定南越，番禺城毁于战火为止，这座城池作为国都一共存在了93年，其间还进行了大规模增筑扩建，如今广州城区依然保留有当时遗迹：今日越秀山上中山纪念碑所在的山冈，曾为越王台故址，附近还保留有越王井；解放北路西侧还出土了南越国第二任国王赵眜的陵墓，现已改建为南越王博物馆。

海上丝绸之路发祥地

南越国统治岭南近一个世纪，一方面与汉朝保持着时断时续的藩属关系，另一方面也利用珠江入海口这个天然良港与南洋诸国开展海上贸易。汉武帝平定南越后，随即利用原已开辟的外贸航线进行官方贸易，广州成为早期海上丝绸之路的发祥地。班固在《汉书》中记载了当时船队的航行路线：自珠江入海口出航，过雷州半岛进入暹罗湾，经中南半岛和马六甲海峡到达孟加拉湾，最后抵达印度东海岸及斯里兰卡。汉武帝派遣的贸易船队，出手阔绰，他们携带着大量黄金、丝绸与漆器，交换回琉璃、宝石、象牙、犀角以及玳瑁等工艺制品，也吸引了大量异国商人前来贸易。东汉时，航线进一步拓展，甚至连罗马商人都能够从水路抵达岭南，再转陆路往北直通关中。

然而，由于番禺城在战争中被摧毁，加上汉武帝对原南越国版图进行了重新规划，岭南地区的经济、政治中心逐渐往西偏移至红河三角洲（今越南北部）的交趾。同样，距离交趾更近的合浦港、徐闻港与日南港，也渐次取代番禺港的地位，成为海西诸国商贾使臣来华的首要登陆港口。东汉至三国时期，随着番禺城的回迁和开发，加上五岭通道陆路交通状况得到改善，广州才再度成为岭南中枢。至隋唐时，广州已经发展为全国最大的对外贸易中心，也是闻名世界的丝绸、陶瓷输出港。

南海神庙内的扶胥港古码头遗址。

随着贸易与航海技术的不断发展，船只来往、人员交流也就日益频繁，诸国来华者之中，有不少选择长期流寓广州。唐朝时，朝廷专门设置“市舶司”管理贸易和船舶，并划出“蕃坊”，供海外商贾和宗教人员使用。留居广州的大食、波斯、天竺、狮子国、真腊商人达数十万之众，佛教徒、伊斯兰教徒、犹太教徒、基督教徒等杂处城中……放眼世界，恐怕当时仅广州一地有此等文化、宗教大杂烩的奇观。

广州港口贸易的兴衰，直接关系到国库收入，因此朝廷对广州地方官的任命异常重视。虽然唐宋时岭南一度是流放贬谪官员的地方，例如韩愈被贬潮州，苏轼流落惠州、儋州等，但位处岭南中心的广州，却并非贬官的流放地，相反往往有朝中官员采取贿赂手段，竭力谋求至广州任职。唐末，黄巢率农民起义军攻入广州之后，还跟朝廷谈起了条件，想为自己讨个“广州节度使”的官职，足可见司掌广州在当时确实是一个肥差。

黄巢还没有得到自己想要的官职，这场轰轰烈烈的农民起义就被扑灭，但这个时候的大唐帝国已经迈入垂暮之年。三十余年后，时任广州节度使的刘龑趁着中原纷乱自立为帝，成立南汉国。刘龑称帝后，广州更名为“兴王府”，成为南汉国都城——这也是广州第二次成为地方割据政权的“国都”。一切看起来就像南越国在千年之后翻版重来，但跟当初白手起家的番禺城不同的是，此时的广州已在航海贸易中积累了巨大财富，为南汉国提供了丰厚的立国之本。尽管南汉国存续时间很短，但这个政权的存在还是起到了稳定当地局势、保护贸易发展的作用。正因如此，广州对外贸易的龙头地位也得以延续。

朝代更迭，几度兴衰

促使广州进一步迈向繁盛的因素，并不止外贸一项。自唐朝起，通往岭南的陆路交通得到改善，中原人口大量南迁，中国经济重心也逐渐南移。珠江流域内矿业、手工业蓬勃发展，官府在疏浚航道的同时也注重兴修水利、广辟田地。除

广州从汉代起就与海外交流，十分富庶。出土器物不少具有异域色彩。右图自左上起，分别为：南越龙纹玉璧；南越屏风越人底座；南越犀角形玉杯；南越波斯形制银盒；汉代玻璃碗；北宋外销西村窑青釉彩绘花卉纹瓷盘。

了对外出口的茶叶、陶瓷、丝绸外，岭南境内也出产各种金属制品以及民生所需的糖、盐、米、布，这些商品跟随着珠江水流聚集到广州，又通过海运、河运、陆运分散到各地。河港与海港合二为一的特性，使广州同时成为内陆与沿海、中国与世界的连接点。当然，水陆交通的发展，也意味着广州很难再像过去那样，依靠地理上的阻隔而置身于朝代更迭的纷乱之外。

宋朝之后，泉州港开始崛起，尤其在南宋时，泉州港距首都临安（今浙江杭州）更接近，这个港口在外贸的规模和范围上，已经开始超越广州。元朝建立后，很长一段时间内，南宋皇室以岭南为据点继续抵抗，长期的拉锯战争让广州损耗严重，元气大伤，广州贸易大港的地位也因此迅速衰落。

明朝长期实施海禁政策，只准许以“朝贡贸易”的形式与外国通商，郑和七下西洋，实则就是一种官方形式的航海外交。同一时期，民间对外贸易悄然兴起，虽为非法，却屡禁不止，尤其是山高皇帝远的广州，渐渐发展成当时全国最大规模的海外走私据点。明朝中后期，海禁政策有所放宽，但沿海倭寇盗贼之患依然层出不穷，结果朝廷再度关闭泉州、宁波市舶司，仅留广州一口对外通商。这种让广州独揽外贸特权的官方措施，甚至一直影响到清朝的外贸政策。

十三行的崛起与落幕

清初实行的闭关政策比明朝海禁更为严厉，直到康熙年间，沿海地区才再度开禁通商。早期全国设有粤（广州）、闽（福建）、浙（宁波）、江（上海）四大海关，到乾隆时，只留下粤海关一口通商。与以往市舶司机构管理港口不同，清朝廷创立了一套“行商制度”进行外贸管理，这些行商，实则是取得官方通商许可的民间商会。粤海关成为唯一对外通商口岸之后，朝廷钦定的行商也集中到广州，十三行成为行商制的代表。

沿海开禁后，清朝政府在广州招募了十三家商行，指定其参与对外贸易并代海关征收关税，十三行之称由此而来。其后，获取官方授权的商行虽时有变动，并非固定为十三家，但十三行已逐渐变为统称。这些商行兼具贸易和外交功能，受官方委托与外商贸易并管理其经营行为，同时也要向宫廷进贡洋货、捐输财款，以取得官方的认可和权威。通过这种亦官亦商的身份，十三行行商攫取了巨大利润，作为中国五大商帮之一的粤商，也是在此时开始赶超其他各地域商帮，独占鳌头。现广州荔湾区内的“十三行路”，就是当时十三行商馆区北部边界。

在十三行鼎盛时期，广州城绝对是当时国内最别具一格的城市：珠江两岸大小码头排布，商馆云集，舟车如注。城内不仅有为洋商修筑的“夷馆”，也有各大商帮兴建的“行商庭院”，中西混杂，风格各异。如此盛况，在清朝外销画册以及许多西洋人所作的油画中可见一斑。从更广泛的角度来看，不止建筑工艺，清朝时广州人的饮食、衣着、娱乐乃至语言文化，都比全国更先一步受到西方舶来文化的影响。在这个层面上，十三行不仅是中外贸易的交接点，也充当着中西文化交流的重要窗口。

经历百年兴衰流转，随着两次鸦片战争的战败，十三行的辉煌时代也逐渐落下帷幕。《南京条约》签订后，国内其他港口迅速崛起，广州开始失去对外贸易的垄断地位，原本同时统领外贸与外交的行商制度自然也遭淘汰。失去根基的广州行商难以经营，纷纷倒闭。曾盛极一时的十三行商馆，在屡次遭受火患之后再也无力重建，沦为废墟。

沙面租界与珠江长堤的出现

鸦片战争不止导致十三行覆灭，也对广州各方面产生了影响。广州作为与外国接触最频繁的城市，一直处在风口浪尖。1841年的“三元里抗英事件”，就是广州民间力量与殖民者军队之间爆发的一场直接冲突。在民众的强烈抵制下，广州这个条约规定的通商口岸开放经商的过程一直伴随着大大小小的摩擦，并不顺利。1856年，发生在广州的一起缉私案件成为第二次鸦片战争的导火线，英法联军最终攻陷广州，强迫清政府将珠江白鹅潭边上的沙面设为租界。

19世纪中叶，描绘从河南岛（今海珠区）望向十三行和珠江景色的绘画。

蓬勃生长的的珠江城市天际线。

一道人工开掘的渠涌，使沙面与沙基分离，再加填土石，使沙面成为珠江水面上一个独立的小岛，并交由英法管理。租界的划定，意味着沙面完全归英法管辖，中方无权干涉。英法来华人员开始在租界内兴造大量建筑，作为生活、经商、理政之所，并按照当时的城市标准对沙面进行基础建设。不久之后，这个小岛马路宽广齐整，住宅、银行、邮局、教堂、医院等一应俱全，几乎就是在古老的广州城旁原样复刻了一个欧洲城镇。租界的存在，无疑与珠江岸边逐渐颓败的十三行形成鲜明对比，也给广州带来许多新的冲击。甚至在百余年之后的今天，沙面岛的西方风情依然被原封不动地保留下来，成为广州著名旅游区之一。

1884年中法战争爆发，力主抗争的张之洞受封为两广总督，至广州赴任。此时距沙面被划为租界已有二十余年，岛上气象蔚然一新，作为洋务运动的主力推行者，张之洞显然对洋人建设的沙面抱有相当复杂的情感。在这种刺激之下，他费尽苦心，为广州城好好规划打理了一番。民国时以奢华气派著称的广州十里长堤，就缘起张之洞的珠江筑堤之举。张之洞在任时间很短，长堤也只修了一段，其余皆由后人接续兴建，一直到民国成立以后，长堤才正式完工。

建设珠江长堤的最初目的是治理水患、疏通航道，但这项工程实际上的意义和目的远不止于此。张之洞对长堤有着完整的构想，既希望通过重新规划珠江水道拉动广州的经济发展，也想要以此革新广州的城市形象。尽管他的设想并未完全由继任者实现，后来的发展与当初设计的蓝图也相去甚远，但长堤最终还是成了清末至民国广州城最亮眼的一道风景线。

清末时，长堤只是陆陆续续建了几段，堤坝上已多茶楼酒肆，连珠江水面也被红船戏班、粤剧伶人占据。至民国初年长堤全线贯通后，马上吸引了大批新兴的金融机构和实业公司入驻，酒店、影院、百货商场也纷纷落址于此。珠江沿线人声嘈杂，夜晚灯华不绝，长堤成为广州最繁荣的商业圈。现在仍伫立在长堤边上的爱群酒店、南方大厦、塔影楼等建筑，是广州民国形象的一个印记。

六脉皆通海，青山半入城

走在如今的长堤上，已经很难想见昔日的鼎盛辉煌，尽管繁华已经远去，但这条专门为珠江水道铺设的长堤还一直发挥着原本的功能——它的本质依然是一项规范河道、消弭水患的防洪工程。实际上，这座城市两千余年来的大部分城建设施，都与江河海水相关。

美国人亨特曾经将他在广州生活的经历记录在《广州番鬼录》一书中。在提到珠江时，他是这样描述的："珠江，通称为省河……从内地来的货轮、客船、水上居民……其数目是惊人的……"可见，他看来，广州实实在在是"一座水上浮城"。

珠江与海洋使广州获得繁荣和财富，但也带来灾患和困扰。因此有学者说，广州是一座"因水而生，因水而兴，因水而困，因水而荣"的城市。

因水而生、而兴、而荣，应该是很容易理解的。但"因水而困"，则大体分两类，一是防洪，二是用水。

南越国时期广州城内建设的地下渗井、下水道、水闸体系，是相当出色的防洪排水工程。宋代扩建城市时，还修筑有覆盖全城的"六脉渠"——这个兼具排水与交通运输之用的城市水系网络，实属古代城市建设的先进之举。但即便如此，当雨季河水暴涨又遇上海潮顶托时，广州城仍难免遭受大大小小的洪灾。好在珠江洪水含沙量不大，河道也相对稳定，因此广州历史上也并未出现由于洪水侵袭而被迫迁城的情况。

另一方面，沿江又临海的广州城，也曾长期受用水问题困扰。由于珠江水道长期受海潮顶托，河水及城内浅井水质

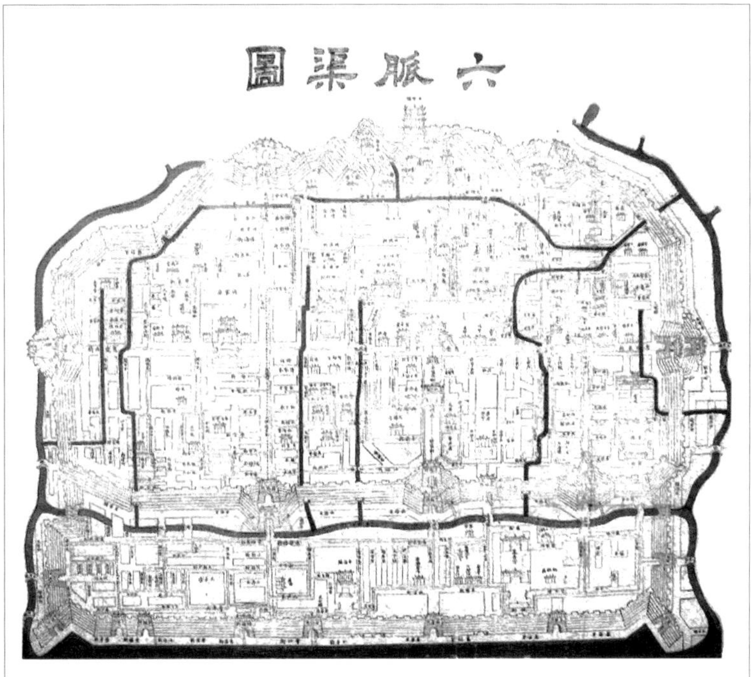

清时期的六脉渠图。

咸苦，难以饮用。因此引流北部山岭中的溪水，成为古代广州解决城市用水的主要途径。随着城市规模扩大和人口增加，广州城的饮用水源一度紧缺。直至明清以后，珠江三角洲不断往南海延伸，广州城区离海岸线越来越远，海潮上溯对珠江河道的影响也越来越小，加上当时钻挖深井的技术也得到普及，这个问题才基本得到解决。

直到今天，人们还在用“六脉皆通海，青山半入城”来描述广州的城市格局。从城市功能的角度来看，这“六脉”曾是市区的防洪与交通设施，而“青山”又曾为宝贵的用水之源。正是凭借着这些人工设施与自然优势，广州一面接纳江流河海的恩惠，一面又与洪水大浪周旋，逐渐成长为一座独一无二的南方都市。

珠江几乎汇聚了自身所有，给广州予财富与繁荣，也同时蕴养着广州的品位和个性。这些来自珠江的无私馈赠，逐渐在时光里沉淀，构筑着这座城市生存与发展的根基。

来到这里，要沿着珠江慢慢走，才能在广州细细游。

广州河涌上的端午龙舟趁景

02 走一条路，识一座城

百年风云，千年商都

珠江西航道流经白鹅潭之后，将水流劈为两道，一道经海珠桥、广州塔，称前航道，另一道经太古仓、大学城，称后航道，前、后航道至黄埔汇合，再从狮子洋出海。

广州城百余年来的风云变幻，是在珠江前航道的眼皮底下发生的。

从曾被英法强占的沙面租界开始，越过六二三路，是沙基惨案案发地；往东一点，是民国初年重建的粤海关大钟楼，斜对面则是陈少白的私人住宅塔影楼；再往东，是一度汇聚全国外贸财富的十三行商会旧址，旁边是书写着中国现代邮政事业发端的邮政博物馆；随后沿着长堤大马路一路行走，途中有雄踞“广州第一高楼”之称三十年的爱群大厦，有见证了“沙面大罢工”的豫章书院，有一度声闻南粤、冠绝省港的海珠大戏院，以及浓缩了长堤金融业发展历程的民间金融博物馆，最后来到马路尽头，则是中华人民共和国成立初期建起的广州第一座滨江广场——海珠广场。

外销画中的广州“一人档”，左起：卖鱼、补镬、钉屐。

跟着这条珠水古韵步道一路过来，这座城市曾经的春花秋月、兴衰荣辱，便任由你细斟慢酌了。

广州是一座独特而富庶的城市。

这座城市跟天府之国成都不一样，跟鱼米之乡苏杭也不一样，它的富足与丰饶既不来自平川沃野，也不倚仗万顷良田。当港口的商船扬帆起航，驶向江河大海，广州就开始与财富结缘。2000多年来，只要不打仗，广州人就天天都在跑贸易，做生意，这群人的生存哲学，从一开始就与儒家重农抑商的传统观念背道而驰。他们爱财货、善经营，也爱生活、懂享受。他们是天生的生意人，因此才能够以航运、贸易为根基，构筑起一座独特的城市，也唯独是这座城市，才有资格称为中华大地上仅有的一座“千年商都”。

广州人重商，自古有之。上一节我们讲到番禺在汉代就成为海上丝绸之路的发祥地，这毕竟还属于官方性质的外贸行为。到隋唐之后，出入广州的各国商船，尽管仍要抽取部分货物用于“朝贡”，但他们与当地商人之间的贸易已属于民间性质的业务来往。早在明朝万历年间，广州就出现了今天被誉为“中国第一展”的广交会的雏形。每年冬夏两季，海珠岛上会举办为期数周至月余的定期集市，外国商人直接陈列货品、摆摊揽客，国内各地的富商巨贾也将四方货物贩运到广州销售，顺便还要选购几件中原难得一见的奇珍异宝。各地商帮聚集广州并设立分号，进一步推动了广州集市的繁荣。清初学者屈大均，一个地地道道的广州人，在回忆起家乡濠畔街、高第街一带的商业区时，曾感叹其“饮食之盛，歌舞之多，过于秦淮数倍”。

要是有商人的货品因中途受阻错过集市，又或积压滞销，该如何是好呢？这时广州本地商人会站出来帮忙解决。他们将这些货物搬上自家的远洋船只，亲自驾船出海，直接到番邦异国进行销售，也借此进货返航，获取利润。这种出洋走私的行为当时是明令禁止的，而官府也只眼开只眼闭，只要肯上交一点好处，彼此就当无事发生。

广州商圈之北京路（左页）和上下九（右页）。

許留山
HUI LAU SHAN
三楼
香滑奶茶
KOWLOON ICEHOUSE
九龍冰室
眼镜
直通车
流行
LI-NING
Saizeriya
萨莉亚
麦当劳
McDonald's
春之花

丰富多彩的广州夜生活。

广州商圈之天河
珠江新城CBD。

外国商舶与广州商人之间的贸易来往越多，彼此合作便越是紧密，加上华侨商人的推动，来样加工、订货预售的贸易形式得到普及，城内出现许多手工作坊，并逐渐形成批发性质的贸易市场。时间一久，自然就物以类聚，货以群分，各类商品的批发商划分好各自的地盘，当时称之为“栏”——老城区里至今仍常可见像“浆栏路”“杉木栏路”“鸡栏街”一类的地名，就是当时遗留。这些大大小小的“栏”，多由广州本地人经营，他们是同行，也是街坊，既公平竞争，也携手获利。明代学者叶权曾经在《游岭南记》中这样描述自己的岭南见闻：“广城人家，大小俱有生意，人柔和，物价平……广城人得一二分息成市矣。”可见广州人做生意不牟暴利，也讲诚信，他们自发维护交易秩序，让市场得以持续繁荣。

清代，随着资本进一步集中，十三行制度和粤海关的设立，使广州的贸易状况又出现了新的变化。

1685年，粤、闽、浙、江（今上海）同时设立海关，1757年，除广州外其他三处海关关闭，这当中大部分是由于朝廷对洋人抱有很大的成见，觉得华夷杂处易滋生是非。广州开放通商时间最长，离朝廷政治中心最远，当地住民也习惯如何跟洋人打交道，被选为唯一通商口岸便顺理成章了。然而，即便设立了粤海关这个专门负责管理贸易的政府机构，朝廷官员也不愿意直接和洋人接触，而是将权力下放到十三行行商之手，这就让十三行获得了垄断经营的权力。同一时期，世界上著名的垄断企业还有英国设立的东印度公司，这家跨国贸易公司与十三行有着长期的商务来往。这两个商业团体，几乎控制了北半球大半财富的流通。

垄断经营自然导致财富进一步集中。当时纵横四海的欧洲商队来往于世界各大商贸港口，在目睹过十三行行商的奢华之后，无不认为这群商人是世界上最富裕的人。这些商队看得很清楚，为了换取茶叶和陶瓷，自己在大洲大洋之间长途奔波、辗转贩运换来的真金白银，不可避免地流入了十三行商人的口袋里。为了逆转这种趋势，以东印度公司为首的外商，开始尝试以走私等手段向中国输入鸦片，因这种贸易而产生的摩擦，最终成为第一次鸦片战争的导火索。

谈及十三行的财富，怡和行主人伍秉鉴是无法绕过去的人物。伍秉鉴的祖上在福建种茶为生，后迁至广州从事茶叶买卖。1801年，32岁的伍秉鉴开始了他的行商生涯。伍秉鉴经营有道，让当时面临破产的怡和行迅速扭亏为盈，数年之后就成为十三行之首，其本人也被任命为行商的统领人——总商。这位十三行总商到底坐拥多少资产，外人实在难以捉摸，据伍秉鉴自己估算，1834年，怡和行总资产已达2600万银元之多，足足抵得上清政府半年的财政收入。

怡和行与来华各国商人保持着稳定的业务关系，商誉日隆，东印度公司有时候资金周转不过来，也会来找伍家借贷。伍秉鉴本人的投资眼光也超出同行一截，他看好当时新崛起的美国，认定其经济前景良好，大量投资美国铁路建设，还涉足证券市场和保险业务。这些投资举动让这位广州商人在世界商界拥有极高知名度，伍秉鉴一度被认为是当时的世界首富。

然而，巨额财富给十三行行商带来的并不全是显赫地位、富足生活，也同时带来了沉重的负担。十三行商人虽然个个家财万贯，但却每天活得提心吊胆。他们不但要为朝廷备办贡品、捐输杂款，还要为洋人作担保，甚至同行之间也有连保责任——只要有一家还不起债或税款上缴不足，又或进贡稍有差池，朝廷就会把责任摊到他们头上。行商之中因生意失败无力偿还欠款而被抄家、发配边疆者为数不少。而总商几乎承担着整个行业的风险，压力自然更大，伍秉鉴就曾因行商包庇鸦片走私之事多次受两广总督斥责和惩罚，鸦片战争之后，甚至还要自掏腰包为政府分担赔款。这位世界首富在朝廷权威面前也不得不卑躬屈膝，看尽颜色。当时广州民间有句俗话是"宁为一条狗，不做行商首"，伍秉鉴一直觉得这些财富不属于自己，而是官府暂存在他这里而已，到了晚年，他还曾表态愿捐出伍家八成身家，只求颐养天年，但未能如愿。

直到中国开放五口通商之前，由外贸所取得的财富还大量集聚在广州，巨大的贫富差距导致消费结构呈现两极分化，这座城市展露出一种畸形的繁荣。初时输入的洋货多为奢侈品，价格极高，只有社会上流人士才消费得起，平民百姓基本上只买得起土货，即便偶尔购买一些洋货，也是小件物品。直到第二次鸦片战争以后，洋货价格逐渐低廉，日用品增多，尤其是民国以后，百姓消费能力普遍提高，广州的洋货消费才开始大众化起来，洋布、火柴、煤油、洋米、面粉以及家私等，开始进入平民百姓的生活中。

西风东渐下，广州人的生活

长期的通商历史使广州饱受多种外来文化的浸润，洋货的大量输入，也一点一滴改变着广州人的消费和生活观念。长久以来，不论生活在上流社会的名人权贵，还是奔走于市井街头讨生活的小市民，他们在衣食住行、消遣娱乐方面的选择，似乎都比内地城市居民要丰富一点。因此，尽管归根到底，广州的民俗与文化仍保持着与中原文化一脉相承的亲缘关系，但岭南本土的特质，那种既敢开风气之先，又善于求变的特点，已经渗透到生活的各个领域。

以着装为例，鸦片战争前，广州市民多以土布为衣，市面上虽有款式新颖的洋布出售，但价格高昂，销路难开。鸦片战争后，输入广州的洋布逐渐增多，价格也开始下调，洋布商行的店主为作推广，便让举家上下连同员工都穿起洋布服装，每日招摇过市，给市民做起示范。这么一来，尽管洋布价格在当时仍比土布要高，也还是有不少人家愿意尝试用洋布裁剪衣服了。19世纪80年代以后，随着洋布价格进一步下跌，这种几十年前只能在十三行富商家中见到的奢侈品，逐渐进入大众市民的日常生活。

1880年，广州第一家洋服店在租界旁边的沙基创立，专为沙面的洋人或从事相关工作的华人定制服装。几年之后，男子穿西装渐成时尚，广州城内大大小小的洋服店遍地开花。元发号洋服店曾是广州西服行业的头牌，老板专程到日本学艺后回国创业，有“洋服状元”之称。尽管西式服装真正在全国普及是在辛亥革命之后，广州人却早三十年就过了一把西服瘾。

1923年孙中山在广州时，参照华侨常穿的“企领文装”，提出了改良西装的设想。其好友黄隆生裁缝裁制出了第一套中山装，此后渐成民国官员的标准服饰。除此以外，还有风靡一时的民国男女款学生装，各式军装、警服等。

再谈谈饮食。广州出口茶叶多，茶叶消费也多，市民尤其爱饮茶，即便遇上经济不景气，其他行业清淡凋敝，茶楼也依然客源旺盛，广州人之嗜茶由此可见一斑。实际上，清朝前期，广州并无茶楼，街道上多见茶水店经营店家自家配制的茶饮，也不设桌椅，只供行人解渴消暑，如今市面上如“王老吉”“黄振龙”等凉茶品牌，最初就是从这样的茶店经营起步。后来这些茶店为改善经营，便扩大空间，添些凳桌，就此成为简单的茶馆和茶楼，吸引了许多平民大众光顾。起初茶楼一壶茶只售二厘钱（当时一角折合七十二厘），也供应简单的糕点，这便成为广式茶楼的原型。到了清末，茶楼之间竞争已非常激烈，除了茶要好之外，经营者也在茶点上下了很大的功夫，以盲公饼、小凤饼、莲香饼甚至西式点心来吸引顾客。而像请棋手设局对弈、邀戏班名旦驻演等，也是招徕顾客的一种方式，至于设茶居雅座等方式，则成为吸引社会上层人士的手段。

茶楼是茶楼，酒楼是酒楼，早期茶楼不开饭市，酒楼也不设茶市，广州人绝不会将此两者混淆。而且广州酒楼业在经营之初也只面向社会上层群体，消费要比茶楼高得多，平民大众无力光顾，只不过随着这个行业逐渐普及，才逐渐有高低档次之分。

清朝道光年间是十三行贸易最鼎盛的时期，也是广州酒楼食肆开张较多的时期，且集中在闹市，“西关尤财货之地，肉林酒海”。起初酒楼只营中餐，后来连南洋的胡椒、咖喱、燕窝，欧美的沙律酱、奶酪，都开始进入食谱。不单舶来

19世纪末20世纪初，西风渐浓的广州生活。

1925年，大街上用相机拍照的女士。

1928年，市营长途汽车站。

1920年，在巡回文库（流动图书馆）借书的市民。

沙面的粤海关税务司官邸。

开满洋货铺的内街。

品，全国各地商贩、官员的长期留居，也促进了各地菜系在广州酒楼的传播。作为一处财货流通之地，广州绝无南北食材少缺之虞，也不乏钟情各系菜式的食客。国内、欧美、南洋各地饮食都在广州酒楼集中，由此衍生的广府菜自一开始就带有兼容南北、合璧中西的特点。如今广府菜式烹制之精细繁琐，食材之包罗广博，可能就是自此传承而来。从这个角度来说，这座由贸易起家的城市，也是一处汇集各地饮食之大成的天赐之地。

一些酒楼为吸引客人，开始效仿租界酒店张罗西餐。广州城内第一家专营西餐的餐馆太平馆，是由沿街摆卖的摊贩起家的。太平馆创始人徐老高起初在沙面其昌洋行做厨杂，学会了几道拿手西菜，后从洋行出走，当了一个行街走巷专卖自煎牛扒的小贩，大受欢迎。1860年前后，徐老高在广州更楼（今北京南路太平沙）附近开设了一家餐馆，即为初代太平馆。民国以后，太平馆又新创制葡国鸡、烧乳鸽等经典菜式，座上宾多为广州政要名人，然而菜价已大非往日可比，太平馆再也不是当初那家平民西餐馆了。

且不论酒楼餐馆如何消费，广州作为一处贸易口岸，在输入洋货的同时也引进了许多外来作物，如荷兰豆、沙葛、椰菜、洋葱、辣椒、马铃薯、西洋芹等，都有明确记载其来自番邦，在清代传入广州。

除了在穿着、饮食方面有多样选择，清朝至民国之间，广州市民在闲时消遣娱乐的方式也颇为丰富。最能雅俗共赏、贫富同乐的一种，莫过于看戏。据《广州城坊志》记载，清道光初年，江南人史某在广州创建庆春园——这大概算是广州戏院之始。然而长久以来，这些戏院只为富裕阶层服务，通常是由来客点选某剧本中某段后再开台演唱。直到光绪中后期，商人开始向戏院投入大量资本，戏院才逐渐面向一般市民。清末广州戏院数量大增，昼夜均有戏班轮演，门票收入不菲。曾有位戏迷富商，不惜重金雇来四喜京班，并租下广州一间大戏院演足一个月京剧，一时全城轰动。看惯粤剧的广州人被京剧新奇的唱腔、文武技艺折服，自此戏院中京剧长演不衰。除此以外，不少剧院还引入西方流行的杂技、魔术表演，甚至刚问世不久的电影也粉墨登场，票价并不高昂，使得当时的广州市民均可以至戏院一饱眼福。位于长堤大马路的海珠大戏院，其前身即为广州盛极一时的同庆戏院。

不止看戏，广州人所热衷的娱乐实在相当多样。如在庙宇茶楼与棋手让子对弈、拆解棋局，又或者临街斗蟋蟀、斗鸟、斗狗等，这些都是带有博彩性质的消遣。市民也喜结伴出门游玩，或租一船艇泛游珠江，或到戏班楼船上细听吹拉弹唱，又或相约至白云山等郊野踏青赏玩。一些由富商高官斥资建造的园林在被没收充公之后，也被开放作为市民公共游乐场所。哪怕是生活在社会底层的人，如在码头搬货为生的咕哩（苦力），也有自己的娱乐方式，会在闲余时组织水上竞赛，甚至还请来洋人发枪为令、担当裁判。可见这各式各样的游乐消遣活动中，不乏洋人参与。就在鸦片战争爆发的前两年，广州市民还跟英国海军在珠江水面举行过龙舟比赛。如此种种，都是清末至民初广州市民的生活剪影。时至今日，我们仍然可以从中看出，尽管时局并不太平，但生活总归还是在继续的，民众仍然努力在贫瘠的生活、动荡的时局中为自己觅得一点闲情逸趣。

帝国的战争、资产阶级民主革命与红色政权的建立

随着通商进程的不断深入，洋人与中国人之间文化上的隔阂慢慢消融。但这毕竟只发生在广州一城一地，在19世纪初，偌大的中华，仍然是一个以农业生产为根基的封建帝国。这个古老帝国迈向近代的第一步，就是从“商都”广州开始的。而这一步一经迈出，广州乃至于整个华南就再也无

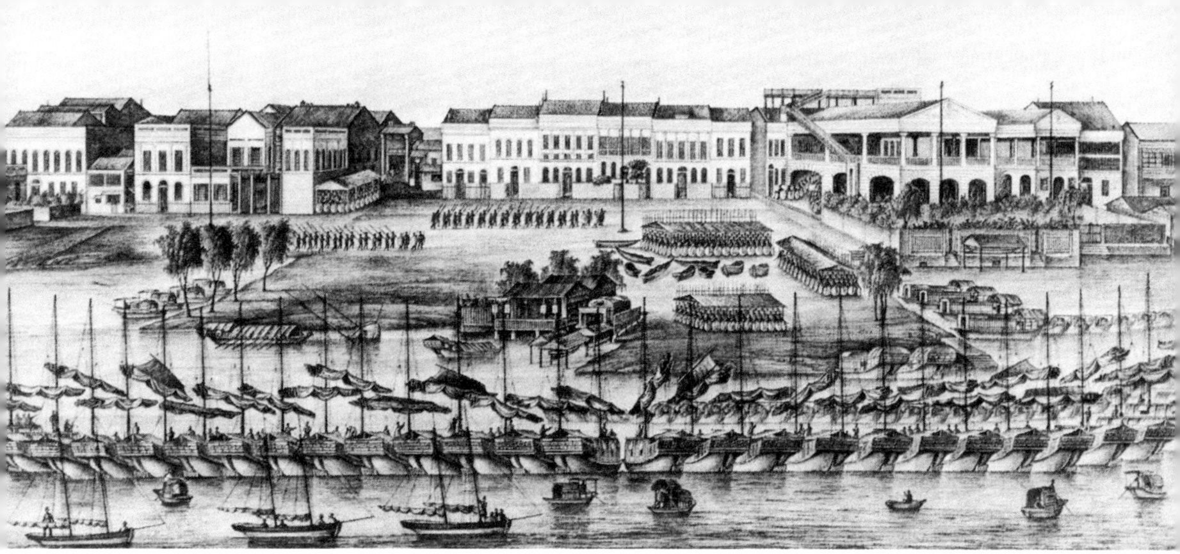

1839年5月，林则徐虎门销烟前期封锁十三行逼洋商交出鸦片。

法从持续不断的纷争之中抽身而退，这座城市开始经受战火与革命的洗礼，成为中国近现代化历程中的风向标。

1839年，钦差大臣林则徐受朝廷之命到广州查禁鸦片。这位朝廷命官作风强硬，办事毫不手软，跟以往朝廷派驻广州的京官简直有天壤之别。长期以来负责在朝廷与洋人之间对接的十三行商人拿他毫无办法，外国烟商也只装模作样，以为交出少量鸦片即可了事。结果早已调查清楚的林则徐以数量欺瞒不实为由，直接封锁广州沿海，将洋人连同商务总监囚禁于十三行会馆。最后，英国商务总监被迫就范，并以英国政府的名义交出全部鸦片，这就导致事件由商人之间的贸易冲突演变为两大帝国之间的政治冲突，次年，英国议会通过了对华战争议案，第一次鸦片战争由此开启。

战争的结果我们已经熟知：中国战败、割地赔款。这是多米诺骨牌里倒下的第一张。

在两国军队交战期间，广州乡民与英军也发生了很大的冲突：1841年5月爆发的“三元里抗英事件”，被认为是近代史上中国人民第一次自发抵抗列强侵略的斗争。这次武装冲突并未对总体战局产生多大影响，但很大程度上加深了广州民众对外国人的仇视情绪。十余年后，第二次鸦片战争的火种再次在广州引燃，周边乡勇也继续组织团练抵御外侮，但受到政府阻禁。结果两广总督被俘，英法联军直逼京城，朝廷还是只能签订不平等条约，赔款了事。从广州城沦

左起：孙中山大元帅府；长洲黄埔军校；黄花岗七十二烈士墓。

陷时算起，这座城市被英法侵略者持续控制了三年有余，英法撤军前，还霸占了沙面作为租界。

两次鸦片战争激化了原本就已经非常尖锐的阶级矛盾，焦头烂额的清政府内外交困：一边是应付无能的对外战争，一边是此起彼伏的两广农民运动。

1850年，洪秀全在广西发起太平天国运动，广东各地则发生了由天地会组织的“洪兵起义”。天地会在明末创立，后又称“三合会、洪门”，一直以“反满复汉、反清复明”为行动宗旨，其理念与孙中山早期革命思想颇有重合之处，这支江湖势力后来一度成为支撑孙中山武装起义的重要力量。

直到1911年武昌起义推翻清朝之前，孙中山共策划了十次武装起义，其中在广州进行的就有三次：

1894年，孙中山在檀香山创立兴中会，次年2月，设立兴中会广州分部，10月，兴中会就在广州策划起义。这次起义人员、武器准备均不充分，而且行动之前已经走漏风声，很快就以失败告终。此后，孙中山被迫流亡国外，并继续联络海外华人志士壮大兴中会。

1905年，以兴中会为首，全国各地资产阶级革命团体联合组成中国革命同盟会。1910年，同盟会策划了广州的第二次起义，历史上称为“广州新军起义”。这次起义吸取了之前数次起义失败的教训，以策动广州防营军队为主要力量。然而在准备阶段时突发变故，迫不得已将起事时间提前，结果弹药不足、孤立无援，义军伤亡惨重，最后也落得失败的下场。

同盟会策划的广州第三次起义，即著名的1911年“黄花岗起义”。新军起义的失败并未打击革命党人的信心，同盟党决意卷土重来，并策划了更为详尽的起义方案。但是人员越多则越难统筹，发难之前又屡生事端，只能再次在准备未充分的情况下仓促进行，城内仅一路义军孤军奋战，无人接应，最终也难逃被清兵镇压的命运。

孙中山策划和领导的广州三次起义，尽管响应人数一次比一次多，但无一取得胜利。即便在中华民国成立以后，国民革命依然前途多舛。1913年袁世凯准备实行独裁统治，孙中山主张进行武装讨伐，发动二次革命，又以失败告终。1917年，因北洋军阀强行解散国会并废弃《临时约法》，孙中山在广州建立军政府展开护法战争，并就任临时大元帅，但很快就被军阀排挤下台。总结这些失败和教训，在中国共产党人的建议下，孙中山在1924年国民党第一次代表大会期间，正式下令筹办陆军军官学校，此即广州黄埔军校的由来。

在这期间，革命的新生力量——中国共产党也渐渐壮大。中国共产党人在广州领导了多次工人斗争，其中包括1924年7—8月广州沙面洋务工人的罢工运动。这次罢工起因于越南志士至沙面行刺法国驻越南总督，事件过后，沙面英法当局为加强租界安全，颁布了新警律，其中有明显侮辱华人务工者的内容，激起广州各界工人公愤。中国共产党广州地委借此势头，在豫章书院内联合工人代表召开会议，成功发动沙面工人罢工。这次罢工动员了包括在沙面工作的各行业中国雇员、办事员、佣人、巡警，甚至沙面之外也有不少洋务员工罢工响应，人数达3000多人，历时一月有余，并得到各界支持，最终迫使英法租界当局取消了新警律。沙面罢工事件影响深远，是国内工人运动由衰转盛的一个标志，也为次年中国共产党领导省港大罢工运动提供了经验。

1927年12月，中国共产党趁国民党军阀在广东混战之机，发动了广州起义。这次起义声势浩大，是中国共产党所领导的三大起义之一。起义队伍在发起冲锋号角之后，趁广州兵力空虚之际迅速占领全城，并且成立广州苏维埃政府。然而这个在城市里建立的红色政权未能坚持多久，敌军迅速回防之后，起义军便因寡不敌众被迫撤离，广州起义仍然未能取得最后的胜利。三大起义失败后留存下来的起义军，最终顺利会师，成为日后成立的工农红军的骨干力量。

第二章

广州财富传奇

羊城，在南海之滨生长了2000多年，东江、西江、北江三江在这里吞吐气息，并在大陆之南归为一处汇入南海。作为一个既是河港又是海港的城市，广州特殊的地理位置造就了它特殊的生存方式和经济模式，对外贸易在这里发扬光大，千年不息，也最终成就了这个国际海港的形成。

（本图根据广州市规划和自然资源局所提供资料绘制）

珠水古韵历史文化步径选取13个城市景观，串联起一系列最能体现广州历史底蕴、文化特色的建筑、街道、街区、博物馆等特色景点，将历史文化和城市生活结合起来，使旅游者在行走中深入了解广州历史文化、风俗风物、建筑风情，感受东西方文化在广州的交汇，领略广州开放且兼收并蓄的宽广胸怀，触摸广州作为“千年商都”的商贸文化脉搏。

具体来说，这条长约2.5公里的珠水古韵历史文化步径主要围绕以下景点阐述：

- 海珠广场
- 长堤大马路
- 海珠大戏院
- 中国（广州）民间金融博物馆
- 东亚大酒店
- 豫章书院
- 爱群大厦
- 广州邮政博物馆（广东邮务管理局旧址）
- 粤海关博物馆（粤海关旧址）
- 广州十三行博物馆（十三行码头）
- 塔影楼
- 沙基惨案纪念广场
- 沙面建筑群

01 海路帆举，万国商来

南海丝绸之路发轫

早在新石器时代，广州人的祖先——百越人，一面为了生存，一面为了探索，就地取材，以自然物制成浮具、竹筏、木筏、独木舟、木板船，以勇气为帆，以智慧作桨，大胆奔向海洋，打鱼运输两不误。作为舟船发明以前出现的第一种水上运载工具，“筏”就是当时的百越人发明的。他们断发文身、凿齿漆牙，习水而避蛟龙。瘴气弥漫、危机重重的深山老林那头，是广阔深邃的海，是百越人的家。

汉代时，“南越舟”“八槽舰”在南海上来来往往，帆、桨、篙、舵、碇应有尽有，功能齐全。这便是广式船舶的早期雏形。到了西汉，南海巨舶满载着丝绸、珠宝、香料、矿物，乘着巨浪，顶着苍穹，浩浩荡荡地在广州和古罗马阿杜利港之间往返。到魏晋南北朝，广州起航的帆船已可以到达阿拉伯半岛西南部的亚丁港。

时至今日，我们仍然可以想象：辽远旖旎的中亚黄土地反射着强烈阳光，水蓝色的清真寺圆顶为过于干燥的空气增添了一丝清新，湛蓝的红海宛如一串蓝宝石项链镶嵌在旁。这时，一艘铁力木红漆的三桅巨帆船缓缓驶入港口。船身弧线自然优雅，船沿整齐排列着充满东方韵味的雕花栏杆，三面巨帆顶着红面黄边的旗子，旗面上是方正有力的汉字。

黄色戈壁的背景下，这一情景如此梦幻离奇！

但一切都是鲜活的：船上的人器宇非凡，身着威武而飘

左：1842年英国《伦敦新闻画报》上刊登的耆英号抵达广州的情景。
右：17世纪荷兰使团画师绘画的广州城全景图，珠江面停泊着外国商船。

逸的汉服，有着黄色自信的面孔。他们让水手卸下船来的木箱子里，净装着茶叶、陶瓷或丝绸之类的中国商品。不同肤色和民族服饰的商人们早在此等候多时。货一落地，他们纷纷上前哄抢，唯恐拿不到自己想要的货。

从春秋战国到秦汉，广州花了几百年的时间，将自己的对外交流从“萌芽”状态推进到“开展”，迄今为止最古老的海上丝绸之路——“南海丝绸之路”诞生。南越王宫署遗址、南越王墓、南海神庙、怀圣寺光塔、清真先贤古墓、琶洲塔、赤岗塔、黄埔古港……都是广州帆举千年的佐证。

广船之兴与广州贸易之盛

唐代后期，海上丝绸之路跨越欧、亚、非三大洲，广州成为中国第一大港，设有专门从事航海贸易管理的市舶司，世界各地每年进入广州港的海船约4000艘。宋代时，广州的造船技艺更趋成熟。由广州开往西洋的船舶统称“蕃船”，与泉州“海舶”、明州（今浙江省宁波市鄞州区）“船舶”齐名。到了元代，中国海上丝绸之路的起点开始转移到泉州，但广州对外贸易的规模仍然最大，还专门设置了广州造船坊，支持东、西洋的海上远征和大规模的海运漕粮。至郑和下西洋，中国古代造船业、航海业均进入巅峰时期。

1846年，耆英号广船悄悄地驶出广州港，开启它永不

西关小街。西关在古代曾是广州最繁华的商业区。

能回家的旅程（耆英号抵达英国后被拆解研究）。船上运载了很多中国手工艺品和装饰画，还有箫、三弦等乐器，甚至还有皇帝画像。耆英号在海上航行了一年多，成为第一艘到达欧美的广式木帆船。它以超越美国蒸汽邮轮的速度横跨大西洋，在好望角顺利经过了风暴的考验。在纽约停泊时，日参观者规模达到七八千人。抵达维多利亚港时，英国女王亲自登船参观，见证了中国帆船精致的构造和优良的性能。

明代中后期，海禁政策的实施，让中国走向海洋的步伐开始变慢。但是，民间虽不能出海做生意，“四夷朝贡”贸易却并不在禁例之内。外国要与中国互通有无，只能通过朝贡的形式进行，也就是说，外国政府必须以向中国皇帝朝贡为名，携带商船和货物与中国贸易——当然，贡期、船数、人数及贡品都有所限制。

有了“朝贡”的“诸藩贡使”，自然也就有了接待、安置使团人员的驿馆。我们今天回顾历史，可以清晰地看到，明永乐三年（1405），中国发生了两件与海洋有关的大事：一是三宝太监郑和率领庞大的船队，首次扬帆远征西洋。另外一件，就是朝廷在广州（怀远驿）、泉州（来远驿）、宁波（安远驿）设立市舶司，负责朝贡贸易。中国官吏在驿馆中检查外国船只运来的货物，并进行抽税和收购。而外国人可以在这里通过从事中介贸易的商人——“牙人”，把中国官府收购后剩下的货物卖出，买回中国商品。

出于对外商的戒备心理，这个专供外国使者、商人下榻和从事贸易活动的怀远驿的地点，既不能离城太近，也不能太远，还必须便于缴税通关、交通运输等。这般计较下来，还有比十八甫蚬子步更合宜的去处吗？这里既有西濠可以分隔开洋人与广州街坊，南边的珠江又能为商船货物的通关、运输提供便捷的通道。

怀远驿因此逐渐成为当时广州乃至全国对外贸易的中心，其繁盛一直延续到了清康熙年间。随着珠江北岸向南伸展，原位于江边的怀远驿日渐远离江岸、日渐没落，终于被其南面出现的十三行夷馆所取代。今天的怀远驿小巷既短（不足200米）且窄（仅4米宽）。麻石板路的两边，砖木结构的西关老屋静伫。很难想象，这里曾是一个商贾辐辏如云、财货堆积满街之处。

“广州三塔”之一的赤岗塔（右）。它曾是船只进入广州的航标。

清初，海禁政策进一步收紧，到乾隆年间，全国仅允许广州一地对外通商，加速了广州对外贸易的发展。当时的南海、番禺“致天下之民，聚天下之货”，街市上店肆林立，商人叫卖舶来品的声音不绝于耳，时有内地、外国商人大批量采购的盛况。此外，这里四季如春，有白云相伴，有江水环绕，十里秦淮见到此番繁华胜景，大约都不免惭愧。

时至今日，广州城依旧有很多痕迹可供探寻这段历史。

例如西汉墓中出土的大量玛瑙珠饰、玻璃器、犀角模型等，据考察，其中一些物品产于海外，可见当时海外的工艺美术已经传入了中国。又例如南越文帝的墓葬中出土的陶制和铜制的熏炉，据考证，这些熏炉燃烧的均为龙脑香，而龙脑香大多来自马来半岛、苏门答腊岛等地。

由此可见，当时东南亚的一些风俗文化已来到广州，并传至全国。尤其是在中国与欧洲文化交流的重要时期——明清时期，大批欧洲商人、传教士正是通过广州来到中国。借由这些文化的搬运工，西方先进的数学、天文学等知识源源不断地进入中国，广州亦自然而然地成为接受西方文明方面的先行者。

大清的粤海关和广州的大钟楼

市舶司制度、一口通商、十三行……百年的贸易风云统统凝结在广州市荔湾区珠江畔的粤海关博物馆。

清康熙二十四年（1685），继解除禁海政策、准许开海通商后，清廷又在沿海的江、浙、闽、粤地区设立四个海关，作为管理对外贸易、征收关税的机构。

粤海关博物馆

位于沿江西路，原址历来为粤海关的办公地，1913年拆除原有2层办公楼，修建由英国建筑师戴卫德·迪克设计的新楼。1914年奠基，1916年秋落成使用，为欧洲新古典主义风格建筑。

粤海关大楼4层连钟楼高31.85米，建筑面积4421平方米，钢筋混凝土框架结构，东、南立面为白色花岗岩构筑，西、北立面砌明口红砖墙。

天台的前部中央，8组双柱承托起13米高的穹顶钟楼，置四面时钟，为1915年英国制造，至今仍能以音乐报时，广州人也因此俗称其为“大钟楼”。

2003年海关总署选址这里作为粤海关博物馆，2007年12月正式开馆，展示中国古代、近代、当代的海关发展史。

四个海关垄断了中国与西方贸易的管理与征税权，为清廷提供了巨额的财政收入。其中，粤海关尤为重要。据英国的“中国通”马士估算，在19世纪初的正常年份中，粤海关每年实际征收的各种规费应该约为白银1000万两。1757年，清政府限定广州为全国唯一通商口岸，此后的百年间，“粤海关”成了中国海关或大清海关的代名词。

鸦片战争爆发后，1842年，中英签订《南京条约》，确定了关税协定的原则。1859年，英国人李泰国在两广总督和粤海关监督的“邀请”下，在广州设立新关，洋人开始控制中国的海关。直至1931年国民政府裁撤各地常关和厘金局，常关体制才彻底消失。

1949年10月14日广州解放。25日，粤海关被接管。至此，存在90年的外籍税务司制度管辖下的粤海关税务司署宣告终结。

时光愈往前走，风霜愈多，沧桑愈多，沉淀也愈多。长堤上那些冰冷的石块砌就的建筑，因其“老”，也有了可触可感的温度。它们安然淡静，不疾不徐。

粤海关大楼，是其中一座。

珠水之畔这座花了21万两白银建成、1914年奠基、1916年竣工的粤海关大楼，如今已过百岁，是中国历史最长的海关大楼。因着其楼顶那座硕大的钟楼，街坊们都更愿意称它为“大钟楼”。这座欧洲新古典主义风格的建筑当年是广州长堤商贸中心的地标，被视为广州近代西洋建筑的典范，也是现代“羊城新八景”之一和“珠水夜韵”的标志性景点。

实际上，沿江西路上，自大钟楼一路向东，有不少与其外形风格相似的建筑，如广州邮务大楼、南方大厦、爱群大厦等。但与这些建筑的水泥外墙不同的是，大钟楼的外立面为石墙。因此，当其他建筑的外墙在岁月的浸染下渐渐氧化成灰褐色时，只有大钟楼的外墙还保持着乳白色，历久而弥新。

粤海关大门的顶部墙壁刻有“粤海关”三字。建筑首层为基座形式，由来自云南大理的大理石砌筑，结构为整体钢筋水泥，用大块麻石作基础，十分坚固。建筑上层光滑的圆柱和饰以花饼的栏杆相间。正面外墙以花岗岩圆柱与条石镶砌，正面和东侧柱廊全部双柱，仿罗马爱奥尼式巨柱通贯二、三层，四层为罗马塔司干柱式。顶筑巴洛克风格穹隆顶的钟楼分两层，藏有制造于1915年、中国历史最长的英国制全机械传动式立钟。

大钟楼的墙面，正面为石背面为砖——其背面以清水红砖建造，饰以白线。与正面奢华典雅的石制外墙相比，红面白线、对比尤其强烈的红墙，别具古朴、含蓄之意趣。

从粤海关大门进入，是黑白绿相间的走廊，尽头是白色浮雕墙壁衔接着的展厅。走进展厅，金漆写就的“粤海关”大字在黑色浮雕背景墙的映衬下，尽显历史厚重感。黑墙前是四根高大的柱子，接近天花板处，有曲线优美的浮雕与方形底座相连。底座是黑色的，柱子是米白的，整体氛围格外庄重典雅。

博物馆里最值得一看的当属历史场景的模拟、复原。

粤海关监督衙署半场景展现了1685年设于广州五仙门内的粤海关的风貌。

“大钟楼”侧影。

三角木架上，那面白底黑字的“钦命粤海关”旗帜静静垂立，与它背后古朴低矮的清代衙门和身着清朝服饰的官员相互映衬。再往后，是稀疏的老槐树撑着夕阳残缺、天色渐晚的灰蒙蒙的天。场景沉郁而静谧。

还有瑞典沉船“哥德堡”号停泊在黄埔港的模拟场景。斜阳残晖笼罩着的码头上，这艘曾三次来到中国的巨大的“哥德堡”号静静停泊。石块层层堆积而起的堤岸被波浪轻拍慢打，粼粼碧蓝海水下，金黄的河沙泛着细碎的光。远处的海面上，泊满了各国帆船，桅杆与白帆交织，时有海鸥飞来，停在桅杆和麻绳上稍作歇息。木板铺就的码头上，穿着长衫或西装、顶着宽檐帽的商人熙来攘往，推着流动摊档的小贩穿梭叫卖粥粉面、咖喱鱼蛋……空气中飘浮的是热闹和喧嚣。

又有粤海关税务司的办公室场景复原。一切装修都是西洋式的。时光在这里倒退、定格：全套深棕色的家具，大办公桌、大背景书架、四脚圆座的围椅、图案繁复的烛台、转盘式的电话、碧绿灯罩的台灯、斜卧在小墨水瓶里的钢笔、金色的敞口搪瓷痰盂……一切老式物件被凝固在这个小空间里，仿佛主人未远，随时会推门进来、坐下，一切工作又即将照旧运转。

这个建筑里几乎从一楼到三楼的房间都可供游人参观。建筑物内，刷着黑漆发亮的楼梯扶手和冬瓜绿的护壁相互映衬，简洁明快，流畅典雅。走廊上铺设着细致讲究的花阶砖地板、彩瓷砖墙裙，悬挂着三个一组的吊灯，简素而庄重。

粤海关大楼还是广州市最早采用垂直电梯的办公大楼之一。现存的电梯箱是按照原貌修建的“复印件”，电梯门是透明的，门口的黑色栅栏还是原件。栅栏两边衔接着雕花铁艺的扶手围栏。

建筑物内，举凡壁炉、地板、百叶门扇、下水管道等，都已经历了百年的岁月，却均维持着它们最初的面貌。特别是地板砖，几乎每一块都完好如初。粤海关博物馆甚至还专门请来有上百年历史的公司，根据当年的样式设计定做地毯，把地板砖都保护起来。

外国人控制粤海关时期，采用西方文书处理制度，文件归档程序较为完善，因此粤海关系统保留了大量原始资料。得益于此，今天人们在这里，除了能回望广州海关的历史，还可以了解到与海关工作人员有关的一些有趣细节：清同治八年（1869）海关内外班人员年薪表可以证明，这里的薪酬水平和当时的行情相比，还是相当高的。当然，高薪也就意味着高竞争。20世纪20年代，报考海关的人很多，当年报考海关的人员需要专门购买一本《投考海关指南大全》来做考前复习——这大概就类似于现在的考试重难点了吧？这里还可以看到日伪关时期日籍官员的试卷。从试卷上看，要想到海关上班，他们不仅要学习英语，还得学习中文和汉语拼音。

被称为大钟楼的粤海关大楼。

海船所集之地：黄埔古港

黄埔古港被称为“海上丝绸之路的重要组成部分”。黄埔古村则是一个见证了广州“海上丝绸之路”繁荣的村落。

古代广州的港口有内港、外港之分。一般来说，唐宋时期，光塔寺地区和明清时期的十三行商馆区，都是内港；南海神庙扶胥港和明清时期的黄埔古港，则为外港。

今天我们如欲探访黄埔古港，得到广州海珠区石基村去。如果从西边公路入村，就会直面一座高耸的现代牌坊。牌坊金碧辉煌，上刻“凰洲”两个大字。村南边紧靠着珠江支流，也有一座刻有“凤浦”二字的彩牌坊。传说古时一对凤凰飞临此地，从此这里人丁兴旺、五谷丰登。又因该村地处小岛，而水滨之滩为“浦”，水中陆地曰“洲”，所以村名就被称为“凰洲”或“凤浦”，其后慢慢演变成为“黄埔”。

自宋代开始的很长一段时间内，黄埔村在海外贸易中扮演着重要角色，成为“海船所集之地”。1685年，清廷于广州设置粤海关，同时在酱园码头（黄埔古港旧名，因附近有一酿造酱油的酱园而得名）设置粤海关挂号口，征收外国商船的关税。黄埔海傍街一带自此成了热闹街市。1757年，清廷裁撤其他三个通商口岸，仅留粤海关一处经办外贸，广州成为“一口通商”之地，凡满载洋货进入中国的外国商船，均须“下锚于黄埔”，停靠在广州的外港——酱园码头办理卸货、通关和回程手续。凭借这一垄断地位，黄埔古港更是商船云集、夷舟蚁泊。除了瑞典的“哥德堡”号，黄埔古港一度还停泊着美国的“中国皇后”号、俄罗斯的“希望”号和“涅瓦”号、澳大利亚的“哈斯丁”号等外国商船。

上：黄埔古村，古树下歇息的老人。
中：摆摊售卖自家种的水果的村民。
下：端午龙舟饭。

梁氏大宗祠。　左垣家塾。

胡氏大宗祠。　冯氏大宗祠。

“黄埔岛是一个几千人的市镇，常住人口直接或间接与外国船运有关，充当买办、装卸工、铁匠等。世界上没有哪个地方比船队集结在黄埔的景象更好看了，各船的进口货已经卸完毕，排成优美的行列，等待装运茶叶。”1882年，美国商人亨特在《广州番鬼录》中，曾经这样描述当时的黄埔港。商船在这里满载货品扬帆而去，历经半年的海上漂泊抵达大西洋彼岸。陶瓷、丝绸、茶叶等奢侈品，让世界认识了古老的中国文明，黄埔税口、黄埔村、琶洲塔、“满大人”瓷器、广绣、通草画等，开始频繁出现在西方人的著作、游记和绘画中。

到底是什么成就了这个港口？

黄埔古港地处珠江出海口，背靠小山，三面临江，“环乡皆水”，珠江主水道和黄埔涌在黄埔村前分流，在黄埔村的东南方位形成一片水深达20米左右、极适合木制帆船出行和停泊的宽阔水域。依靠这一优越的地理位置，发生在酱园码头的这场贸易，一开始就是170多年。黄埔古村里的热闹喧嚣，也持续了170多年。直到鸦片战争后，广州对外贸易的首要地位被取代，黄埔古港才逐渐失去昔日的繁盛。后来又因河道堵塞变窄，清同治年间，古港迁移到与它东西相望的长洲岛，黄埔古港和它身后的黄埔古村，才渐渐宁静下来，进而在年深月久的时光淬炼里，在仿若被世人所遗忘的角落里，衍生出独属于这里的一派古朴祥和。

今天的黄埔古村，有古巷、古街，有祠堂，有名人的故居。整个村落的旧建筑较为集中，且官、民建筑均备。

黄埔古村生活着梁、冯、胡、罗四大姓氏，以及关、黄、卫、陈等小姓。鼎盛时期，黄埔古村“十屋一祠”，共有30多座祠堂，至今仍存梁家祠、胡家祠等十多座。这些建筑古朴、恢宏而大气，是典型的岭南民间宗祠式建筑。在中国，祠堂所寄托的，往往是同一家族的精神信仰，所以胡姓祠堂里，至今流传着“三国领事”胡璇泽、铁路专家胡栋朝等先人的传奇；梁姓宗祠里，后人们虔诚地供奉着向美国成功追讨庚子赔款、促成清华大学诞生的爱国外交家梁诚的牌位；拱辰里4号，作为“永丰舰”（后改名为“中山舰”）舰长冯肇宪的故居，向后人们讲

曾作为西洋商船锚地
的黄埔古河港。

述着他冒死与陈炯明叛军奋战55天，保护孙中山安全脱险的故事；荣西里的一条小巷，有广州行商巨擘、十三行之天宝行行主梁经国（号“左垣”）生活过的左垣家塾——而那里，在梁经国身后站着的，还有他的子孙七代名人；有让南粤人民告别购买洋糖历史的糖业专家冯锐故居……行行有精英，代代有名士。

——这便算得上是黄埔古村人杰地灵的有力佐证。

现在的黄埔村分为四个功能区，即纪念展示区、古港公园区、栈道餐饮区及村头广场区，算得上是个集展示、传播、娱乐、休闲于一体的文化公园型景区。其中，展区部分是在清代的遗址上重现的昔日海关、税馆、永靖营（兵营）、夷务所、买办馆、酒楼商号以及为往来船舶服务的店铺风貌。

阳光明媚的小周末，约上几位好友来到黄埔古港，可以同享慵懒的阳光和清风相伴的广式生活。沿着村里的主干道，即可漫步入村。虽是主干道，但却没什么车往来。道路两旁都是村民自设的铺面摊位，一边卖农产品，一边是食店，很有清晨赶集的感觉。当季的河鲜、新鲜的岭南水果、各土特产都尽入眼里，永不怕错过广州最新鲜的美味。

走到村道前面的十字路口处，往左前方就是黄埔古港景区了，见证古港兴起的“哥德堡”号跨洋轮船的纪念雕塑就在景观区内。与它一街之隔的正是粤海第一关纪念馆。进入古港，最先映入眼帘的是古港遗风牌坊，接着是古港码头。

西洋绘画中，1850年的黄埔古港村。

坐在港口的古榕树下，看着古朴寂寥的码头，感受着江风徐徐吹来，想象明清时期各国贸易的船只都停泊在这里，各色皮肤的人熙熙攘攘，那场面一定热闹极了。700多年前，这里甚至还曾停泊着送元朝阔阔真公主（元世祖忽必烈的女儿）远嫁波斯的“阔阔真公主”号，据说它也被称为“福船”，寓意“福船送福”。和它一起远航的，是民族之间的友谊。

逛累了，别马上打道回府，还有大拨美食等着你呢。

凤浦驿站就在黄埔中学附近，人均十几块就可以饱食一顿，店里牛杂够淋，萝卜够入味，鱼蛋分量很足，钵仔糕便宜且味道多样。有很多老广特意前来，只为这一碗牛杂。

奶婆家的姜撞奶、双皮奶也值得一试。服务员穿梭在各桌之间往盛有姜汁的碗里倒鲜奶，叮嘱盖上盖子焖个2分钟——再打开，鲜奶就已经凝固了，奶味中总是夹杂着新鲜而富足的姜味，冬天吃，最是暖胃暖心。

古港人家的古巷烧鸡、木瓜炒鸡杂、黄埔炒蛋、羊肉煲，也远近闻名。

间隔于第一关跟纪念碑的树荫下，还有一家店面比较简陋的特色奶点“平记”，店内的椰香双皮奶很有特色。

古村里还有凉拌的白云凤爪，酸中带点辣，既解暑又解馋。“猫记”和“鸡记”的艇仔粥都很好吃。还有濑粉很有人气的“石基姑爷”，店里装修古香古色，全部都是以前的太师爷桌椅，古朴的花窗、字画、地砖，满满的都是复古的广式味道。

古港还有很多特色店铺。这里散布着一些小小的咖啡店和手工店，面积不大，却可以消却一天的倦意。或者你也可以走进明信片店里，挑选出一张卡片，有意境的摄影照片也好，水彩手绘也罢，都认认真真地书写出当下的心情和期待，小心翼翼地在右上角贴上邮票，盖上自己喜欢的纪念邮戳，寄出去——你当然还可以选择待寄或慢递，给未来的自己。

…………

所以你看，时至今日，喧哗惊叹的是游人，而古村的村民，仍然平静。

扶胥之口、黄木之湾，有南海神庙

我们继续说说海上丝绸之路。这便避不开广州人出海的保护神——南海神。

老上海有城隍庙，闽南有妈祖庙，广州则供奉着南海神。南海神在广州已经存在了很长时间，但直到隋开皇十四年（594），隋文帝下诏于全国建立东南西北四个海神庙，才最终选定广州东部的扶胥镇建立起南海神庙，开展祭海活动。时至今日，广州的南海神庙，已经是中国古代四大海神庙中唯一保存下来的规模最大、最完整的建筑遗物，它作为广州乃至中国对外贸易交往的历史见证，作为古代海上丝绸之路发祥地之一的重要史迹，静静矗立于“扶胥之口，黄木之湾”。

唐代地理学家贾耽曾经在《新唐书·地理志》中，这样描述过这条不计其数的“蕃舶”往返广州的“通海夷道”：商船从广州起航，向南经过海南岛东北角附近的七洲洋，再通过新加坡海峡到苏门答腊岛，向东南行驶往爪哇，西出马六甲海峡，再从印度西海洋至波斯湾的奥波拉港和巴斯拉港。这条长达1.4万公里的当时全球最长的远洋航线的起点，正是面向大海、地理位置与港口条件优越的扶胥港——其终点，自然也还是扶胥港。

于此可见，扶胥港切切实实是古时广州最重要的外港，千帆竞集、海舶往来的贸易盛况在这里延续了千年。直至明代后，受泥沙淤积的影响，码头被迁移至琶洲黄埔村，扶胥港才渐渐没落，也正是在那之后，才始有“黄埔古港”之名。

还是那个问题：为什么是扶胥？

从历史地理的角度看，扶胥地处广州溺谷湾北缘漏斗湾

南海神庙"波罗诞"庙会盛况。

"波罗诞"上人们上香祈福。

"波罗诞"的祭海仪式。

纯手工制作的"波罗鸡"。

口，珠江前后航道在此处汇合后，形成宽广的狮子洋顶港湾区，向南沿狮子洋直通虎门入南海。东边的戙旗冈、西侧的章丘冈，替扶胥港挡住了黄木湾两侧的滔天巨浪，使它最终成为广州得天独厚的天然深水海运良港。

随着越来越多的使者、商船从广州出发，沿南海海路前往世界各地，随着越来越多的外国商船经由此海道前来广州，人们祈求海神保护的愿望与日俱增。正是在这个过程中，南海神崇拜应运而生。

——这大概也是隋文帝为南海神庙择址于此的原因。

南海神庙位于今黄埔区庙头村，地处珠江出海口，过去，中外海船出入广州，按例都要到庙中祭拜南海神，祈求出入平安，一帆风顺。

神庙坐北朝南，前堂后寝，规模宏伟。正门的牌坊为三间四柱冲天式，花岗岩石打制，正面石额刻"海不扬波"四字。牌坊后是头门。头门建于清代，面阔三间，进深两间，前后两侧均设塾台，原是供侍卫值宿用的。房顶的梁架上雕刻着鲜艳繁复的图案纹饰，再往上的硬山顶上描画着惟妙惟肖的广式二龙争珠，瓦脊则由陶片塑造而成——阳光投射其上，有斑斓绚丽的光闪耀。门前是一对威武的明代红砂岩石狮，门两侧是八字墙影壁。

庙宇的主体与其附属建筑分别沿着中轴线从南到北呈东西对称，是典型的中国传统庙宇建筑模式：仪门、礼亭、南海神大殿、后殿、昭灵宫，共五进，一进高于一进。神庙主殿重檐翘角，24条主梁与横梁各自入榫成架，挑起整个高耸的大殿，分外宏伟而稳重。两侧廊庑、碑亭有序分置。

我们今天所能看到的南海神庙，是20世纪六七十年代后重新修建过的。大部分梁柱、木架、斗拱由进口的坤甸木料制作，屋顶的正脊侧脊则多为石湾陶瓦和博古花板。庙内装饰造型繁多，飞龙戏珠、鳌鱼镇脊、彩凤朝阳、神兽护卫等，各各结构精巧，巍峨恢宏，轩昂大度。庙内有名的六侯顺风耳、千里眼等神像也多被定期重塑、修饰，令千百年后的人们尚可得窥昔日南海神庙之辉煌壮丽。

庙内“碑林”，目前尚存的，计有唐代韩愈碑、宋开宝年间石碑和历代皇帝御祭石碑30余方，还有明代铁钟、玉刻南海神印等文物。

关于南海神庙，不能不说的，自然还有“波罗诞”。相传唐朝时，古波罗国有来华朝贡使，回程时经广州，登庙而谒南海神，不意因贪赏庙宇之精美而错过归国船期，此后就一直站在岸边翘首远眺，后化为神。这就是“番鬼望波罗”的故事。据说在这期间，使者还将从古波罗国带来的两颗波罗树种子种在庙中。虽然至今已无从考证“波罗树”踪迹何在，但神庙却自此留下了“波罗庙”之名，庙会也被称为“波罗诞”，诞期为每年农历二月十一至十三，正诞为二月十三。

这是一场古老热闹而喜庆的嘉年华。每年，正当“香火万家市，烟

南海神庙内的古波罗国来华贡使达奚司空像。

揚波

南海神庙的“海不扬波”古牌坊。

花二月时”，祭祀南海神的传统民间“波罗诞”庙会都会如期而来，盛装登场，祭海仪式、五子朝王、花朝节、章丘诗会……蓝鱼和人龙舞动在熙熙攘攘的人群中，开启数日的狂欢。这是当地最热闹的时候：“游波罗，娶老婆”，靓女靓仔们会来祭拜海神，求结姻缘；人群从各地蜂拥而至，欣赏五子朝王的盛况，打量神庙的“龙穴”下是否果真有活水湿润泥土（据说大殿中雄圣大王座位下，正是“龙穴”所在位置），还会买只“波罗鸡”作留念……

海路帆举，万国商来，大概就是对广州最兴盛的时期的最形象总结了。2000多年与舶来文化的交流与冲突，形成了广州独特的人文景象。人们说，正因大唐接纳天下，所以天下人才接纳大唐。广州亦如是。正因它有着接纳和包容的宽广胸怀，才有了现在广州不可轻易被替代的地位。

大殿前的“波罗鸡”。

02 金山珠海，天子南库：十三行传奇

广州对外贸易的黄金时期

广州是中国古代对外贸易的重要港口。

汉代起，广州已经和海外一些国家有了贸易往来。象岗的南越文王帝陵墓所出土的银盒以及玛瑙、水晶等多种质料的珠饰，即包含着中亚或南亚的舶来品。

梁朝时，每年来到广州的各国商船共10多批。

唐代，广州成为世界著名的港口，对外贸易范围扩大到南太平洋和印度洋区域诸国。为了加强对外贸易的管理，朝廷在这里设置了中国最早的外贸机构和海关，总管对外贸易。并另辟蕃坊，供外国商人居住。一时之间，外国到广州的船，帆飘如云，侨居广州的外商（主要是阿拉伯人）数以万计，最盛时达10万以上。

五代到北宋，广州已成为中国最大的商业城市和通商口岸，贸易额占全国98%以上。

到清代，为便于管理对外贸易，清政府指定了专营对外贸易的半官半商的垄断组织，即牙行，俗称“外洋行”。广州的牙行，就是十三行。

十三行的崛起时期，也正是广州对外贸易的黄金时期。要了解这个千年商都，十三行是绝不可忽视的。

十三行最具有诱惑力的商品无疑当属茶叶、丝绸和瓷

器。在18世纪的国际贸易中，茶叶是最重要的货品。仅1761年一年，东印度公司与十三行交易的总货值中，茶叶就占到了92%。其次是丝绸。盛极时，十三行的织造工场有工人1.7万余名，出品精美，所谓“五丝八丝广缎好，银钱堆满十三行”。接着便是瓷器了。附属于十三行的瓷器作坊集中在珠江南岸，多为家庭手工业作坊，其技艺与颜料也多为祖传秘方。

几乎所有亚洲、欧洲、美洲的主要国家和地区都与十三行发生过直接的贸易关系，并且，几乎毫无例外的，他们都觉得在广州做生意，要比世界其他地方更方便、更容易。1830年，在英国下院关于对华贸易的听证会上，有英商表示，广州是世界上通商条件最好的口岸之一。亨特在《广州番鬼录》中所述，足堪为上述判断的佐证：“账房先生很机智，计算迅速而且准确。行号办事敏捷，次序，打包整齐，手法灵巧，这是中国人的特点。”亨特接着又说，“由于与被指定同我们做生意的中国人交易的便利，以及他们众所周知的诚实，都使我们形成一种对人身和财产的绝对安全感，任何一个曾在这里居住过较长时间的‘老广州’，在离开商馆时，无不怀有一种依依不舍的惜别心情。”

除了外商，集中到广州进行进出口贸易的，还有中国各地和广东省内各地的

19世纪初的外销画中，被船舶占据了大半江面的商馆区西濠口。

商人。这一行为被称为“走广”。世界各个国家和地区、中原各地区的商人们络绎不绝，逐利而来，使广州成为商品贸易全球化的中心市场，对外贸易一片繁盛。

“中国进出口商品交易会”雏形初现

很长一段时间内，十三行大概都算得上是广州乃至中国向世界亮出的一张大名片。

伴随着广州十三行贸易的繁荣，涉及经济、政治、文化等事件在这里频频发生，其中不少影响了全国乃至世界，使得广州在中国海上丝绸之路中占据着越来越重要的地位。

出现于明代的十三行到清代时逐渐兴旺起来。清朝只设有一处通关，最初的设想，是让那些获得朝廷所颁营业执照的“皇商”们来负责对外贸易。然而，由于官府外贸管理能力缺乏，外贸管理制度混乱，受官府管控、把精力更多地花费在巴结官府上面的“皇商”们常常是收了定金，签了合同，却不能按期交货。既没了钱又没拿到货，洋人如何能接受？于是一怒之下终止了交易，转而与没有营业执照的商人做交易。这样的情况一再出现，面对被架空的尴尬境地，清政府最终不得不给自己找了个台阶，把十三行作为“特区”来管理：在粤海关建立的第二年，十几家有实力的私人商家被召集起来，组建成十三行，代替官府征收税款、管理洋商。这些世代经商的商人们套路精奇，谈判手段自然也非常高明，洋商非常喜欢和他们打交道。当然，“十三行”只是一个概称，实际上进入这个行列的行商并不止十三家，后来陆续换任，达到数十家，担任过行商的商户也起码有数百家。

左起：19世纪初的豆栏街、靖远街、同文街，它们是十三行商馆区主要的三条南北向大街。

在贸易中，中国的商品如茶叶、瓷器、绸缎等不断地运往欧美等国家，外国人也把他们的毛皮、毛织品、木材等商品带到了中国。开海贸易的同时，朝廷也重视招揽西学之士，广州便逐渐成为中外关系的通道、东西文化的窗口，是东学西传、西学东渐的前沿地，在中国与世界的经济文化交流中占据了重要地位。

每年五六月间，形形色色的洋船满载工艺品、土特产和工业品，从欧洲出发，抵挡住非洲好望角的风暴，经受了马六甲海峡的海盗抢掠，终于抵达了世界东方一个叫广东的地方。他们在广州与十三行商馆完成交易后，又携带着中国的丝绸、象牙制品、漆器、银器、瓷器、绘画和茶叶等商品，在金秋九月满载而归。

今日之广州有一个特殊的城市标签——一年两度的广交会。从塑造城市性格到改变人们的生活方式，广交会自诞生以来，一直潜移默化地散发着它独特的影响力。但实际上，从明代中期广东放开贸易，到明嘉靖末年，广州就已开始举办季节性的国际商品“交易会”了。明万历八年（1580）以后，根据番舶到港时间，广州会相对定期地举办春（1月）夏（6月）两季交易会，每次交易时间为2～4个月。也就是说，从那个时候起，广州的海外贸易，无论在形式还是内容上，都已经开始了与世界的“接轨”——这就是18、19世纪最司空见惯的广州对外贸易图景，也是“中国进出口商品交易会”的雏形。

这一盛况最终因鸦片战争的爆发而消歇：西方列强海上贸易需求的进一步强

左起：十三行时期的茶叶仓库、丝绸铺、外销画制作坊。

化与清政府的闭关锁国政策使得双方矛盾日益加剧，其结果便是1840年鸦片战争的爆发，1842年中国近代史上第一个不平等条约《南京条约》签订，广州一口通关政策就此终结。

领土之南，一个取之不尽的宝库

“洋船泊靠，商贾云集，殷实富庶”，这是清朝天子眼里的十三行。这个曾经的南蛮之地，远离帝京的商埠，因为它特殊的商贸文化底蕴，与紫禁城内的皇家贵族结下不解之缘，人称“金山珠海，天子南库”。也就是说，对皇亲贵胄来说，领土之南，出现了一个取之不尽、用之不竭的宝库。

每年夏季洋船到广州的数目，都会直接决定粤海关的税收。而粤海关的税收，在很大程度上豢养着生活奢靡的京城贵族，是清廷生活的命脉。所以，清朝天子每年都要仔细翻看广东大吏进呈的奏折、清单，认真审核洋船数目，以便知悉最新的货物品种和贸易税收收入。

有着这样直接的利益关系，也难怪清廷对广州格外“偏爱”和“袒护”：18世纪中期，幽深的紫禁城里，乾隆皇帝颁布上谕："仅留粤海关一口对外通商。"从此，全中国的对外贸易，全世界追求财富的目光，便悉数集中到了十三行。这个小小的港口自此拥有了通往欧洲、拉美、南亚、东洋和大洋洲的环球贸易航线，是清政府闭关政策下唯一幸存的通商口岸。

其实，"十三行"这一称谓在明代已经出现。十三行主要是为洋人提供可贸易采购货品的中国商行，其商品涉及漆器、银器、瓷器、纺织、绘画、雕刻等各行业。与此相应，广东商人也细分出了牙商、盐商、铁商、米商、糖商、丝绸商、陶瓷商、烟草商、典当商、布商、药商等，其中以牙商最为著名。牙商是指在城市和乡村的市场中为买卖双方说合交易，并从中抽取佣金的居间商人，亦称"牙人"。明清时，牙商人数大大增加，形成了一个专门的行当，称为"牙行"。

清代时，广州的中国商行仓库大都建在珠江南岸或沙面，取其水路顺畅、且可快速装货卸货之便。而早期的十三行夷馆在样式上是中西均备的。后者在雍正年间即已出现，但并未形成规模。清乾隆十三年（1748），十三行发生了第一次严重火灾，之后重建，始有建筑规模成片的半西式商馆出现。后又经多次火灾，屡次重建，十三行的建筑才越来越西洋化。这些西式建筑是中西方文化在广州交流、融合的结晶和见证。我们至今仍可想象，在当时的世界"华尔街"——十三行的街道上，往来的不仅有各种肤色的洋人，还有身着华丽长衫的洋货行中国商人，偶尔也会有穿着华丽西式套装、受过西式教育的富家子女前来游览。

十三行里还有零星的小杂货店、钱店等，专为方便外国人换汇和生活起居等需要而开设。从货物买卖到日常起居，事无巨细，洋人的生活都需通过十三行。

清政府规定，洋货行商人须"身家殷实，赀财素裕"，以保证洋行经营的顺利和对外贸易的信誉。十三行商人与两淮盐商、山陕晋商被称为清代中国的三大商人集团，是近代以前中国最富有的商人群体。十三行商人的财力和威望尤为突出，他们从垄断外贸特权中崛起，以潘、卢、伍、叶四大家族为代表，所拥有的资产总和比当时清廷的国库收入还多，其代表人物伍秉鉴、卢观恒、潘有度、

铜胎画珐琅花卉双喜纹攒盘。

贝雕镂空基督生平故事挂件。

广彩堆塑花卉人物纹狮钮盖扁对瓶。

鎏金累丝银花露水瓶连托。

象牙雕花卉人物扇。

叶上林都世业显贵、锦衣玉食、园宅华丽。以潘氏家族为例，其豪华别墅前临珠江，堂皇气派，钦差大臣、总督巡抚及外国使节常常在这里会晤。伍家豪宅则亭台楼阁鳞次栉比，家具豪华精美，《红楼梦》中的大观园气派也不过如此。

将“十三夷馆”与“十三行”相对应，大概是中国人传统上以对称为美的思维所致。外国商人来华贸易，通常会找指定的行商作为其贸易的经纪和代理，如英国对应的是保和行、丰太行、隆顺行，法国对应的是高公行，西班牙为吕宋行，丹麦为黄旗行，等等。这些行号都集中建成，分布在十三行街区内外。同时，为了方便与外国商人联系，行商们在十三行街旁边还建造了夷馆，租给外国商人居住，也当作公司驻华办事地点。这些夷馆，从东往西依次是荷兰馆、法国馆、美国馆、英国馆、意大利馆、丹麦馆、瑞典馆、西班牙馆。各国的国旗飘扬在十三行的上空，更唱响了十三行世界级贸易大港的名号。

总之，一口通商政策实行后，十三行凭一己之力推动着中国的对外贸易额迅速增长，并曾在短短六年间，创造了洋船到港翻三倍、税银翻倍的优秀业绩。它独揽中国外贸长达85年，创造了让欧洲人愤愤不平的百年贸易顺差地位，使全球的白银源源不断地流入中国。十三行商馆内金山珠海，堆满银钱。

那一时期，汇聚于广州的财富到底有多惊人？如果引《千年国门》的记载，则仅一事即可为充分说明：清道光二年（1822），西关发生了一次特大火灾，十三行上空，大火燃烧七昼夜后，大量财富被烧毁，所存白银和洋毫也统统被烧熔，流入水沟，竟足足流出了一二里地，蔚为奇观。

有位广东官员在上奏皇帝时说，尽管鸦片战争由广东销烟而引发，但其战火却绕开了广东，这与十三行商馆中囤积着大量外国公司，尤其是东印度公司的财富有很大关系。据说东印度公司的负责人曾把大量金银财宝寄存在十三行的伍浩官处。从这一点，足可以看出十三行在世界贸易中有着很重要的地位和声望。

但无论怎么说，当鸦片战争的炮火轰鸣声响起，十三行的光环就确确实实地逐渐黯淡下来了。

广州十三行博物馆

现今广州荔湾区仍保留着十三行街这一地名，它南邻六二街和沙面，大致与原十三行街位置一致。道路两旁，依旧保留着当年欧式风格的三层楼建筑以及具有广州传统风味特色的骑楼建筑。

清代十三行馆区今已不存，十三行夷馆也已无处觅踪迹，且历史资料极为不全，只能从当时的绘画中考证其建筑形制及时间，得以窥其一豹。

今天我们要想了解近两三百年来的中国贸易史，位于清代十三行馆区遗址上的广州十三行博物馆是个不错的去处。

馆中常设展览有清代广州十三行历史展和十三行时期文物陈列展。

观看清代广州十三行历史展，可以从“开海设关”开始，一路摸索广州贸易的历史脉络，一探“十三行风貌”；可以从“十三行行商”的趣味故事中了解“十三行贸易”的成长史；可以在“中西汇流”中看到广州“走向近代”的稳健步伐。

广州十三行博物馆

2016年开放的十三行博物馆在同文街南段和靖远街南段故址上的文化公园内，为专题性历史博物馆，常设“清代广州十三行历史展”和“王恒、冯杰伉俪捐赠文物专室陈列展”。

馆藏文物1700多件（套），包括广州彩瓷、通草画、广绣、象牙器、外销扇、五常家具、银器、珐琅器、玻璃画、水彩画、油画、漆器等，涵盖了清代广州的主要外销工艺品。其中上百件五常酸枝家具是国内少见的专项收藏。

广州十三行博物馆内景。

馆内清末外国人家庭场景复原。

馆内仿西方建筑的展览厅。

馆内瓷器铺场景复原。

这些文献史料与海内外遗存文物，述说着十三行雄霸中外贸易的近百年历史景况，完整展示了十三行从辉煌到终结的全部过程。而在这中间，粤商敢为人先、包容务实、锐意进取的精神面貌，以及海纳百川的胸怀，时时萦回其中。

十三行时期文物陈列展则展示了多种具有历史意义、纪念意义的重要文物。广彩洋人远航图大碗被放置在馆内中央，是无可置疑的镇馆之宝。这件细致精巧的广彩瓷器是外国商船抵达广州后，专门定制的纪念品。

“彩笔为针，丹青作线，纵横交织针针见，何须锦缎绣春图，春花飞上银瓷面”。这是对广彩的最好诠释。广彩以色彩艳丽，构图繁复严谨，绘图精细巧妙而著名，工艺师们施展钩、描、织、填等手法，利用各种颜色以及金银水进行绘制——金银水的绚丽搭配瓷器的无瑕，仿若无数金银彩丝飘于白云之上，且隐且显却又富丽堂皇。开光花卉人物纹冰壶算得上是其中之最。它颜色富丽，绘工精美。平滑的壶釉上，一个世纪前敷设的颜料所形成的突起质感，至今仍清晰可触。时光消磨，这精妙艺术品上的金漆也早已斑驳残缺，然而一丝仅属于历史与时间的韵味却悄然附着其上，令它风采别具。

至于外销扇，其制作广泛采用各种名贵材料，同时吸纳运用了当时各类手工艺元素（如令人叹为观止的象牙镂空雕刻工艺），使其成为集合多种精细工艺于一体的高级外销商品。其扇面呈现了多姿多彩的中西文化题材，既有中国花鸟鱼虫的传统图案，又有欧洲扇子中常见的田园题材；既有“满大人”的风采，又有来自西方的传统故事……盈尺之间，不仅凝聚了工匠们的聪明才智，更承载了中西交流、独具特色的文化内涵。

而通草画则更是西方与东方文化的共同产物。通草又称通脱木、木通树、天麻子，从这种植物直接获取的纸张，通常尺幅较小，质地洁白。用于绘画时，上色容易，表现力强，经久鲜艳，便于外销。这种深受西方人喜爱的“混血明信片”的特点在于“中西合璧”，即用的是中式的宣纸，却采用西方的绘画原理，来反映十八、十九世纪广州的本土市井风情、社会风貌：耕织养蚕、采茶捕鱼、交通运输、瓷器生产、街头买卖、节庆习俗、戏剧表演、刑事处罚、花鸟鱼虫等，无一不可入画。

广彩、广绣、牙雕等，在全世界的上流社会掀起了一阵中国风审美，彰显了广州的工匠精神，至今仍是我们引以为豪的非物质文化遗产。

步行，上下九

开通于1997年的广州市首个商业步行街——上下九步行街，当属最具广州特色、最能集中体现广州历史变迁的所在。

来看看上下九步行街的地理位置：位于广州市荔湾区（即西关老城区），东起杨巷路，西至珠玑路。这里是和北京路商业街齐名的繁华商业中心，街道两边是糅合了西式风格的骑楼建筑，其中云集了上千间各式商店，商品和各种特色岭南美食琳琅满目。

早在公元6世纪，这一带就已成为商业聚集区。明清时期，随着接待外国使者和商贾的怀远驿（今下九路南侧）的设置，大观河的开通，以及十三行成为对外贸易重要口岸，广州的商贸往来日益繁盛，一时间各国、各地的商贾云集，

左：上下九步行街。
右：广州几近消失的西关传统打铜铺。

国内外各种商业机构纷纷设立，使得这里成为广州最大的商贸集散地，是广州与全国及海内外进行贸易往来的一个重要窗口。

清朝末期，随着十三行被火焚毁，商业逐步迁入上九路和下九路，这一带进入了它最繁荣兴盛的时期，各地商贾在此择地兴建住宅与店面——今日第十甫与上九路绵延千米的骑楼群便始建于这段时期。一时之间，食肆、洋货店、杂货店等商铺鳞次栉比，街上顾客摩肩接踵。

随着上下九一带的商业气氛日益浓厚，其周边亦衍生出多个与之相关的专业集市。这些集市，有些今已不存，有些则仍可觅其踪迹：东有光复中路纸类批发市场和缝纫机专业市场，光复南路布料市场，杨巷路布匹市场，德星路服装配料市场；南有蜚声中外的十三行路故衣街服装市场，十八甫路布匹市场，黄沙农副产品市场，清平中药材市场；西有第十甫路的百年老店陶陶居、莲香楼以及大小食肆；北有长寿路理发用品专业市场、打金行业、金银珠宝业，历史悠久的西来正街玉器墟、酸枝家具街，源胜街古玩街等……构织成纵横近2.5平方公里的庞大商业网络，各类商品均被网罗其中。

如今的上下九步行街两边，商铺依旧林立，各种类各档次的货品云集，街道上无一日无一时不熙熙攘攘，如果适逢节假日，说摩肩接踵都不为过。

到了晚上，整个步行街更是热闹非凡，万家灯火既延续着白日的生意，也映衬了人气之旺。来自各地的批发商人，悠闲逛街的市民，不时驻足拍照的游人，每一个画面都折射出它的兴旺发达。

如果初到此地，你大概会感叹于货品种类之丰富，能满足你购物的各种需求。但如果只是这样，那你大概只算体会到了上下九一半的风情。徜徉街道中，你最好能稍稍分神去留意隐藏在商铺之间的各式食铺及美食街。这些食肆基本上都是本地人开的，专门售卖特色的粤式美食。走累了，随便走进一家，都会让你忍不住流口水。

上下九一带自古就有“百步之内必有小食”的说法。许多可口美味的本地美食，如“银记”的肠粉，“欧成记”的上汤鲜虾云吞面，“伍湛记”的及第粥、鱼皮粥，“广州酒家”的灌汤饺、虾饺、烧麦、萝卜糕，“莲香楼”的莲蓉月饼、鸡仔饼、老婆饼和龙凤结婚礼饼，“陶陶居”的姜葱鸡、奶黄包，“南信”的双皮奶、姜撞奶和牛三星，“林林”的牛杂和猪红汤，等等。

西来初地木鱼声：华林禅寺

走近隐藏于闹市中的古老遗迹——中国佛教禅宗始祖菩提达摩上岸初登地，香火依然。

广州的佛教历史渊源已久。

南朝梁武帝普通七年（526），印度僧人达摩发愿东来中国，弘传妙旨。他在海上漂泊三年后，终于到达广州城外的珠江北岸，在绣衣坊码头，即今日之下九路一带登陆，然后在今西来正街华林寺所在地“结草为庵”，称为“西来庵”——这就是华林寺的前身。达摩被后人奉为中国佛教禅宗始祖，此地则被命名为“西来初地”。

1100多年后，住持宗符禅师募资对西来庵进行了大规模扩建，并改寺名为华林禅寺。

今天我们从下九路往北侧走，便进入西来正街。街上小广场中，有五个呈星状布列的泉眼，据说便是当年达摩居留西来初地时带领信徒们开挖的“五眼井”，又名“达摩井”。

数步之隔，便分出了两个不同的天地：一边是劈头盖脸的浮华喧嚣，另一边却是漫天浮地的静空安详。

果菜东街小巷内，西关味道的墙绘。

广州佛教丛林之首——华林寺

华林寺历史悠久，其前身为西来庵，后毁。今天我们所见之华林寺，重建于清顺治年间。木鱼声中，这座红色围墙内的禅寺尤显庄重古朴。

与一般寺庙不同，华林寺没有大雄宝殿，而是以五百罗汉堂为主殿。殿内的泥塑五百罗汉金身灿然，或静坐禅观，或游戏谈论，或笑逐颜开，或怒目圆睁……喜怒哀乐七情兼具，俯仰坐卧形态各异，无一雷同。

罗汉堂前有座广州独一无二的七层高舍利塔，以汉白玉石结砌，造型精致，建于清康熙四十年（1701）。塔基内珍藏着21颗释迦牟尼的真身舍利，是国内发现数量最多的。

穿过华林寺，是蜚声中外的玉器集散地华林玉器街。

这里是传统的珠宝、玉器及饰品交易中心。连绵500米的玉器街上，聚集了广州八成以上的玉器商，各式玉器店档过千家，囊括了广州玉器交易总量的90%以上。清末至抗日战争之前，西来初地的民间工艺品店就成行成市了，尤其是玉器商铺更为有名，许多人家祖辈相传，手艺精湛。改革开放后，这里逐渐恢复了传统工艺特色，由西来初地、长寿路一带延伸出来的华林玉器街逐渐形成。

拥簇的人群，急匆匆的快递员，闲散打牌的商户……华林珠宝商圈自顾自地继续繁华着，热闹着。

广州丝织行业博物馆：锦纶会馆

1723年，距离广州城西门约1公里之遥的一片平地上，建起了一座青砖三进三路结构、硬山锅耳墙式的岭南传统祠堂式建筑。这就是锦纶会馆。这座外观看起来平平无奇的建筑，是清朝至民国期间广州纺织业（即“锦纶行”）老板们的聚会议事处。

2001年8月，由于城市发展与建设的需要，锦纶会馆搬迁到了它的新家。今天你到锦纶会馆去，会发现它正好位于华林古刹的门外，二者共同构成城中一处珍贵的文物新景观。

无数镌刻在时光中的寻常巷陌，是一座老城保有它的温度温暖温情温馨的前提。然而，城市总是要向前发展，人总需生活在来来去去的故事中，如果既不能因循守旧，又不能总是推倒重来的话，在迭代的积淀之上，要如何立起创新之魂？从这个角度看，锦纶会馆的故事，实在是具有别样的意义。

因为保存了它，就保存了一段广州外贸的鲜活历史。

据史料记载，清代广州丝织业规模颇大，最盛时从业者曾多达三四万人。南起今天的龙津路，北至中山七路以北，机房成片，机杼昼夜不息，织出的丝织品源源不断地销往海外。以1878年为例，粤海关出口总值为1500万海关两，其中仅丝和丝织品的出口值就达到了850万海关两，足见其受欢迎程度。

在古代，“锦”指锦袍，是彩色丝织品；“纶”为官吏系印所用的青丝绶带，二者相合，无意中就渲染出一幅鲜艳华美的生活图景。作为广州市唯一幸存的比较完整的行业会馆，锦纶会馆见证了近代广州丝织业的繁荣兴盛和沧桑变迁。重修面世后，这里已成为广州丝织行业博物馆，是一个纺织工艺品大型展示厅。

实际上，藏身于一片高楼中的锦纶会馆并不大，它坐北朝南，占地仅692平方米，馆内石刻、木雕、陶塑、灰塑等，极具岭南建筑之灵动、秀丽。晴好的天气里，阳光会从会馆的天顶洒进大厅，落在那些绣品上，丝线因此光芒跃动，图案也仿佛活了过来。

左：华林玉器街。
右：重新开放的锦纶会馆。

03 一江半城，十里洋场：长堤有多长

长堤有多长

谈起广州城昔日风姿，长堤应独占一档。

在十九世纪的尾巴，珠江河畔的堤岸上亮起一盏电灯，为往来天字码头的舟车行人提供便利。随后此处浮沉几遭，水影绰绰，繁华日增。当初那点微弱的灯光，点亮了晚清河岸鳞次栉比的茶林酒肆，也照亮了民国沿江八街九陌、十里洋场。

于是时人云："上海有外滩，广州有长堤。"将长堤与外滩并置，足见当日此地之繁盛。

点亮那盏电灯的人，是李鸿章；而筑起那道堤岸的人，则是张之洞。光绪九年（1883），洋务大臣张之洞就任两广总督，广东钱局、广雅书院等均由其一手督办；光绪十一年（1885），珠江上游西北河段洪水泛滥，乡绅向官府提请筑堤治水；随后数年，张之洞几次上书朝廷，提出了在珠江北岸筑堤的详细规划。

张之洞的眼光显然要比当地乡绅长远得多，经过仔细考察斟酌，他向朝廷呈递了一封《筑堤折》，列举了在省城沿岸筑堤的诸多要点：扩张马路，方便货物运转；新设街市，促进贸易发展；增建码头，规范舟车停泊；旁开横涌，以便船艇避风；清理堤岸，确保行旅安全……

长堤

今之长堤，原为城西滩地，但因西濠便于将货物运载入城，加上清代十三行夷馆区也在西濠口一带，便慢慢成为商业区。而广州沿江地带饱受水患之苦，且为了向珠江要地，广州历来都有填土筑堤的传统。1889年，时任两广总督的张之洞开始修筑从天字码头到六二三路的堤坝，分为东堤和西堤，合称“长堤”。

最后一次大规模修筑西堤在1929年，建成后西起西濠口，东至今广州宾馆，全长1200米，平均宽70米，最宽处约120米。工程耗时3年，因为过于庞大甚至要向广大市民发售公债。

长堤在广州从传统城池发展为现代化都市的过程中起到重要作用，大量西式建筑拔地而起，沿江水平向延伸的天际线开始往高空发展，一大批城市地标建筑应运而生——海珠大戏院、先施公司（今南方大厦）、新亚大酒店、大三元茶楼、爱群大厦、广州宾馆、五仙门电厂、永安堂、中央银行大楼、广交会展馆……

长堤还曾连接起当时的广九铁路和粤汉铁路，成为水陆联运的枢纽，如今交通的重要性虽已不再，却成为广州人晨练、夜跑、散步的最佳场所。

是时，广州虽有省城之称，却又处在一个略显尴尬的境地。过去极盛一时的十三行已在鸦片战争的炮火硝烟里覆灭，当下上海、香港等城市凭着地理和贸易优势相继崛起，广州的外贸地位连年下挫。哪怕就在城市周边，英法管辖的沙面租界，已是“堤基巩固，马路宽广”，与之仅一涌之隔的省城沿岸，却仍是“街市逼窄，芜秽堆积”。从过去到现在，所有这些张之洞都看得清清楚楚，本着求富自强的拳拳之心，他为长堤规划殚精竭虑，这份奏折写的虽然是筑堤之纲要，但显然也包含着扭转广州商贸颓势、重塑城市形象的用意。

在张之洞的设想中，这道长堤从天字码头延绵接续至西关一带，共分十段，既要“坚筑马路以便行车”“多种树木以荫行人”，还要“修铺廊（骑楼）以便商民”，甚至还规划了新的仓库和码头，以期重新整备珠江河道上的物流网络。

上：18世纪中叶的广州港（今长堤一带）。
下：21世纪初的长堤全景。

清光绪十四年（1888），长堤动工兴建，堤坝首期工程约400米天字码头段堤岸如期竣工。尽管只建成了短短的一段，但其“街衢清洁，气象恢宏”，确实给广州带来了新鲜气象。堤岸一经落成，便有商民争来承领邀价，满城轰动，甚至连原本市内最繁荣的西关地区也不得不降租减息，与之抗衡。

然而好景不长，首段堤岸建成后不久，张之洞即调任湖广总督。张之洞前脚刚走，李鸿章之兄李瀚章便接任了两广总督一职。此人贪贿成性，任期内也不过做些卖官鬻爵的勾当，长堤后续修筑工程因此陷入停滞。相较之下，汉口则在张之洞主政期间飞速发展，修铁路、建学堂，也兴办了湖北织布局、汉阳铁厂等实业，一跃而成洋务重镇，汉口周边四十余里张公堤也在此期间修筑而成。这道长堤的修筑，旨在确保汉口免罹水患，兴许是张公在广州筑堤的心愿未遂，其规模也远超当初的广州长堤，但其规划思路与功能应用，仍与广州长堤大体相类。

至于广州长堤的后续工程，在张之洞调任整整十年后方才出现转机。光绪二十六年（1900），合兴公司与清朝廷签署兴建粤汉铁路的合同，并拟在广州黄沙一带设置车站。消息一经传出，当地商绅纷纷响应，并就堤岸承建权归属之事，与粤汉铁路公司展开了一场旷日持久的争夺战。尽管后者最后胜出，但工程进度已受到严重影响，直至光绪三十年（1904），长堤黄沙段方才竣工。有鉴于此，广州官府专门增设“堤工局”，以官商合办的方式处理其余各段长堤修筑事宜。此时清朝已步入存亡之秋，官府权威每况愈下，在长堤工程中产生的大量商民纠纷无力斡旋调解，加上财政日益窘迫，导致筑堤工程时断时续。尤其在1911年，广州起义爆发，军民惶惶如水火相煎，工程再度停摆。直到1912年，长堤工程收归民政司管辖，1914年沙基段堤岸告竣，长堤才终于全线贯通。

区区十里，竟断断续续修了二十余年，这个过程包含着难以估量的曲折与磨难；而对广州这座城市而言，这区区十里长提，可谓一树百获，枯木逢春。

1915年，长堤再度往东延伸至大沙头，成为当时广州最长、最宽的马路，并将广三铁路、粤汉铁路、广九铁路终站纳入通路范围。筑堤过程中，长堤沿线新建及重建的码头就有十数座之多。如此一来，港口—码头—堤岸—铁路的水陆联运体系逐渐成型，广州作为南方大港的运输中枢地位也得以重新确立。这个运输体系，几乎成为民国时期维系整个广州民族企业生存的纽带。

另一方面，填筑长堤开辟出新的土地，也促使城市格局不断更替。如前文所述，因环境优越，长堤每有一段建成，则沿岸地价陡升。加上官府锐意维持治安，管理更为着力，一律不许行人策马驰走，占地摆卖。结果在清朝垂亡之际，沿堤水岸却是一派衣香鬓影，成为三省烟华之地，青楼戏园、名伶优人多集于此；至民国初，各大公司开始在江边广盖高楼大宇，长堤终于取代西关，成为广州新一代商业中心。

不过长堤虽好，也非十全十美。那首在孩童间口口相传的粤语歌谣“落雨大，水浸街”，唱的既是西关，也是长堤。张之洞初筑长堤时，其主要功能之一就是疏水道、防洪汛，此后续建虽然也参考天字码头堤坝为工程样本，但排水问题却一直没能解决。1908、1915年，珠江河道两次洪流暴发，长堤都没能很好地发挥防洪功用，甚至逼得大量居民回迁旧城。每逢雨季，长堤十里往往水深及膝，成一片汪洋泽国。若张公泉下有知，不知又会作何感想？

民国成立后，尽管广州形势仍时有不稳，但规划建设新广州城的方案已逐渐提上日程。此时长堤以北的广州旧城，依然以开间窄、进深长的老式民居为主，濒临河涌之处，则多见便于舟楫相接而形成的“上屋下仓”式民居。这些楼房被形象地比喻为“竹筒屋”，“竹筒”之间由窄巷横街勾连。一言以蔽之，整个广州旧城的样貌，与张之洞拟定长堤规划时相比仍没有多大变化。以旧城的格局，无法展开大规模的城建工程，于是首任广州都督胡汉民决定先破后立，循序渐进，推倒重来。拆城筑路工程自1912年启动，直至1921年才基本完成。

与旧城相比，珠江沿岸持续20余年的长堤建设，已开拓出大量规整空间，为新式建筑的兴建提供了便利，并且毗邻运输干线，长堤沿线几乎成为新式建筑落户广州的不二之选。尤其是1917年孙中山回广州组建临时政府之后数年，长堤迎来飞速发展期。真光公司、先施公司、东亚大酒店、广东中央银行、广东邮务管理局、粤海关大楼、金城银行、大沙头机场、城外大新（南方大厦）、大三元酒家、塔影楼、明珠影画院等，就属于长堤较早的一批新式建筑。

这次长堤新式建筑集中兴建的浪潮，涵括了政府机关、酒店、影院剧场、工厂、交通、金融、百货，甚至还有私人住宅及早期写字楼等形形色色的类别。短短数年之

间，长堤已经形成了一个相对稳定的生活、商业圈。当时景貌，也悄悄在时光中沉淀，如今长堤大马路上残留下来的丝丝缕缕民国风韵，若要追根溯源的话，大抵发轫于斯。

1922年，广州政局再起风云，长堤对岸的大元帅府遭受炮击，孙中山平息这次叛变后，随即准备北伐。战争在即，政府不得不筹措军需，这就严重影响了城建进程，长堤建设也无甚起色。数年之间，仅有嘉南堂东、西楼（新华酒店与新亚酒店）以及广州市立银行等几栋建筑定址长堤。

北伐战争在1928年画下句点，广州由军阀陈济棠接管。陈济棠治粤期间，着力于广州市政建设，一度处于低潮的广州长堤产生了新的变化。

其间，广州市政府编制了详尽周全的城市规划文件，甚至专门出版《模范之广州市》，向市民宣传城市建设的新愿景。规模浩大的航道整治计划正式启动，其中一环就是海珠新堤的建设。河道中的海珠石被炸毁，填筑新堤。工程完毕后，河道被削曲为直，旧堤则成为内街，即今长堤大马路。尽管不再临江，这条街道却确确实实地把珠江水道已经消失的妙曼曲线临摹下来了。

码头整顿工作也逐步开展，小型码头及部分货运码头被撤销，开设固定班次的邮轮线路，不再允许小型船只随意停泊。运输功能被转移分散到周边港口后，滨江水景豁然开阔，大小客船往来不绝。对岸的河南新堤同

长堤大马路骑楼底的商铺。

西关逢源正街的骑楼。

时动工修建，不久，市内第一座横跨珠江水面的铁桥——海珠桥落成通车。

随着国民经济不断复苏，又得益于填筑新堤而获取的土地，长堤迎来新的黄金期。1929—1937年间，落址长堤的著名建筑有永安堂、西濠影画院、会声影画院、博济医院、广州电影院、爱群大酒店等。这一时期，长堤沿线建筑持续更新，西式或中西结合的高层建筑逐渐占据街道主体，高楼连亘、参差错落的城市天际线，成为广州在民国时期一张经典的城市名片。

伫立在海珠新堤东西两端的永安堂与爱群大酒店，于1937年先后建成，是民国时期长堤上最后一批重要建筑。同年，抗日战争爆发，长堤在轰炸中几乎“十步一焦土”，许多建筑只剩碎瓦残砖。次年，广州沦陷，引领岭南近百年风潮的长堤商圈开始渐行渐远，长堤彻底丧失作为金融中枢的功能。30年间繁荣鼎盛，至此终于落下帷幕。

珠水年年总相似，长堤风姿已不同。

民间金融博物馆

沿长堤大马路一路向前，有一座经典的四层骑楼。这座建筑与这长堤大马路上的部分骑楼初看并无二致，但若走近，便会看到几个浮于巧克力色门脸之上的金色大字。这里就是中国（广州）民间金融博物馆。

金融的兴盛往往追逐着商贸的繁荣而来，这是金融业发展最富饶的土壤。历史上，长堤曾有着“中国金融第一街”之称，“当铺多过米铺”是20世纪初期长堤金融的真实写照。早在清代广州一口通商的年代，随着洋行兴起，长堤就成为外国金融机构抢滩中国的滩头阵地。如今沙面至长堤一带，仍有花旗银行、法国东方汇理银行、汇丰银行、原中央银行的旧建筑，述说着昔日“中国金融第一街”的辉煌。

即使在中华人民共和国成立后，长堤作为广州金融中心的地位仍未被动摇。20世纪50年代开始，广交会、广州轻出集团等多个外贸项目落户长堤，进一步巩固长堤作为中国外贸前沿阵地的地位，吸引着众多银行在此开业。时至今日，仍有不少大银行的省级分行，一、二级支行集聚在长堤一带，如中国人民银行广东分行、广东银监局、工行广东省分行等。

中国（广州）民间金融博物馆选址长堤大马路268号，为成立于1936年的原民国金城银行广州分行旧址。金城银行总行1917年于天津创立，后迁至上海，北至哈尔滨，南至广州皆有分行，是当时最重要的民营银行之一。

这家国内第一个以民间金融为主题的博物馆的大厅中央，是一个巨大的、高约1米的巨型“金蛋”，其后是一扇金光灿灿的大门，上标“金城银行金库”几个大字。入门

中国（广州）民间金融博物馆大厅中央的巨型金蛋与复原后的原金城银行金库大门。

的左手边，立置着一套黑棕色票据兑换木制柜台，颇显典雅肃穆。旁边整整齐齐地码放着三堆金字塔形状的金块，看上去颇为“诱人”。

博物馆内有不少详细介绍中国民间金融发展历史的文献，也有不少古钱币陈列。置身其中，往往令人感慨货币变化更迭后面的历史风云。

沿着沿江西路往东过了海珠广场，则是广州国营银行发展的标志性建筑——沿江中路193号的中央银行旧址，楼建于1914年，营业大厅上方椭圆形的藻井可透天光，藻井下的欧式柱子富丽而庄严。孙中山1924年创办中央银行，便以此为行址。此后历经国民政府搬迁、日本侵华，广州的中央银行历次改名，如今为中国工商银行广州分行第一支行。

中央银行的设立是广州金融发展史上的标志性事件。此后，民营银行如雨后春笋般出现，再加上保险业等，逐渐形成了传统金融业、官办银行和民营银行三足鼎立之势，“中国金融第一街”就此发轫，成就了广州历史上银行发展最为繁盛的时期。中央银行还试用施行了一套较为完善的银行管理制度，让广州的金融业向现代化迈出了极为重要一步。

实际上，那个时期的中央银行，并非真正意义上的“中央银行”机构。它的前身是官商合办、尚有大量商业银行业务且并未独占货币发行的大清“国有银行”——大清银行。其实当时革命党人创建的中华银

中国（广州）民间金融博物馆

中国（广州）民间金融博物馆所在的长堤大马路，自清末开始就是广州的商贸区，聚集了一大批金融服务业，曾执中国金融业之牛耳，被称为“中国金融第一街”。2012年，为了活化利用长堤的历史建筑，广州市政府打造了国内首条民间金融街。

中国（广州）民间金融博物馆的馆舍，原为民国时期金城银行广州分行旧址，博物馆复原了部分银行内景。

博物馆分“中国古代信用的起源”“中国民间金融的发展”“广州民间金融的兴盛”“广州民间金融街的崛起”四部分，全方位展示从西周到近现代民间的广州金融历史，同时还陈列了大量民国时期的金融展品。

爱群大厦

坐落于沿江西路珠江之滨、建在旧堤（长堤大马路）和新堤（沿江西路）之间的三角地带的爱群大厦，是广州第一座钢框架结构的高层建筑。为同盟会成员陈卓平筹集华侨资本创办于香港的爱群人寿保险有限公司的产业，由建筑师李炳垣根据业主“高冠全市、外表宏伟，建筑坚固，设备舒适”的要求设计。1934年动工，1937年落成。

为了适合三角形的路面，大楼东宽西窄，楼高64米，共15层，13层以上为塔楼。1967年广州宾馆建成前为广州第一高楼、“南方建筑之冠”。大厦外墙由白色石米批荡，强调垂直线条，增强高耸效果。1965年，在原大楼的东侧又修建了一座18层共67米高的“新爱群”，和旧楼连成一体。20世纪80年代，新楼的顶部3层被改建为广州开业最早的旋转餐厅。

行也在争夺“中央银行”的地位，但乱世之中，最重要的其实是筹措军费，这一点是年资尚短的中华银行无法胜任的，所以孙中山最后还是选择了有大量官股和支行的大清银行，将之改组为中央银行。中央银行随即担负起了军费筹措和支出的任务，为北伐战争的胜利提供了坚实有力的经济保障。如果从这个角度来看，它对于中国近代革命事业的推动，实在是功不可没的。

横空出世的华南第一高楼：爱群大厦

清末民初，当新的现代政治制度尚未建立成形前，诉诸视觉冲击的建筑美学已经先于政治制度，向着“现代”飞奔而去。长堤用一栋栋的建筑描绘勾勒了人们对于即将来临的新世界的充分想象。

横空一出世就是华南第一高楼的爱群大厦，是这种想象的又一次精彩实现。

1920年，珠江北岸西段建成第一条能跑汽车的长堤大马路。12年后，长堤大马路以南的浅滩上，又修筑起一条新堤，即新堤大马路。长堤、新堤相夹处的那片三角地带，正是爱群大厦之所在。

这是一个很尴尬的位置。中国的传统建筑一向以恢宏阔大、气度端方为其审美选择。如果从这个角度来看，要在这块促狭的三角地带建一栋楼，想完美规避那个尖尖的夹角，显然是需要穷尽心力的。可是有趣的是，最终成就爱群大厦之美的，恰好也就是这个不符合中国传统审美的夹角。

由于无法在横向上表现建筑的“宽阔恢宏”，设计师因

曾是华南第一高楼
的爱群大厦。

形取势、因地制宜，最终选择了实现其在纵向上的“高峻挺拔”：整个建筑的外墙遍布着一道道线条，自下至上引导着人们的视线向高处延伸。与此相适应，瘦而长的窗户不以平面收束，而是顶着一个三角拱，继续将整体的视觉效果往天空引领——钢结构的、壮实的石柱石块遍体的哥特风爱群大厦本应令人觉得沉重且不动如山，然而实际上，它看上去却奇异地表现出灵动与飞扬——当不远处江面上的水波在阳光照耀下粼粼微动时，爱群大厦无意中便也具有了某种轻灵摇摆的姿态。

整体来说，侧身挺立于沿江西路与长堤大马路之间的爱群大厦，其外立面既极具立体感，冲击力十足，又融入了岭南建筑骑楼的清冷简洁的元素，令整幢建筑的现代化的设计感更显恣肆外放。它以15层共64米的高度，昂然如巨锋，挺立于长堤岸边，将一条大路分开两道——从沿江西路回头东望，其气势之傲岸凌人，让人屏息。

尽管建于近百年前，但即便放到今天，爱群大厦的造型与风格也仍然称得上是一众建筑中的佼佼者。加之大厦建设过程中，有英、德等多国专家协助组织施工，所以大厦的整体建设质量得到严格保证。在这座建筑的内部，有不少细节的设计理念都极为超前，且所用材料更是考究。例如，它不但超前地拥有了功能区分明确的客梯、货梯、食物梯，在材料的选择上，更是大手笔地选用了当时最为先进的产品，甚至在首层大餐厅首次安装使用了冷气设备……电讯、给水、热水、空调、消防等设施，在当时都是其他酒店大厦难以望其项背的。无论是外观设计，还是内部装饰，爱群大厦都确确实实地“开广州高层建筑之新纪元”。

1937年，爱群大厦落成后，成为显露权力和身份的场所，李宗仁、孙科、于右任等当时的要人名流欣然为之命笔题词，李宗仁将军所题之“宾至如归”至今仍悬挂于大堂。据说一度就连其门前骑楼下的长廊，一般人也不敢随意踏入。

此后，爱群大厦和这个国家一样，经历了不少危机：抗日战争期间，它曾被日寇所侵占，整体被涂黑，成为可怕的“黑色怪兽”；解放战争时期，它成为敌对分子的首要爆破目标。但无论经历过什么，爱群大厦始终屹立于珠江之畔。今日我们再看爱群大厦，它早已经不仅仅是一座普通的酒店大厦了，更是一个时代的缩影，长堤上的另一个传奇。

驿递，天下之血脉：广州邮政博物馆

继续前行，很快会见到长堤一带、沿江西路上的又一个知名建筑——广州邮政博物馆。

广州邮政博物馆的前身，是大清邮政广州总局，是中国历史上最早筹建的邮政机构。

这座博物馆无论在整体建设方面，还是其人文核心与历史厚重程度方面，都远远超过了其他一些现代博物馆。它本身就像是一本活着的历史书，记载着广州历史上邮政发展演变的全过程，以及隐于其后的广州人的生活与城市的变迁。

广州邮政博物馆始建于1879年。整体上来看，建筑有着很强烈的欧洲新古典主义风格，无论是用料，还是构思方面，都极具前瞻性，在广州地区的近代建筑中，称得上是十分有代表性的。

当然，今天我们所看到的广州邮政博物馆，其实并非原始建筑，原建筑已经于七七事变后、日军侵占广州之时被焚毁。其后，新建筑由杨永棠工程师设计，于抗战结束前在大楼原址上竣工。

大楼外墙的西南角处，悬挂着“广东省文物保护单位 广东邮务管理局旧址”的汉白玉铭牌，字迹端方工整，看上去利落而干净。整个建筑静立于长堤上，实在令人很难想象，在百年以前，广东地区的邮政体系曾经经历过怎样的乱局。

由于朝廷的腐败与没落，清末，广州地区一部分邮局被国际列强所垄断。但无论是列强管理下的邮局，还是清政府管理的官方邮局，都难以满足普通老百姓的日常邮政需要，甚至更加剧了非法走私、垄断市场的混乱局面。

对于一个国家来说，邮政体系的建立，原本象征着国家主权的完整。正是因为这个原因，有识之士纷纷提出建议，希望能重构国家近代邮局体系，以确保信息的通畅。虽然想法是好的，但实现起来，却困难重重。

当时的邮政体系，不但要与西方列强相竞争，更要和无数的民办邮局相较量。最初，人们先是效仿西方邮政系统，试着成立了海关邮政部门，随后又发行了中国的第一批邮票。但这些看似热闹光鲜的措施背后，却暴露出中国人邮件邮寄管理经验的缺失；光绪年间，总理衙门奏请开办了国家邮政，称为大清邮政，

广州邮政博物馆

位于沿江西路，其楼址在1897年后为大清邮政局所在地，后被焚毁，1916年重建，作为邮政新局重新开业。

大楼为钢筋混凝土框架结构，整体平面呈梯形。南部主楼三层连半藏地下的地库总高18米，北部副楼两层高12.5米。大楼首层以下作基座处理，线条简单，显得端庄稳固；南立面则以爱奥尼巨柱贯穿二、三层，又显得优美典雅；平天台外围砌女儿墙、四角立方身尖顶装饰柱，为广州近代较有代表性的欧洲新古典主义风格建筑。室内门墙地板均为柚木、通道则砌花阶砖，楼梯扶手有精美的铸铁漏花装饰。

1938年广州沦陷时，西堤火灾，邮政大楼门窗地板尽皆焚毁，次年翻建时在北部副楼加了一层使之与主楼齐平。1986年新邮政大楼启用，此楼便用作广州市集邮中心，后被辟为邮政博物馆，集展览、收藏和销售等功能于一体。

广东邮务管理局相应成立，直至此时，广东邮政管理体系才开始趋近于正常。

抗战结束之后，黎仪桑担任广东邮政管理局局长。这是中国人首次出任广东邮政管理局长官，自此结束了外国人主管广东邮政的历史。

如今的博物馆共分为三层，每一层，有心人都能找到属于那段历史的痕迹。黄褐色的花岗岩基石和巨大的廊柱相映，潜生出一股豪迈的气势，伴随着历史的厚重感，将深处其中的游客重重包裹、感染。它们并不具象化地存在于这栋建筑之内，却以自己的方式，散落附着在那些珍贵的邮票之上。邮票不会说话，但能表达，能传递。

珠江塔影

继续向东。

放松一下心情，整理一下心境，沿着珠江散步，又会见到一座外形极为特殊的建筑——塔影楼。它虽然整体上具有明显的西式风格，但顶楼呈现的却是中式丁字脊歇山顶。只不过相较于它的位置，这个造型的问题便显得有些不值一提了。之所以这么说，是因为这是整个沿江西路上唯一一座位于道路南侧、紧紧依靠江边的建筑物。

很多第一次见到它的人都会对其来历产生好奇。其实这座建筑的名字，起初并非塔影楼，而是因其位于江边而长时间被称作“江天水阁”；对于很多广州本地人而言，所谓的“江天水阁”，其实更远不如“鬼楼”这个名字叫得响亮。

之所以得名“鬼楼”，与此地是否闹鬼，或是别的什么鬼神之说，其实毫无瓜葛，只是因为其四面外墙的窗户墙壁不尽相同，整个建筑看起来鬼灵精怪，颇具玩味罢了。可对于一些不明真相的市民来说，因为“鬼楼”之名，他们对此地一直望而却步，从不敢踏入楼内。如此久而久之，关于“鬼楼”的各种杂谈，更是越传越多、越传越玄乎了。

初次面对“鬼楼”的游客，如若无人指引，必定畏惧者有之，跃跃欲试者也有之。可无论是前者还是后者，如果仅抱着一种猎奇的心态来游历此楼，估计都会大失所望。如今，随着“鬼楼”得以重新正名为“塔影楼”，它背后那段鲜为人所知的历史也慢慢浮出了水面。

广州近代革命史上，曾经有过无数的侠义之士前赴后继，为近代民主革命事业做出巨大贡献，在这其中，有一位重要的“侠士”，与这塔影楼有着千丝万缕的联系，他便是陈少白。

说起此人，就不得不提及另外一个人——中国民主革命的先驱孙中山。陈少白是孙中山的同学，也是孙中山一生中唯一的结拜兄弟，他甚至为了帮助孙中山发展革命事业，两度辍学。

这两次辍学背后的故事，也颇具戏剧性。

陈少白是家中的二儿子，家境十分优越，为人上进。早年间，陈少白秉父命进入格致书院进行学习，成绩优异，被书院众人称为才子。书院内的求学生活平静而无波澜，同学亦多为庸碌守成之辈。令陈少白的人生道路开始有所转变的是一次偶然的香港之行。为确保顺利，陈少白拜请老友区凤墀为其行程做引荐。正是这封信，开启了一段不凡的历史。

区凤墀这封信，是写给孙中山的。陈少白在香港与孙中山一见如故，约定此后经常联系。此后陈少白多次赴港，与孙中山畅谈革命、理想，每每尽欢，双方均视对方为知己。为了二人能够每日谈天说地，相

塔影楼侧影

聚更近一些，孙中山甚至把陈少白从原来的格致书院转学到了自己所就读的香港雅丽氏学校。

其后的那段时光，孙、陈二人拜盟为兄弟，还结识了诸多志同道合之士，一同为革命事业奔波尽力。他们从开药局开始，一直到创设兴中会，抛出“驱除鞑虏，恢复中华”的宗旨。一路走来，孙、陈二人始终相互扶持，时时彼此激励。直到辛亥革命之后，伴随着封建帝制被瓦解，陈少白多次辞官，创立事业，为孙中山的革命事业到处奔走，筹集经费。

一战结束之后，陈少白将之前组建的粤航公司旗下的船只全部出售，购下了联兴码头。为了进一步方便管理码头的事业，他特地在码头旁建起了这座四层半的中西合璧建筑：其中四层为西洋样式，顶层则为四檐滴水中式凉亭。因小塔往往于江水之中留下倒影，故此陈少白将其命名为“塔影楼”。

塔影楼

位于沿江路，建于1919年，是著名革命家陈少白在广州西堤联兴码头旁所建的联兴码头事务所兼住宅。塔影楼的四层楼房为西洋样式，全楼高约20米，宽约14米，首层不过占地70平方米，但每层都是东侧窄而西侧深；二楼开始南北两侧均建有阳台，三、四层向南的阳台更是与楼同宽，以观江景；四面皆有玻璃窗，不仅采光和通风更好，而且玲珑错落，流露出一种中国传统建筑的意蕴，更不用说顶层平台还有歇山顶四檐滴水绿色琉璃瓦凉亭。整座楼在珠江中的倒影犹如一座中国古塔，故以“塔影楼”名之。

塔影楼原与西堤码头建筑连成一片，20世纪末市容整治，码头老建筑被拆除，唯独这座小楼因独特的外形而被保留下来，成为高楼林立的长堤景观带上一颗玲珑的小珍珠。

对陈少白个人来说，塔影楼的出现，其实不单单是码头事业的全新开始，更是他本人后半生里最为重要的存在。两次辞官之后的陈少白，除去参与社会活动外，大多数时间都窝在这座小楼内，除了以诗词歌赋、琴棋书画作为消遣外，还撰写了著名的《兴中会革命史要》和《兴中会革命史别录》二书，它们作为研究孙中山早年革命经历的历史史料，具有重要的价值。

正是在这个层面上，这座看似不起眼的小楼，无意中成为中国近代革命史上颇具意义的一个存在。

塔影楼如今被修饰一新，成为面对珠江、眺望远方的绝佳观景台。胸中有那段历史的人，站立高楼，面对珠江，多半都能体会到百年风云、千载流变交织激荡于心的复杂感受。

“日日凝妆珠海岸，经年憔悴深闭门。风光如许人何处，厌记江潮涨落痕。”

繁华未落，水光灯影里的珠水

长堤边，珠江畔，霓虹闪烁。

中国大地上第一个亮起电灯的城市是上海，但是，作为足以与上海外滩比肩的广州长堤，百年前，这里是否也曾霓虹璀璨？

答案是肯定的。

一般人大概都会认为，广州作为通商口岸的特殊性，注定了它的日常是不乏中外客商、商船往来的，则电与电灯的存在，对于舶来品遍地的广州而言，也就是自然而然之事。

灯火辉煌的长堤和珠江

可是不然，广州的电灯并不由外国人而来，却是洋务派重臣张之洞率先弄出来的。

张之洞于李鸿章带灯入紫禁城的同一年，就从海外购买了发动机，建起小型发电厂，让当时的总督衙门亮了起来，也使得广州成为中国第二个用上电的城市。不过，官办和民办，毕竟有一定的差距，所以，张之洞和爱国的华商黄秉常一起，开始了中国第一家民办电灯公司的建设。但因为经营问题，这家公司最终没能维持下去，但仍为后来者提供了相当宝贵的经验。在黄秉常公司倒闭的第三年，英商"新旗昌洋行"在广州长堤五仙门开设了一家新的电灯公司，它就是现在我们所熟知的五仙门电厂。只是这个曾对广州的现代化做出过巨大贡献的发电厂，已于2018年改造升级为广州市华侨博物馆。

所以可以肯定，百年前的广州人民，其实曾和今天的我们一般，看见过灿烂于暗夜的霓虹。

探访这一江半城、十里洋场，回溯历史，常让人感慨于时光飞逝，物是人非。但所幸仍有些东西实实在在地留了下来，比如建筑。后人的感慨和凭吊是需要落实于某处的。它们的存在，正可以帮助人们将一个个历史片段联缀成对中国近现代发展史的全新认知。

数百年来，这里繁华未落。

第三章

当广州遇上西方

在很长时期内，广州是中国政府唯一允许与西方进行贸易的口岸。这里货物堆积，物产丰富，不同肤色的人在这里生活得风生水起，不同国家琳琅满目的特产在这里焕发耀目的光彩。在两宋时期，就有“发财到广州”这样的口语流传于市井。乾隆年间，连尊崇“学而优则仕”的苏州书生沈复，也忍不住南下广州，一览这个国际大都市的风采，然后便有了充满生活情趣的《浮生六记》中的《浪游记快》。这块以超快速度发展的富庶之地，同样成功吸引了西方国家的注意。

01 沙面，万国建筑群

白鹅潭畔，一颗伤痕累累的珍珠

古珠江白鹅潭北岸河畔有一个小岛，名为中流沙，后来内河道逐渐淤积，北部与陆地相连。

历史上，沙面原本并不是一个岛，而只是珠江冲积而成、仍与陆地相连的荒凉沙洲，名为拾翠洲，其面积不过约0.3平方千米，探访此地的，也仅有往来珠江的渔民小艇。

中流沙一带水深港阔，直到清末，所测得的平均水深仍达7米以上，且最深处约10米。自宋代起，这里一直是广州对外通商要津，为货船上落之地。明代，这里曾作为广州对外贸易的重要口岸之一，建有“华节亭”，专门管理外国商船进出。

清朝乾隆年间，为抵制英国商人赴江浙贸易从而打开中国市场的局面，加之粤海关也比浙海关坚固，有利于防范外商和确保税收，乾隆帝于1757年宣布了封闭江苏、福建、浙江三海关，实行仅保留粤海关对外通商的“一口通商”政策。码头上外来船舶来了又去，穿梭不息。白鹅潭还是天然的寻欢作乐之地，富家游船常泊于此，江面上花艇鳞集、酒舫豪华、笙歌夜夜。

珠江江面的这些繁荣景象延续到清代第一次鸦片战争前。外国侵略者携利炮坚船，溯珠江河道而上，直逼广州城下，自顺治年间起设立的两个炮台之西炮台，不得已从今六二三路与黄沙大道交界之北侧，迁至中流沙南面，炮口直指江面。这里遂成广州的城防要塞。

鸦片战争期间，守城义军在西炮台袭击盘踞白鹅潭的英军炮舰，击毁两艘，击烂三艘，奋战三天，直至弹药用尽。1861年，中英双方签订《沙面租借协定》后，中流沙炮台被撤除，大炮被投入江中。

沙面成岛并拥有今名，是19世纪中叶之后的事情了。

1859年，清政府在战败后，被迫同意英、法两国在珠江白鹅潭北岸一带设立租界。“沙面”之名，即取“中流沙滨海一面”之意。

自成为租界后，沙面的命运之更迭和欧式建筑之林立，从此都与英、法密切有关。因为害怕广州人民的反抗，着手在这块沙洲的北围挖河筑堤，形成一条宽40米、长1200米的沙基涌，围出堤坝后，又继续填沙平土，最终令其脱离珠江北岸，成为一个南临珠江，东、西、北三面环河的小岛。

全部工程耗资325,000美元，工程款均在清政府的战争赔款中支付，英、法各支付了其中4/5和1/5。由于“英法沙面租界”是英国与法国合谋所得，因此

和广州西关以一条沙基涌相隔的沙面岛。

沙面公园中展现近代和现代广州市民生活的雕塑。

其中的利益也由两国摊分。根据上述支付比例，以今日之沙面一街为界，沙面也被分为英租界和法租界两个地块，沙面西部五分之四的面积归英国管治，余下的东侧小部分则归法国管治。

租界的土地随后被分割成不同地段，进行拍卖。其后便是市政设施的建筑。很快，沙面岛上形成了一个完备的道路系统：3条东西走向的主干道与5条南北走向的次干道纵横交错，覆盖了岛上的每一个角落。此外，洋人还在全岛周围修筑了厚厚一道堤防，以防水患，同时隔绝租界与民居。

随后，他们在这里铺马路、盖洋楼、修教堂，沙面岛上陆续兴建起不少欧洲风格的建筑，作领事馆、教堂、银行、邮局、电报局、商行、医院、酒店、酒吧、住宅及俱乐部之用。到了19世纪70年代中期，小小的沙面岛已经形成了一个不依赖外界、几乎完全独立的运作系统。这里有自己的消防系统、通信设施、电力系统、供水系统和医疗设施等。这里还建成了一系列的运动设施，有船屋、游泳池和一个网球场。不但如此，岛上还时不时举办演讲、表演歌剧。

当时一位长期生活在广州的西方商人曾在演讲中表示：沙面的设计汇聚了“更丰富与和谐的理念以及我们西方的文明”，在他的描绘中，这种文明是“有利而先进的文明”。

总之，沙面租界已经成为独立于广州市区之外的一个外国人“特区”，所有在广州生活的西洋人士，都集结在沙面内活动和居停，使这里成了一个独立的西洋社会，成为当时殖民者的“天堂”。他们在白鹅潭畔驻扎军舰、炮舰，又在西桥桥头架设机枪，多次镇压广州人民的反抗示威。风景优美的沙面曾被炮灰和硝烟笼罩，白鹅潭清澈的碧波不知多少次流淌入英勇先烈的鲜血。

“沙面”这个地名和这里发生的事件一起，自此载入了中国近代史册。

但是，殖民者为什么选择沙面作为租界？

有租界之前，广州曾有过另一处专供外国商人居住的场所——十三行馆区。

在鸦片战争之前的正常贸易中，由于中国社会自给自足的经济形态，加上清政府在对外贸易中所实行的诸多限制政策，外国人很难打开中国市场，贸易逆差不可避免。为了改变这一局面，英国人选择了鸦片输入的方式。当鸦片对中国人的身体与精神、对清政府统治的危害逐渐显现之后，禁烟运动就势不可当了。为了保护鸦片走私，胁迫清政府向外国开放商品市场，第一次鸦片战争爆发。

这是我们如今已熟知的一段历史。其结果也是我们所熟知的：清政府对外开放的大门终于被强行轰开了。随着封建中国沦为半殖民地半封建国家，原本垄断中国对外贸易长达近百年的广州十三行行商制度亦告废除。根据战后所签订的不平等条约，外国人在中国设置租界也有了依据。

但沙面租界并没有立即成为现实。

这首先是因为随着更多的通商口岸的开放，外国资本纷纷转移其目标，广州对外贸易的中心地位开始动摇。

还有一个不可忽视的原因，那就是广州人民日益高涨的反英情绪。三元里抗英、火烧夷楼等事件陆续发生，从普通百姓到上层绅士共同表现出的强烈反对，是侵略者没能在战后立即圈地建立租界的直接原因。

因此，外国人的聚居区，仍然集中在十三行路一带，直至第二次鸦片战争结束，这一局面才发生了改变。

第二次鸦片战争发生于1856年。战争彻底打破了中国的天朝梦，却也使广州人民累积已久的反英情绪更为高涨。战争期间，英军据守广州十三行街区，与中国官兵对峙。为了更好地作战，英军将周边的民居拆除，但此举激起了周边百姓的愤慨。当年年底，百姓们点燃了民居残址，火势借着风势，席卷十三行。足足三日的大火将这里的满目繁华燃烧成了一片焦土，只余一片残砖败瓦。英法联军借此向清政府提出租借土地建立新商贸基地的要求。

首先被选定的是西濠口。在被以该处人口稠密不易迁移为由拒绝后，进入英法联军眼中的地点，便是沙面。

实际上，除了沙面，外国商人对这个地点，并没有一致认同。出于便利及安全的考虑，由于靠近商馆的仓库，又与广州居民之间以珠江相隔，他们曾经也

白天鹅酒店故乡水。

瞄上对岸的芳村，或是今日之海珠区。但当时受托全权负责选址的英国驻广州代理领事哈里·帕克斯认为，位于三江汇集处的沙面的地理位置优越：前临白鹅潭，可停泊船舰，发生事故时防护租界或撤走外国居民均十分便利，进可攻、退可逃；北靠经济繁盛、人烟辐辏的西关，便于与买办、商人往来。至于对广州“暴民”的防范，在沙面与民居之间挖上一条小河涌就可以实现了。数点相因，沙面方才正式成为租界选点。

这一租借，便是86年（1859—1945）。

后来由于国际形势变化，欧洲本土反对英国殖民地的舆论也越来越多。1937—1945年抗日战争的全面爆发，也使国际形势发生了重大变化，妥协于当时的同盟国利益，英国政府与中国国民政府达成协议。未及回收，日伪军即接管沙面，后又由国民政府收回了大部分租界。但尽管如此，这一时期，沙面实际上依旧是英、法、美等外国人的势力范围。直到中华人民共和国成立、广州解放，沙面——这颗白鹅潭畔伤痕累累的珍珠，才终于回到中国人民的掌心，重新焕发莹润的光泽。

今天的沙面西阔东窄，长900米，由北至南阔约300米。从空中下望，沙面如同一粒小巧的葵花籽，点缀于白鹅潭之北，与城区之间以一道沙基涌相隔，上跨东西两桥。从喧嚣的六二三马路，跨过法兰西桥，就可以进入到沙面。

岛上草木葱茏，绿树成荫。马路旁的绿化带后面，栋栋欧式小楼仍然静卧沙面的绿荫丛中。红砖砌筑的尖顶阁楼、雕花的铁门、象牙白的柱子……一楼一风景，一街一风情。

广州最“欧洲”的地方

沙面在宋、元、明、清时期就已是通商要津和游玩胜地，现在则是一个独特的西方风情建筑的露天“博物馆”，是广州最“欧洲”的地方。

被沙基涌隔开的这个沙洲小岛有大小街巷8条，横纵相间，像火锅旁摆的豆腐魔方。一百多幢近现代建筑物散布在这八大条街巷中。沙面租界大规模建设的19世纪60年代—20世纪40年代，正是西方建筑思潮极为活跃的时期，新古典主义、浪漫主义、折中主义、现代主义迭代而生。这些风格，完整地投射到了沙面建筑群上。

这些建筑中，有领事馆、教堂、银行、邮局、电报局、商行、医院、酒店和住宅，也有俱乐部、酒吧、网球场和游泳池等，无不设置齐全，安排得妥当而贴心。太古洋行（英）、美孚洋行（美）、三菱洋行（日）、汇丰银行、渣打银行等至今还活跃在世界市场上的大鳄，也都仍在这里留存其身影。此外，还有40多家洋行和企业在这里设立区行、分行、支行、办事处等，如亚细亚石油分公司、美孚石油分公司、德士古公司、怡和洋行、太古洋行、屈臣氏药房及汽水厂、英美烟草公司、德国的瑞记洋行、高枝洋行、吻嗜氏洋行、些喇氏洋行、英资的香港汇丰银行、法国东方汇理银行、万国银行、台湾银行等。林林总总，不一而足。

漫步沙面，随处可见蓝色、浅黄色、红色的外墙，以及罗马柱、拱廊、哥特式尖顶。

你可以去沙面大街2—6号看看被人们称为“沙面红楼”的沙面标志性建筑——海关馆舍。华灯初上时，落地窗倾泻而出的暖黄灯光映着鲜红的砖墙色调，窗帘柔和的质感透出绿植和烛台的轮廓倒影，现在来看依旧是气派非凡。墙里墙外仿佛是两个不同时间线的世界，墙里是几百年前的某个家族的奢华生活，墙外是人人平等的现代。

海关馆舍属法租界内的建筑，后曾用作粤海关俱乐部，是粤海关高级官员的住宅楼兼关员俱乐部。飘荡在这栋楼宇内的，一度是觥筹交错，歌舞升平。

20世纪六七十年代，很多海关关员曾居住其中，号称“七十二家房客”。历经风雨洗礼，这座仿19世纪英国浪漫主义风格的建筑现仍保存完好，连楼内的窗户、玻璃都仍是旧时模样。

红砖砌筑的建筑整体呈方形，楼层不高，只有三层，每一层都有宽敞的走廊和硕大的落地门窗，其南面和北面则建有尖顶阁楼。整个红楼造型独特，色调鲜明，是沙面建筑群中的精品。清水红砖看上去很有法式的风情和轻佻，现在屋内数个房间都装上了华丽的水晶吊灯，红白相间的鲜亮色彩加上复古风格的整体设计，让海关舍馆成了沙面最受欢迎的婚纱照背景。

因坐落于沙面岛东端，海关馆舍又称“东红楼”，与沙面岛西端的苏联领事馆遥相对称。位于沙面大街68号的苏联领事馆造型古朴典雅，气势雄伟可观。除挑檐、栏杆、女儿墙外，整幢建筑的外立面都用清水红砖装饰、水泥石灰勾缝，向来有沙面“西红楼”之称。苏联领事馆是折中主义建筑，这种风格往往自由

原苏联领事馆。

原美国领事馆。

原法国东方汇理银行。

露德天主教圣母堂。

原法国领事馆。

原法国巡捕房。

原太古洋行。

原德国领事馆。

原英国领事馆副楼。

原汇丰银行。

原万国通宝银行。

原粤海关俱乐部（海关红楼）。

原印度人住宅。

混用历史上各种建筑风格，自由组合各种建筑形式，不求固定的范式，只讲求比例均衡，注重纯形式美。具体到苏联领事馆，则是在古典主义风格上加上繁复的巴洛克装饰，属于新巴洛克式：拱券上是弯曲的巴洛克装饰，阳台、窗楣是流畅弯曲的巴洛克线条。这种风格在沙面比比皆是，如今的省外事办公室、沙面小学、沙面英国领事馆、沙面伪招商局等，都属于这种风格。

而位于沙面大街54号的原汇丰银行则是新古典主义建筑风格的代表。新古典主义提倡建筑要复兴古希腊和古罗马的建筑艺术装饰，其风格雄伟、严谨、规整，以粗大的石材砌筑底层基础，古典石柱有序排列，加以细部装饰；正面檐口和门柱上，有三角形的山花装饰，与底层的重块石互相呼应；屋顶沿街或转角部位还加有穹窿顶阁楼亭，很有古希腊建筑的韵味。这栋楼后来并入广东胜利宾馆，成为其西楼。

除此之外，沙面其他新古典主义风格的建筑也不少，例如法国东方汇理银行、英国圣公会教堂、新荔枝湾酒家等。

沉稳奢华（如东、西“红楼”）、宏伟规整（如汇丰银行）之外，沙面还自有清新端庄的一面，如英国雪厂。英国雪厂，又称HK牛奶公司制冰厂，属于早期现代主义建筑风格，强调功能性和理性主义，所以建筑功能齐全。它有地上4层，前部为办公住宅，还有半地下室，后部为厂房。厂房地面分东西两个车间，中间隔一个天井。东车间后有一个钢筋混凝土螺旋楼梯可直上车间天台。车间天台还有天台房子和屋顶水池。整体而言，它的平面和外立面都自由肆意，多为简单的几何形体的组合，少装饰。谁能想到，这样一座由绿色植物包裹的纯白色建筑，竟是一座工业化机械化的冰厂，说是理性之优雅也毫不为过。

除了这些，长街老树之间，还散落着不少旧日建筑。

沙面大街1号，原为法国巡捕房、守桥法军驻地等，位置险要。原首层架空墙面有枪眼，多次扩建形成今天的规模，布局简单，风格统一，典型的殖民地中厅式布局。

沙面大街14号，是建于1890年的露德圣母堂，为哥特风格的建筑。该堂原为法国驻领事馆的教徒过宗教生活而设，花园南边建筑一座圣母山，安放露德圣母像。露德圣母堂有一个尖塔，正面也是上、中、下三段式。

沙面大街48号（原旗昌洋行）是最具代表性的券廊式建筑，高三层，钢筋混凝土结构，四周的走廊均为拱券形，外墙刷水洗石米。其特点是平面简单，立面是连续的拱廊组合，形式简洁有韵律感，线脚明朗而无其他装饰。这种形式是西方建筑传入东南亚后适应当地气候而产生的，故也被称为“殖民地式”。

沙面南街20号的广东外事博物馆丝毫没有博物馆冰冷的姿态，它是当时一座巴洛克风格的建筑，现今摆放了许多珍贵的外事礼物，保留了旋转楼梯，沿着楼梯就能参观沙面的老照片。

…………

这150多座异国风情建筑大多四四方方，古典而又端庄。它们的存在，让100多年的中国近代史仿佛近在眼前，触摸可得。孙中山、蒋介石、周恩来……所有今日仅留存于纸上、影像中的曾在此叱咤风云、搅动历史的人物，全部立体鲜活起来。风云际会、激情燃烧的岁月仿佛离我们并不遥远。

的确，当年沙面的大工程就像一阵大风，把西方的生活方式和文化思想一并地吹入岭南，与中国传统思想发生了激烈的碰撞与融合，迸发出激烈的文化火花，也涌现出一批批优秀的先进人物。广州南海县人康有为受西方思想的影响，立志变法图强。他在广州设立万木草堂，收徒讲学，宣传变法思想，培养出了梁启超这样优秀的资产阶级改良派代表人。他们一起公车上书，开启维新变法。孙中山先生的许多重大决策，也在广州诞生。他三度在广州建立革命政权，两遭挫折，三整旗鼓，终于创建和保存了广东护法根据地。广州甚至还是中国近代漫画的发源地，正是在孙中山的授意下，同盟会第一份机关刊物《时事画报》成为发表漫画的主阵地，催生了中国漫画这一新的独立画种。

沙面建筑群

沙面原为珠江前后航道交汇处白鹅潭边的一片沙洲，原名“拾翠洲”。在成为租界前，曾与北岸的陆地相连。1858年中英《天津条约》签订后，沙面被迫成为租界。沙面岛北面开挖出沙基涌，同时为了便于英法两国管理，仅有东西两条小桥跨越沙基涌和租界以外相连。

按照规划，沙面采用主次道路纵横正交、环岛道路相连的道路系统，30米宽、东西走向的主道路（今沙面大街）贯通全岛；另一条东西向的次道路（今沙面南街）和五条南北走向的次道路（今沙面一、二、三、四、五街）连接环岛路，把沙面岛分成12个区和4个公共用地。

沙面的建筑，以领事馆、银行、洋行数量最多，还有俱乐部、邮局、民居、酒店和教堂等，而其中约五分之四是英式建筑，其余则为法式建筑。

若从最基本的西方建筑风格而言，沙面建筑有新古典式、新巴洛克式、仿哥特式、早期现代主义等，但和受殖民统治的香港、澳门不同，广州的岭南建筑文化更为强大，这就使沙面近代建筑中的岭南要素更为明显，比如为了适应亚热带湿热气候的券廊就大量出现，窗户上有利于通风遮光的木百叶也是标配，而几乎所有建筑的坡顶都铺了广州地区传统的陶筒板瓦，部分甚至铺绿琉璃瓦。有人说建筑是凝固的音乐，那沙面近代建筑群更是广州在中西交流中的凝固历史。

今日之沙面，除了它作为租界区所承载的国人不能忘却的历史之外，留给广州和广州人的还有异国风情浓郁的西洋建筑。在岭南建筑林立的广州，它自然是个异类。然而不仅于此，在这弹丸之地上，曾经耸立着的各种银行、商行等新的商业设施，曾经实践着的外来贸易模式和价值观念，曾经激荡过的各种思潮……都深深地影响着老广州的命运，并在某种程度上改变了广州这个城市的气质。

去沙面走一走

从地铁1号或6号线黄沙站的D出口出来，过了天桥，跟随众多游人、沿着长长的“五骹基”追寻。一路上，西式骑楼的外廊下是鳞次栉比的广式木门，烟青色老砖墙上是哥特式风格的彩色西洋窗，东西结合在这里显得毫不违和，融成一派别具风格的景象。

去沙面岛，要经过旁边的一个商业区。商户里满目皆是各色南方城市的海鲜干货、茶烟酒、凉茶铺、糖水铺，从喧嚣的六二三马路穿过拥挤的人流、车流和货物，跨过西桥，跨过沙基涌，走到曾有印度警卫看守的桥头，会看到一个四面环水的风情小岛，这就是沙面。

繁华喧闹似乎即刻被抛诸身后。远远地就可以望到许多充满欧式风情的洋楼，它们的底层大厅外竖立着许多圆圆的大理石柱子，大门气派豪华；房子上有一排排顶部呈拱形的大窗户，边沿刻着美丽的图案，加上漂亮的走廊，仿佛一个个穿着华丽服装的贵族，安静却骄傲地矗立在那里。一穿过英租界往南，会发现一个精致典雅的后花园。花园里绿树成荫，特别是一棵棵巨大的榕树拔地而起，枝繁叶茂。即便是冬季，这里仍然处处鲜花盛开，绿草如茵。

从沙面公园往南远眺，是烟波浩渺的珠江。

转头往东走，就进入了法租界。在绿树的掩映下，这里是另一种风格的建筑。它们一般呈米黄色或淡绿色，大厅外矗立着一根根方形的大理石柱子，每个大窗台外都有一个小阳台，上面摆放着各种鲜花，让人赏心悦目。

租界中间横贯着一条瓷砖铺就的大街，两边花草树木郁郁葱葱，中间有圆形喷水池。当年，英、法侵略者还在这里

光影下的沙面建筑。

建了小学、游泳池、网球场、教堂、巡捕房等各种设施。还有很多栩栩如生的雕塑坐落其中，雕塑中的人物或神态自若、怡然自得，尽情享受着生活；或昂头挺胸、眺望远方，一副志得意满的样子。

当地人说，有一段时间，情侣们最喜到沙面拍拖。他们一般会相约在沙面公园或堤边散步。可是，过去要进入沙面公园是要收费的，一张票5分钱。沙面大街以前种了很多葵树，便有不少情侣选择在葵树丛间喁喁私语，所以葵树下往往遗落报纸最多。到了晚上10点，沙面开始“清场”，派出所的警察往来巡查，提醒市民离开。只要看到电筒的光束，拍拖的情侣便会“醒水”，快速离开。

这实在是很具有年代特色的故事。这样的故事里，沙面少了“欧式”建筑定义于它的洋味，多了“广府”生活浸入其中的趣味。

广州不仅历史地位特别，广州人也是个相当有趣的群体。广州人自古勤劳务实，擅长经商。在资本主义萌芽思想的熏陶下，他们早已不再苦苦坚守流于表面的程朱理学式的文雅自律，而是更加温和，更注重个人生活的质量，更把心思放在小日子上。他们务实而直爽，愿意遵从内心的向往，在这里，大众文化和草根文化才是主流。

广州人做事情受西方的影响，讲究契约精神，权利和义务都讲得清清楚楚明明白白，而不是讲哥

夜幕下的沙面

1893年，任职于税务司的美国人杜德维的妻子和孩子在他们广州的家里，西式柱子旁的墙壁上，挂着中国字画。

们义气。在他们看来，喝很多酒，讲一大通话，结果还是搞不懂你要说什么做什么，让人捉摸不透，实在是很无谓的。

所以，既然天气一直这么湿热，那就无妨大裤衩大背心，夜晚街角乘凉食粥粉面，要拘泥什么排场！每日事务繁忙，四处奔走，如果西装皮鞋效率太低，那就何妨波鞋出街，又舒服又行得快！做生意快言快语，聊得来就合作，谈不妥倒不如大方果断地结束，既节省大家的时间，又互相尊重，生意自然永远不会断！

所以可见，务实的思想下，粤人有着自由开放的心态——只要生活过得更好，尝试和改变有何大不了！传统的虾饺烧麦是要吃的，可是也不妨碍他们爱上三文治、菠萝油、黄油、冰淇淋、鸳鸯奶茶和吞拿鱼面包等西式下午茶。便利店叫“士多店”、出租车叫“的士”，虽然都是舶来词，可是广式英语既然已经渗入日常生活中这么多年，那也何妨叫下去！中山装是好看的，可是西装革履也一样风靡潮流，那便照穿……正是这种精神，为广州的发展注入了源源不断的生机和动力。

当然，外来文化之于中国、之于广州，绝不仅止于上述反响。在十三行这个外商叩门求入的时代，或迎或拒，主动权操之中国；但鸦片战争以后，外国势力已登堂入室，予取予夺，主动权操于外人之手。洋商们挟着雄厚资本，从中国大量采购生丝、茶叶、木材、桐油、钨矿砂、草席、猪鬃毛等出口，又从国外输入糖、烟、酒、五金、西药、棉纱、线纱、染料、日用百货，甚至军火等。

以煤油为例，同治十三年（1874），美孚石油公司开始通过沙面的分公司进入广州市场，推销星唛和鹰唛煤油，在两广建立了自己的销售网络，更在芳村兴建自己的大型油库。德士古的天秤牌煤油则从光绪十一年（1885）开始在广州销售，后来也在白鹤洞兴建油库。美孚和德士古，成为两广地区最大的煤油批发中心。亚细亚的壳牌煤油从光绪二十年（1894）开始进军广州，在沙面设立香港分行的分支机构。这三家公司几乎垄断了两广地区的煤油市场。附近的承销商每天用大瓦缸、大铁桶、旧煤油罐来芳村装煤油，运到各地销售。

中国人对洋货的心理变得十分复杂，且爱且恨且无奈。这种既喜欢洋货，又忌恨洋人的心理，直到民国时代仍没有多大改变。

再回到沙面。

今天的沙面岛，既没有竖起围墙对外售票，也没有限制外人自由出入。这是一个活生生的社区，有政府机关、民宅学校，有宾馆酒店、咖啡馆小吃店，人们在此工作、学习、生活，过着普普通通的日子。岛上面积狭小，却仍专门辟出了机动车道，与市区连接，使这里的生活与整个城市融为一体。如此接地气的设计安排，是对这座被誉为最低调务实、最具有平民气质的城市的最好诠释。

游客来看沙面，最终又成了沙面一景。熙熙攘攘的，大多是年轻人。绿树浓荫下，一张张朝气蓬勃的面孔，反显出历史的沧桑厚重，人入景、景衬人，相互增色不少。

一边是忙着和雕塑拍照的游人，另一边是正给小孙女喂午饭的老奶奶。既古老又年轻，既历史又现实，大度而包容。这就是沙面。

沙面如今已是市民休闲散步的去处

石室圣心

说到广州典型的欧式建筑，还有哥特式的石室圣心大教堂值得一游。它坐落于广州老市区中心的一德路。由于教堂的全部墙壁和柱子都是用花岗岩石砌造，又称之为“石室”。

圣心大教堂是广州最大的教堂，是中国唯一的全石教堂及现存最宏伟的双尖塔哥特式建筑之一，是东南亚最大的石结构天主教建筑，也是全球四座全石结构哥特式教堂建筑之一，其余三座教堂均在西方，分别为法国巴黎圣母院、英国伦敦威斯敏斯特教堂和德国科隆大教堂。

只有这一座在东方，而且是建在天主教氛围并不浓厚的广州。

早在明朝，以利玛窦为代表的西方传教士便在中国各地传教。到了清朝，清廷禁教。1840年，鸦片战争爆发，中国战败，被迫与西方列强签订不平等条约，西方各国传教士得以扩张他们在华的传教事业。

第二次鸦片战争爆发时，英法联军攻陷广州并将两广总督行署夷为平地。当时罗马教廷任命的两广教区“宗座监牧”传教士明稽章看中了这块废墟，要求两广总督劳崇光划给他建教堂，但被拒绝了。后来，英法联军攻进北京城，明稽章趁机请法军司令出面，写信威胁劳崇光：如果1天之内不将土地交出，法军将实行全城戒严。劳崇光被迫答应了——清朝两广最高权力机关所在地，自此成为法国教会的财产。

1860年，《中法北京条约》签订，规定法国人可以在通商口岸建教堂，为圣心大教堂的修建铺平了道路。

之后，明稽章回法觐见法皇拿破仑三世，获得50万法郎专款修建教堂。1863年12月8日，教堂举行隆重的奠基礼，

圣心大教堂内景。

圣心大教堂，旁边是原名圣心书院的广州市第三中学

正式开始修建。由于这一天是耶稣圣心日，教堂又以耶稣圣心作为主保，故这座教堂被命名为圣心大教堂。

教堂的建设困难重重。首先，教堂为全花岗岩结构。这大量的石材需要到香港九龙新安牛头角开采，再用水路运回广州，路途遥远、运费高昂。其次，由于缺乏机械，整个教堂必须手工建造。但东西方建筑技艺差别巨大，工人对建造教堂完全没有经验，且建筑师与工人之间语言不通也是个大问题。

起初几年，进展相当缓慢。法国两位建筑师也因水土不服相继离开。建造教堂的艰巨任务就落在了广东石匠蔡孝身上。

蔡孝是一个经验丰富、技艺高超的建筑工匠。他精通巨型石料的打磨和搬运，建造过程中巧妙采用了若干中国传统工艺技术和材料，不仅破除了建造过程中的困境，还将这座建筑打上了深深的中国烙印：以中国传统建筑中常使用的糯米桐油来代替水泥以黏结石块，既防水又牢固；将穹顶石块从中凿双孔中用铁枝穿起，使建筑结构更牢固；教堂楼顶的中国狮子排水口汩汩地流出清水；广东大阶砖造的地板防湿、干燥、清凉；教堂门上刻的是典雅的广式木雕。

等到这座耗资40万法郎、耗时25年（1863—1888）的教堂竣工，蔡孝已从年轻力壮的二十几岁小伙子变成了五十多岁的白发老人。可即便如此，这也已经是比较短的教堂建筑时间了：巴黎圣母院建了87年，德国科隆大教堂更是建了长达6个世纪！

然而20世纪是一个战乱频繁的年代，即使是理应蒙受上帝眷顾的圣心大教堂也不能幸免。1937年，七七事变爆发，广州成为日本轰炸的目标之一。1938年8月，一架日机被中国军队高炮击中，坠落时撞上教堂前的沧海茶楼后爆炸，教堂的彩色玻璃被震落过半，大时钟也被震停。

然后是20世纪六七十年代。这一次，教堂内所剩无几的玫瑰花窗被砸碎，教堂内的长木椅、书籍被焚烧，石壁石柱在高温中爆裂，教堂甚至一度被当作废品仓库、垃圾处理转运场。直到改革开放后，石室才恢复原貌，再度敞开大门迎接世人。

如今，这座高耸瑰丽的建筑已成为珍贵的遗产，真实地记录着中国近代跌宕起伏的历史和百余年来的沧桑变化。每年的平安夜、圣诞节凌晨，这里都会亮起一年一度最古典、最令人瞩目、最令人迷醉的圣诞灯光，晶莹剔透得如水晶一般华美！

石室东西两侧墙角，还分别刻有“JERUSALEM1863”(耶路撒冷1863)“ROME1863”(罗马1863)的字样，以纪念天主教创立于东方之耶路撒冷，兴起于西方之罗马。教堂某处的墙壁里，还混合着当年从两个城市长途跋涉运来的1公斤泥土。

教堂的标志是石室正面的一对高耸的双钟楼尖顶石塔，由石块砌成的空心八角形锥体直刺苍穹。西侧是3个罗马字钟面的时钟，东侧大钟楼内悬挂着以圣母玛利亚命名的铜钟组，都是专门从法国运载而来的。

厚重的墙壁上，镶嵌着琳琅满目的合掌式彩色玫瑰窗棂和透视门，阳光层层折射，投射出一个红、黄、蓝、绿的五彩斑斓的世界，仿佛一团温暖柔和的圣光弥漫在教堂内部，空气中偶尔几片雪花般的灰尘泛着光轻轻飘落，是一片慈祥、肃穆、神秘的宗教气氛。

这是教徒们朝圣的教堂。这个构图和比例非常完美的纯正的欧洲中世纪天主教堂，以如此壮观宏大的身躯，奇迹般地屹立于一个有着五千年文明的东方古国。

圣心大教堂外立面局部。

02 “毋忘此日”：沙基惨案纪念广场

“蛮夷”有本性

一方水土养一方人。而这样的广州养活的是这样的一群广州人：在外界的感觉中，他们虽不失精明，但依然温和而平实。广州人常挂在口边的处事之道，也是要大事化小，小事化无。

但或许是脾气再好的人也有忍无可忍的时候，又或许是远离权力中心的地理位置令广州人更有自主意识，在保卫家园方面，行事向来低调的广州人反而是充满血性且毫不含糊的。在国力倾颓的清末，生活在曾长期被中原视作“蛮夷之地”的岭南“蛮夷”们，掀起了令世人震惊的抗争浪潮。

清朝官员的示弱令外国侵略者频频在上海、九江、汉口等地得手，如愿以偿地租到土地，耀武扬威地挂上“华人与狗，不得入内”的牌子。但在同是通商口岸的广州，民众对侵略者的不轨企图一直有清醒认识。或许是因为当年洋人最先在这里做生意、运鸦片，他们的嘴脸，早就被广州人认得一清二楚，因此，在抗击外国侵略势力的表现上，广州人始终有股不畏强权的骨气，除了买办或官员，民众绝不会因为他们有权有钱又是洋人就谄媚哈腰。

十三行的屡次大火必定令洋人头痛不已；三元里的抗英斗争第一次让侵略者知道，哪怕势单力薄，人民护国护家的决心依然顽强不可动摇；洋人串通当地官员和买办，由有钱人出面，以“捐产充官”的名义向佃户收田产，准备出租给洋人的阴谋又屡屡被群众识破；无能的清政府签下丧权辱国条约前，洋人建立租界的企图一次又一次破产……

这些大概是他们在别的城市所不曾遇到过的棘手情况。

广州是一座古老的城市，某个街头的老建筑就是某段历史的印记，一个十字路口也许就能诠释“时过境迁”的本义，一块小小的路牌也许就曾见证着这座城市的变化发展。同时，广州的面貌也是日新月异的，你永远无法准确地想象出今日之所在他日会发展成什么样的光景。

曲折的东西方文明交流

中西文化的交流经过了异常曲折的过程。在早期海运不发达的时期，人们的一切交流都只能依赖陆运，而由于中欧之间路途遥远且艰险，中国和欧洲两大文明都不知道对方的存在，只能凭借想象勾勒出一个位于世界一角的庞大国家。在罗马的史籍中所记载的汉朝，是物阜民丰、带甲百万的；而在汉朝的史册中所记载的罗马，是“黄金为屋，白玉做门”、大街上的路砖都由黄金铸就的国度。于此可见，其时的中西方，都对遥远的亚欧大陆桥另一侧的那个国度，充满着谵妄无知与绮丽想象。

随着马匹和运输技术的改进，亚欧大陆桥被打通，丝绸之路上活跃着阿拉伯商人和络绎往来于中国、欧洲的客商，这一时期，中国正笼罩在大唐的辉煌灿烂中，而西方则处于中世纪早期，双方的交流还是友好的互通有无。

再之后，中国的造船与航海技术飞速发展：指南针在航海上的应用保证了航路的畅通无阻，宋朝建造三桅楼船的技艺愈加娴熟，已能造出用于航海的楼船。

这一技艺到了明朝被发扬光大，当时的造船技术在世界上都是领先的。明代，明成祖为了宣示国威，派遣太监郑和为船长，率领当时最先进的船只造访东南亚，一路最远到达东非。这个时期的航海知识和技术也是独步世界的：白天用指南针导航，夜间则采用观看星斗和水罗盘定向的方法保持航向；船上储存淡水以及船的稳定性、抗沉性等问题都被合理解决；船上有配套的生活措施以供正常生活，可以洗澡并备有充足的食品，甚至可以养猪、种菜、种植药材；为了船队之间的交流方便，还发明了旗语和锣鼓传递消息，等等。可以说，明朝是中西两个文明会晤的最佳时期。

可惜，天不随人愿。清朝入关之后，没有继承明朝先进发达的造船和航海技术并将之发扬光大，反而又重新实行了海禁。这就给了西方以充裕的时间后来者居上，进而开始探索遥远的东方。工业革命之后，双方实力差距进一步拉大，终于在晚清时期给了中国人以沉重的当头一棒，天朝上国的美梦自此碎如齑粉。这便是后来广东人民奋起抗争、抵抗侵略的故事发生的肇因。

1841年2月26日，英军攻打珠江口，在英军巨舰旁的清军战船显得十分弱小。

血战三元里

清末，朝纲废弛，腐败滋生，庞大的王朝像个巨大的怪物一样蹒跚走向自己的暮年。而此时，遥远的欧洲列强经过工业革命之后，社会生产力与综合国力大幅度提高，先进的生产力与不平衡的原料供需之间的矛盾终于出现。为了寻找产品倾销地与原料供应地，资本主义列强便把目光投向了硕大无朋的亚洲市场，中国避无可避地进入了他们的视野。

对于贪婪而野心勃勃的掠食者来说，鸦片可真是个一本万利的好东西。它在清末被西方人带入中国，自那以后，中国的白银不可控制地大量外流入西方资本家的口袋，中国人的精神与身体以肉眼可见的速度被掏空腐蚀，直至引起清政府的警觉。1838年底，道光皇帝派林则徐作为钦差大臣前往广东，“虎门销烟”成为中西方文化的第一次正面对峙与冲突，古老的东方文化警惕地防备着充满活力的资本主义文明。

可是，除了鸦片和坚船利炮给中国带来的切肤痛楚之外，西方文明也带来了先进的科学与技术，让中国人第一次看到了现代文明的曙光。地处中国南隅的广东水运便利，气候适宜，是西方文明进入中国的最佳前沿。于是西方文化在广东登陆，西方的音乐、数学、绘画、雕塑和信仰……被一股脑儿地输送进来。

国之大门洞开，之后所发生的一切便不再可控。掠夺与侵略中国的速度大大加快了。英国人的军队在攻占了四方炮台（原广州城北越秀山蟠龙顶的一个重要防御据点，因其四四方方的造型而得名，共设大小炮22门，居高临下，具有很高的战略价值）之后，经常派出小股英军骚扰周围村庄，奸淫妇女，劫掠财物。

三元里人民抗英斗争纪念馆内部。

英国人的疯狂掠夺与骄纵跋扈引起了村民的抵制与不满，村民开始自发组织起抵抗侵略的活动，一时间，一人登高，从者如云。当英军再次劫掠三元里时，三元里人民纷纷拿起了手边能找到的一切武器甚至农具，在乡绅韦绍光率领下，众志成城，在庙前誓师，誓言“旗进人进，旗退人退，打死无怨”。

三元里人民的英勇反抗是英军所始料未及的。英军被重创，死伤数十人。经此一役，也使英国人打消了占据广州的盘算，转而退出广州。

如今的四方炮台遗址位于广州市越秀区解放北路的越秀公园内，在它不远处，就是三元里人民抗英斗争纪念公园。从公园东门进去，映入眼帘的首先就是一块巨大的抗英斗争纪念碑，高约10米，上面详细记载着三元里人民抗英历史事件的全部过程。抗英斗争纪念浮雕上，则雕刻重现了三元里人民抗击英军侵略者的场景。百年之后，当我们细观三元里先烈勇猛抗击英军侵略者的浮雕，仍忍不住有惊心动魄之感、感恩怀德之叹：今日所享有的所有安宁生活，无不是因为有前人、有他人在为我们负重前行。

纪念公园里植有木棉、细叶榕和白兰等树，有游客休息区，有精致漂亮的绿化带，使纪念公园犹如一颗绿宝石镶嵌在越秀区的繁华闹市中。

离三元里人民抗英纪念公园不远，有三元里人民抗英斗争纪念馆。馆中所藏文物大多为三元里人民抗英所遗留下来的战利品和抗英民众所用的武器，全面地展示了三元里人民抗英斗争的史实。

实际上，这个纪念馆的前身，原本是一座道教寺庙，是当地人敬奉北帝的三元庙，故馆内仍保留有三元庙的痕迹。纪念馆为砖木结构，院中间放置着一个巨大的香炉，院左侧则陈列着几门在三元里战斗中缴获的英军大炮。纪念馆正中，有一间砖木结构的房子，匾额上写着“三元古庙”几个字。旁边一幢新建的五层仿古式建筑，即为三元里人民抗英斗争纪念馆。馆内有高举三星旗、领导人民抗击英军的抗英斗士韦绍光等人的等高塑像，庄严而高大，再现了抗击英军将士的风采英姿。除此之外，馆内还藏有义军缴获的英军武器装备和军服，还陈列有义军作战用的大刀、长矛、锄头，以及义军旗帜三星旗。

三元里人民抗英事件还另有其意义。

鸦片战争之时，清廷与百姓之间并不同心同德，后者的爱国主义和民族主义意识未被调动起来，于是往往把清军与英军之间的战事当作滑稽的比赛，甚至在清军被打得丢盔弃甲时哈哈大笑，以此为乐。然后，三元里抗英首次连通了中国普通老百姓与政府的认识，使他们上下一心，同仇敌忾，一同抗击西方侵略者。

在三元里人民抗英斗争中，整个国家都看到了自己的人民在面对民族大义时的态度。无论对清廷有多少不满，为了国家安危、民族大义，老百姓们还是无惧枪炮，用简陋的武器和血肉之躯为后世子孙树立了一个巍峨的榜样。

除此之外，三元里人民抗英斗争最突出的影响是给了国人希望，让当时面对西方列强坚船利炮而无计可施的中国政府和军队看到了希望，粉碎了西方人不可战胜的神话，也调动起了中国军民上下一心抗击外来侵略者，收复故土家园的热情与勇气。同时，三元里人民抗英的胜利也向西方侵略者传达了一个信息：面对暴力，面对侵略，中国人不会苟且偷生，在需要的情况下也一样会举起手中的武器。

虽然三元里人民抗英的故事已经过去了100多年，但爱国与敢于反抗强权的精神还是融入了广东人的集体记忆之中，并写入广东人的基因，成为岭南文化的重要组成部分。如今，老广州人还是愿意去三元里人民抗英纪念馆和纪念公园里游玩，三元里也见证着广州城的风云变幻，并将一直是广州人心中的精神支柱与前进灯塔。也正是拥有这种文化的熏陶，才使得广州近现代以来一枝独秀，无论是思想文化还是经济建设上都引领着广东乃至全国的发展。因此也有人说，来到广东，一定要去三元里走一走，才能对广州乃至广东的历史有一个较为完整的了解，可见三元里文化在广州文化中所扮演的关键角色。

在外省人眼中，广东人很团结。这是广东人长久以来在海盗袭掠和水旱风灾中培养起来的品质，正是这种“乡舍”和“联社”构建成了当年广州人民三元里抗英斗争的强大后盾。有了这种传统的乡土联结，以及“一方有难，八方支援”的肝胆相照的民风习俗，才会有韦绍光带领108乡乡民重创英帝国殖民者的壮举，才会有三元里大捷的发生。

三元里人民抗英斗争纪念碑。

英魂永驻“六二三路”

作为和三元里一样因与西方殖民者爆发冲突而为人所知的景点，六二三路是很值得一往的。

六二三路位于广州市荔湾区的沙基一带，东起人民桥北侧，西至黄沙码头，南隔沙基涌与沙面相望，全长1417.5米。在沙面租界时期，沙基曾属于英法租界，因此，现在的沙基有很多欧式古典建筑，而且学校、领事馆等配套措施一应俱全。

六二三路是在1920年拆除广州城墙后形成的街市。由于广州口岸经济在近代的蓬勃发展，逐渐在六二三路形成了有着骑楼建筑群的特色商业街，拥有“蓝鸟冰室”在内的多家老字号，具有很高的游览以及保护价值，甚至就连周恩来总理也曾特别提到“要好好保护六二三路”。

沿着六二三路一路向东，在一个热闹的岔路口，立着一块白色的石碑，上面写着“毋忘此日”四个大字。这就是沙基惨案纪念碑。整个纪念碑朴实无华，不注意看，甚至会被忽略过去。可是了解那段历史的人都会明白，眼前这块平平无奇的石碑上，承载着几十名先贤的鲜血与遗志，承载着那些年代里广州人民对于一个强大自主国家的渴慕与向往。

石碑虽重，岂能重得过这些！

“六二三路”之名，就来源于沙基惨案。

沙基惨案之前，上海爆发了其近代以来最黑暗的一个事件——五卅惨案。事件的导火索缘于上海一家日本工厂疯狂剥削中国工人的劳动价值，甚至还殴打致死了一个中国童工，这件事引起了上海人的抗议，也引起了中国人对于帝国主义的抗议与反对。为了呼吁人民反抗帝国主义的压榨与剥削，呼吁人民站起来捍卫自己的权利与国家，上海的数千名学生

沙基惨案纪念广场

沙基惨案发生后，为了纪念在在惨案中死伤的爱国群众，1926年1月，当时的市政府把沙基修建为马路，并定名为“六二三路”；6月，在沙面东桥头竖立纪念碑。石碑正面阴刻“勿忘此日”四字。由于市政建设，纪念碑被二度迁址、改建，改建后的沙基惨案烈士纪念碑为方锥形，正面镌刻“一九二五年六月二十三日沙基反对帝国主义斗争中牺牲的烈士永垂不朽”，2001年，广州市政府按1926年原碑样式复建于沿江路和六二三路交接处。纪念碑所在处辟为纪念广场。每年清明节，都会在此举办向烈士致敬的献花和悼念仪式。

1925年6月23日，广州各界在东较场举行市民大会。会毕，工人、商人、学生、黄埔学生等依次走上街头进行游行。

自发来到街头进行演说，并向路人发放传单。然而，帝国主义列强疯狂镇压，用暴力手段攻击示威者，打死了工人顾正红，逮捕了数百名游行学生。

帝国主义这一举动震惊中外，也使民众认识到了帝国主义与北洋政府的反动本质，引起了全国大部分地区的抗议示威活动，而广东学生和群众为了声援上海工人罢工，决定在沙基一带举行示威抗议游行。

1925年6月19日，香港的海员、电车、印务等工会首先宣布罢工，其他工会随即响应。罢工工人不顾英帝国主义者的阻挠和威胁，返回广东各地。21日，广州沙面英租界内的华工开始罢工。23日，罢工工人和各界群众10万余人在广州东较场集会，追悼上海死难同胞，抗议帝国主义暴行，会后举行示威游行。

沙基惨案发生就在1925年6月23日——广东省和香港的工人以及社会各界为声援上海的五卅惨案而举行的罢工和游行示威当天。当游行队伍途经沙基路时，沙面租界英法军警突以机关枪猛烈扫射游行群众，停泊在白鹅潭的英、法军舰也开炮轰击，当场打死50多人，重伤170多人，轻伤者不计其数。

沙基惨案发生后，当时的广州国民政府为了纪念此日，提醒人民记住这一屈辱的日子，一致通过，同意将沙基路重新命名为“六二三路”。

如今，再次走在六二三路的街道上，往日的骑楼风韵已不可寻，被清一色的筒子楼所代替。但假如你有足够的想象力，仍可以在脑海中描绘出百年前热闹繁华的沙基大街：满街都是具有欧洲古典主义风格的骑楼建筑，珠江港口停泊着悬挂各国国旗的欧式大帆船和蒸汽邮轮，大街上人声鼎沸，摩肩接踵，小贩的声声叫卖浮在整条大街上空，骑楼店铺门外挂着许多商号的名字，有医馆，也有熟食铺；有当铺，也有银行。街上往来着各种各样的人，有傲慢的英国士兵，有正和中国商家讨价还价的精明的美洲商人……好一个繁华世界！可惜这些景象都已经随着骑楼的消逝而尘封在历史书卷中，我们只能通过泛黄的书页得以稍窥其盛况。

尽管六二三路已古韵不再，但由于沙基惨案的原因，仍值得凭吊。省港工人大罢工历时一年零四个月，是世界工人运动史上时间最长的一次工人运动。来到六二三路，凭吊那些敢为天下先，敢于与帝国主义抗争的仁人义士，想必能够更好地体会到他们爱国主义精神与大无畏的革命斗志。

第四章

红动广州

中国的近现代革命历程，是从广州迈出步伐的。在这个历史大舞台上，留下了大量中国共产党的足迹。在这个中国近代革命的策源地，从观音山战斗遗址出发，至中共三大会址纪念馆为终点，途经中山纪念堂、杨匏安旧居、广州起义纪念馆、毛泽东同志主办农民运动讲习所旧址纪念馆、广州起义烈士陵园、广东革命历史博物馆、中共广东区委旧址纪念馆、中华全国总工会旧址和团一大纪念广场，可以组成一条红色羊城历史文化步径，全程约5公里。

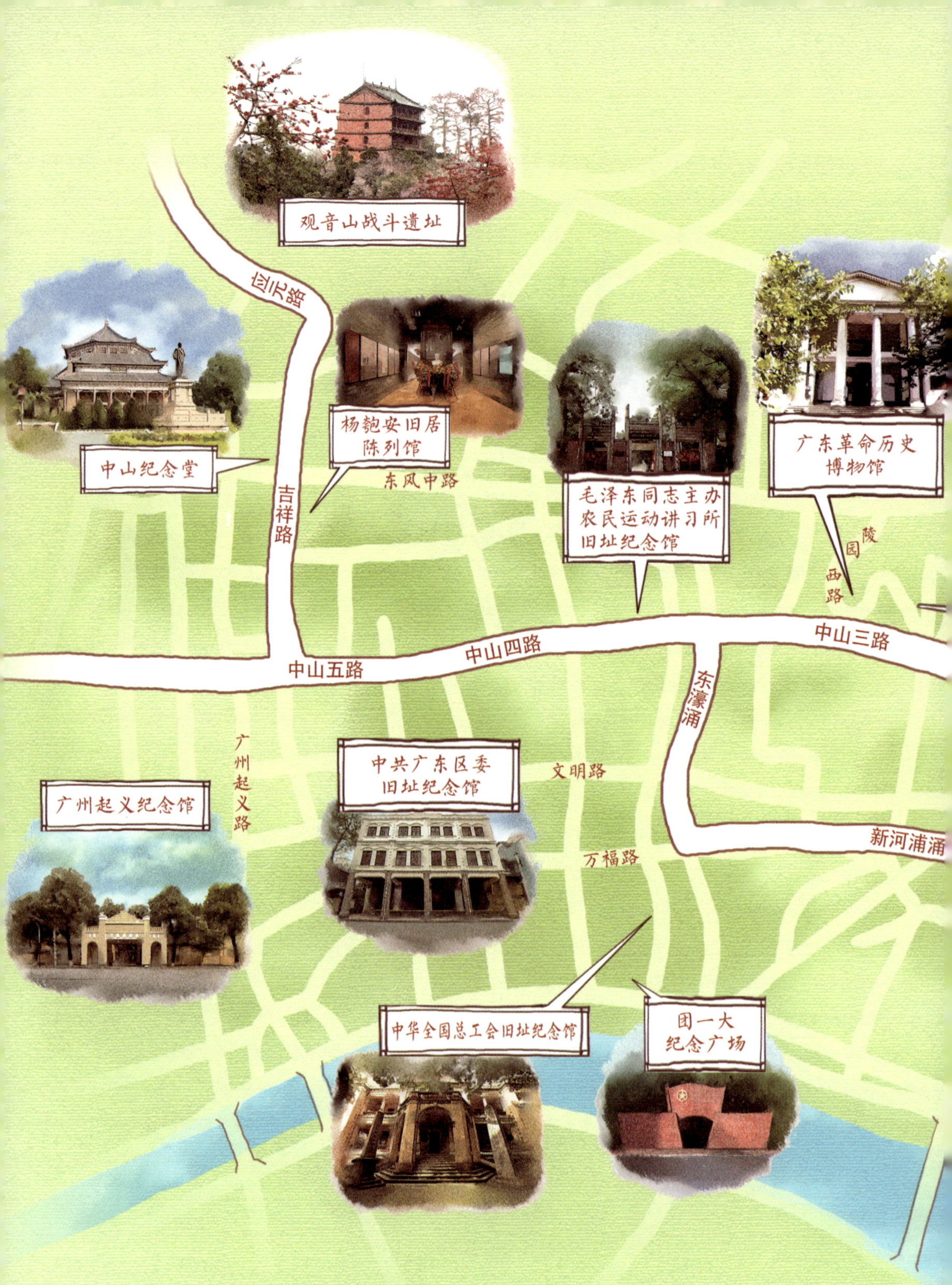

（本图根据广州市规划和自然资源局所提供资料绘制）

红色羊城
步径路线示意图

红色羊城历史文化步径立足于广州作为中国近现代革命策源地之一这一厚重历史背景上，选定并串联起11个有代表性的革命历史遗迹，让旅游者在行走中深刻感受到广州在近现代中国历史上的革命地位，进而促进红色文化和红色基因的传承。

具体来说，这条长约5公里的红色羊城历史文化步径主要围绕以下景点阐述：

观音山战斗遗址
↓
中山纪念堂
↓
杨匏安旧居陈列馆
↓
广州起义纪念馆
↓
毛泽东同志主办农民运动讲习所旧址纪念馆
↓
广州起义烈士陵园
↓
广东革命历史博物馆
↓
中共广东区委旧址纪念馆
↓
团一大纪念广场
↓
中华全国总工会旧址纪念馆
↓
中共三大会址纪念馆

01 中国最早的地区区委之一：中共广东区委旧址

中国共产党在广州最初的足迹

越秀区文明路中段，一座有上百年历史的骑楼建筑临街而立。1922—1927年间，这座并不起眼的四栋并联三层建筑，曾作为中国共产党广东区委办公地点。这里是中国共产党在广州留下的最初的足迹。

中共广东区委的前身，一般称作“中共广东支部”，而在这个支部建立起来之前，广州本地已有进步青年开始宣扬共产主义文化。当时在广州时敏中学任教的杨匏安就是其中之一。1919年，杨在报刊上连载的《马克思主义》一文，是华南地区最早的系统介绍马克思主义的文章，这在当时无政府主义之风盛行的广东地区是非常难得的。

受俄国十月革命的影响，尤其是在李大钊、陈独秀的推动下，共产主义开始在中国境内传播，不少学者、学生与社会进步人士开始自发组织研究共产主义理论。这些早期的

杨匏安旧居陈列馆中展出的《新青年》杂志。

中国共产党广东区委旧址。

共产主义小组分散在全国各地，像陈独秀、李达等人成立的上海小组，李大钊、张国焘等人成立的北京小组，何叔衡、毛泽东等人成立的长沙小组等，还包括一些在国外留学的中国学生也组建了早期共产主义组织，如旅日留学的施存统、周佛海，旅法留学的张申府、周恩来等。在广州方面，则有陈独秀在北大任教时的学生谭平山、谭植棠、陈公博等人筹建的广州社会主义青年团，他们还创办了《广东群报》以宣传新文化。然而这个青年团是一个较为松散的组织，既没有具体的纲领，也没有明确的组织和计划，因此曾一度自行解散，停止活动。

1920年11月，广东省省长陈炯明邀请陈独秀出任广东教育委员会委员长一职。出于传播共产主义思想和成立共产主义组织的目的，陈独秀离开上海至广州赴任。抵达广州以后，陈独秀便与谭平山等人联系，商讨建立共产主义组织。1921年春，陈独秀与谭平山等建立广州的共产党早期组织，陈独秀为书记，后为谭平山。中共一大后，在广州共产党早期组织的基础上，中共广东支部成立，隶属中共中央局领导，谭平山为书记，陈公博负责组织，谭植棠负责宣传。

从这时开始，不单《广东群报》开始大量刊载宣扬马克思主义的文章，陈独

杨匏安
1896-1931

秀主办的《新青年》也迁至广州进行出版。这些报刊不仅作为文艺界宣扬马克思主义的重要阵地，同时也宣传孙中山和国民党的政治主张，因此也有不少国民党人为这些刊物撰稿。谭植棠利用陈独秀的职位之便，创办了隶属于广东教育委员会的宣传员讲习所、注音字母教导团、工人夜校等组织，向工人和学生群体讲授反帝反封建、社会主义、阶级斗争等内容。广东支部同时也致力于推进工人运动，协助工人组建工会。以孙中山为首的国民政府，对工人争取经济权益、改善工作环境的运动表示支持，并在一定程度上进行了合作。种种措施很快取得成效，杨匏安、刘尔崧、阮啸仙等人也于此时加入，成为广东支部的早期党员。

这一时期，杨家祠是中共党员在广州的重要活动据点。

杨家祠初建于晚清，原是杨氏家族设立在广州的一处宗族祠堂，同时也作为杨氏子弟到广州求学、赴考所用的临时住所，故有别名为“泗儒书室”。1918年，杨匏安举家迁入杨家祠居住。杨匏安加入中国共产党后，他的住所便成为广州中共党员的一个重要活动据点。

这座小小的祠堂参与并见证了许多与中共相关的历史大事件。杨匏安入党之前，在这里撰写了大量介绍五四新文化思潮与马克思主义的文章并登报发表。广州的共产党早期组织成立以后，杨家祠中办起注音字母训练班，在向工人传播进步思想的同时，也为党员活动作掩护；中

杨匏安旧居陈列馆内景。

共三大召开期间，这里是会议的后勤部。国共合作正式开展后，这里甚至还充当过黄埔军校的招生办事所。

杨家祠的整体建筑样貌在这一个世纪里发生了巨大变化，祠堂的后座现已不存，而前堂保留了下来，并按20世纪20年代时样貌进行修缮复原，开放作为红色旅游景点。而这个景点真可谓大隐隐于市，它掩藏在越华路边的一处偏僻小巷之内，拐过青砖灰瓦的窄巷道，有一间略显老旧的瓦顶平房，这里就是陈独秀、周恩来、瞿秋白、廖仲恺这些历史风云人物曾经频繁到访的中共早期据点。如今建筑内部经过复原，杨家祠的前堂、左右两侧的阁楼已修复为近似当年状貌，而已经消失不存的天井、后座，则可利用VR虚拟技术一窥究竟。在修缮过程中，杨家祠前堂门口上还重新发现了五幅晚清壁画，也逐步加以修复呈现。

像杨家祠这种从清朝时遗留下来的旧平房，在老城区之中已经十分罕见，而在杨家祠周边，也仍旧保留着许多见证过广州城市历史的建筑物。同在越华路上，就有国民政府旧址、广州都督府、小东营清真寺、“三二九”起义指挥部旧址；隔街的广卫路，有广州起义史迹第一公园旧址、广东财政厅旧址以及南越国公署遗址；再走过一条街，就到了北京路文化旅游区，这里的遗迹故里更是不可胜数，堪称广州城市历史的浓缩地。

杨匏安旧居陈列馆

又称杨家祠，位于越华路广东省民政厅东邻，原广东省轻工业厅大院内自编第5栋。杨家祠原来面积颇大，主要部分为一座两进深、坐北向南的青砖建筑，两侧均有厢房，厢房上有小阁楼，右侧有附祠。现仅存首进。

杨匏安旧居是广州的党组织早期活动的重要地方。广州的共产党早期组织成立后，在杨家祠内办起了注音字母训练班，培养从事基层宣传工作的干部。

中共最早建立的区委之一：广东区委

1921年7月，宣告中国共产党正式成立的中共一大在上海召开，广州方面派陈公博为代表出席会议，经此会议后，中共广东支部也正式成立。随后，广州召开了第一次全国劳动大会，广东支部党员与部分国民党机构进行了大会的筹备工作，包括“五一国际劳动节”纪念大会、“五七国耻”纪念大会等。这些共事经历促进了两党关系，也为后来的国共第一次合作打下了部分基础。

中共广州支部的扩展非常迅速，不仅宣誓入党人数增加至30多人，仅次于上海，青年团也扩展至佛山、肇庆、新会等地，成立了6个分团。1922年6月，广东支部改组为“中共广东区执行委员会”，负责领导广东、广西的党组织工作，谭平山任书记。这是中共广东区委的首次登场。

同一时期，广州发生了陈炯明部下炮击元帅府事件。突如其来的变故迫使孙中山离粤，广州政治形势一度紧张，初成立不久的广东区委也被迫转入地下活动，部分党员不得不撤离广州。广东区委的初期组织者陈公博因支持陈炯明而受到处分，自此与中国共产党分道扬镳。这个时期的党组织无法公开活动，因此使用“管东渠”的化名，在今越秀区文明路194 ~ 200号登记并租用了办公地点，后来“管东渠”也成为党组织称呼广东区委时所使用的代号。

1924年初，中共中央局认为“广东区本只广州一地方，亦无设区之必要”，中共广东区委遂改为中共广州地方执行委员会。

1924年1月，国民党一大在广州召开。国共合作促进了革命形势的高涨和党组织的大发展，广东逐渐成为中国

藏于闹市之中
的杨匏安旧居。

革命的中心。为了适应广东革命运动大发展的需要，中共中央陆续派遣大批干部到广东，加强了对广东革命斗争的领导。

在这样的背景下，1924年10月，中共中央决定将中共广州地委改组为中共广东区执行委员会，周恩来任委员长（兼管宣传），领导广东、广西、福建西部、南部及香港的党组织。1925年初，广东区委办公地址搬迁到这座四幢相连的三层骑楼。沿不足半米宽的狭长楼梯直上三楼，当日广东区委办公场面被完整还原，组织、宣传、军事、工运、农运、青运、妇运、学运、监察、秘书等部门一一呈现。尽管总面积不到1000平方米，这里却拥有当时全党最健全的组织。

广东军阀的叛变对孙中山影响极大，而共产国际、中共党员不断与孙中山接触，也促使其政策思路发生转变。1923年6月，中共三大在广州秘密召开，对党员以个人身份加入国民党建立统一战线问题进行了讨论。在中共推动下，孙中山改组国民党，确立“联俄、联共、扶助农工”三大政策。次年1月，国民党第一次全国代表大会召开，国共统一战线正式缔结，中国历史进入第一次大革命时期。

国共合作期间，中共广东区委取得合法地位，并以广州为中心，开展了工、农、军三方面的建设。一方面是推动工人运动不断壮大：1924年参与领导了沙面罢工，1925年领导了省港工人大罢工，后者参与人数之多、时间之长，甚至创下了世界工人运动历史之最。另一方面，中共也在广东集中发展农民运动，在中国共产党人的建议下，中国国民党在广州举办了农民运动讲习所。农讲所一共办了6期，彭湃、罗绮园、阮啸仙、谭植棠、毛泽东等人先后担任讲习所的主任和所长，毕业学员分赴各地投身农民运动。这些工作，都对后来的北伐战争起到很大的支援作用。

这幢三层骑楼汇集了中共早期发展史上的四个“最”：中共广东区委是中国共产党最早建立的地区区委之一；这里设立了中国共产党最早的地方军事机构——军事运动委员会；这里所设立的监察委员会，是中国共产党第一个地方纪律检查机构，开辟了中共纪检工作的先河；这里还是大革命时期全国辖区最广、党员人数最多的地方党组织。

中共广东区委旧址纪念馆

位于文明路，一连四幢，为砖木结构的3层楼房。当时一楼为住宅和商铺，二、三楼是中国共产党广东区委员会和青年团广东区委员会办公的地方。

区委书记的办公室在最西边那幢的三楼北面，隔壁是会议室。区委的几个部委也设在三楼，许多革命活动家都曾在这里办公，包括周恩来、熊雄、彭湃、阮啸仙、邓中夏、蔡畅、邓颖超、恽代英、张太雷等。毛泽东也曾经在这里讨论问题，鲁迅和何香凝也曾在此会晤当时的书记陈延年。

1927年4月，国民党“清党”后，中国共产党广东区委遭到破坏，遂把机构迁往香港。

中共广东区委旧址。 | 中共广东区委军委机关旧址。

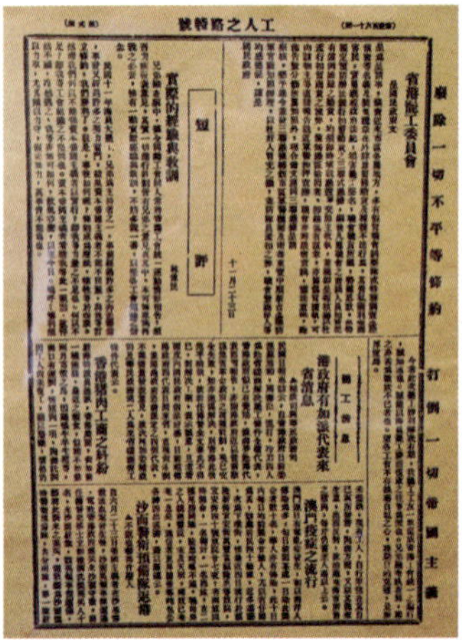
工人之路特號
廢除一切不平等條約
打倒一切帝國主義

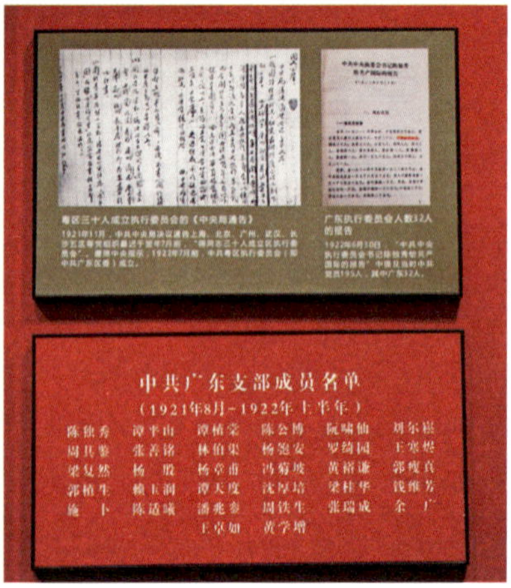

中共广东区委旧址纪念馆中展出的部分革命文物。

中共第一个地方“纪委”：广东区委监察委员会

在这期间，广东区委做出了一个大胆的创举：为加强党内监督和组织建设，1925年，广东区委设立了中共首个地方纪律监察机构，从此开辟了中共纪检工作的先河。广东区委监察委员会由林伟民任书记，委员有林伟民、杨殷、杨匏安、梁桂华等生于广东的优秀中国共产党员。

20世纪初叶的广东，既是中国民主革命的策源地，也是中国共产党早期开展活动、并从中逐渐摸索出纪律建设重要性和必要性的重要地方。

在中共三大召开前，党组织一直处于秘密状态，党员人数少，对入党审查也较为严格。1924年国共合作后，党员人数迅速增加。到1925年6月，广东的党员人数也从中共三大时的183名，增加到400多人。革命高潮的到来，既使党员人数激增，也不可避免地令一些投机分子进入到党的组织队伍中来，并出现蜕变分子。

面对国际国内风云变幻的复杂形势和党员队伍日益壮大的实际情况，为了维护党的纪律，建立维护党纪的专门机构成为越来越迫切的需要，随着陈公博、周佛海等人相继违反党的纪律，广东区委认为，建立专门的纪律监察机构的时机已经成熟——这就是党的第一个地方纪律监察机构之所以在广州诞生的原因所在。

广东区委监察委员会成立后，帮助广东各地建立党的秘密组织，壮大党的队伍；积极搜集秘密情报，确保党组织正确决策；承担教育监督党员以及处分违纪违规党员的工作，开展复查开除陈公博党籍案和处理开除周佛海党籍案，严明党的纪律；组织工人纠察队，维持省港大罢工秩序；监督罢工经费的使用，维护党组织清正廉洁等，做了大量卓有成效的工作，为党中央成立专门的纪律监察机构提供了宝贵经验。

1925年6月19日在广东区委和中华全国总工会的领导下爆发的省港大罢工，被后人们普遍认为是对刚成立不久的广东区委监察委员会的第一次“大考”：大罢工历时16个月，募集到的经费高达490万元。在这种情况下，管好工人的“养命钱”，建立公正廉洁、值得工人信赖的领导机构，直接关系到罢工能否取得胜利。

罢工工人代表大会成立了审计局、财务委员会，负责管理资金账目；成立了工人纠察队，防止敌人破坏和内部可能出现的腐败行为；成立会审处，负责查处贪污、舞弊和失职行为；利用机关报《工人之路》对所属各机构进行舆论监督，揭发贪污舞弊。这些监督措施行之有效，确保了罢工顺利进行。据统计，在整个罢工期间，工人代表大会通过了撤职、查办和惩戒舞弊的决议46项，整顿纪律的决议80项。

随着党组织将大批出类拔萃的人才调往广东，革命事业又将大批人才吸引到广东。在广东党组织不断发展壮大的同时，广东区委领导机构也逐步扩充、健全，设置了组织、宣传、军事、工运、农运、青运、妇运、学运、监察、秘书等部门，成为当时全党组织最健全的区委。

广东区委监察委员会的诞生，是中国共产党建立专门的监督机构的最初尝试，更为中国共产党创建中央监察委员会积累了重要经验。两年之后，在1927年召开的中共五大上，中央监察委员会才正式设立。因此可以说，中国纪检监察就是从广东出发的。

中共广东区委旧址见证了中国共产党第一个地方纪律监察机构的诞生。

中共最早的地方军事机构：广东军委

1924年9月，周恩来从法国归来，即被委派至广东区委任委员长，后又受荐出任广东区委和共产国际帮助建起的黄埔军校的政治部主任。中共区委在领导工农运动的过程中认识到建立武装的重要性，开始重视对军事运动的领导。1924年冬，中共广东区委成立了军事运动委员会（简称军委，又称军事部），由周恩来兼任书记，徐成章、李富春、熊雄、聂荣臻、黄锦辉等任委员。这是中国共产党内成立的第一个“军委”，是全国五大区委中唯一设置的军事领导机构，这个机构在培训军事干部、发展工农武装、建立党领导的军队以及反击反革命暴力方面，发挥了重要的历史作用：协助组建了农民自卫军、工人纠察队等武装组织，还担当了类似黄埔军校招生办的角色，在各地选拔并推荐了许多中国共产党员、共青团员进入黄埔军校，像叶剑英、聂荣臻、徐向前、陈赓、林彪以及左权、黄公略、刘志丹等人，就曾先后在黄埔军校就职或学习。

周恩来在黄埔军校时，征得孙中山同意，组建了一支“建国陆海军大元帅府铁甲车队”。实际上，这支由中共广

中共广东区委旧址是党员学习的场所。

东区委出资组建并受其统领、专门支援工农运动的武装队伍，既没有铁甲车，与大元帅府也并无关联，取用这个名字，只是为了在军队派系复杂的广东掩护身份。从历史角度来看，这支部队是中国共产党建立革命武装的最初尝试。“铁甲车队”不断壮大之后，被编入国民革命军第四军，番号为第三十四团，由叶挺任团长，因其不属国民党统领，故又称为“叶挺独立团”。这支部队的成员不仅有黄埔军校毕业的中国共产党员和进步青年，也吸收了不少湖南、广西地区的农民兵。在北伐战争中，独立团作为与北洋军阀交战的先遣部队，接连攻下汀泗桥、贺胜桥和武昌城，屡立战功，故获“铁军”之称。因为在一路征战中伤亡损耗巨大，这支部队又自行设立特别大队和补充营，在北伐战争中不断扩充人数，壮大自己的力量。

1927年，“四一五”国民党反革命政变前夕，军委撤离此处，转入地下继续从事秘密活动，一直坚持到大革命失败。

正是中共广东区委在大革命时期对军事上的探索，为中国共产党对军事的认识和武装力量的发展壮大奠定了基础，才有了后来的“党指挥枪”，以及在原革命武装基础上发展起来的红军、八路军、新四军、解放军，最终以革命武装打败反革命的武装，建立一个崭新的中国。

从撤离广州到“八七会议”

1926年“中山舰事件”事发一年后，以蒋介石为首的国民党右派开始谋划反共。其理由一方面是认为国共合作使国民党内的中国共产党势力不断“膨胀”，造成“党中有党”，日后将难以控制；另一方面是认为中国共产党在革命军攻陷地区中实施的土地政策，以阶级敌人的名义剥夺合法财产的做法是破坏革命的行为。就在国共两党矛盾锋芒显露之时，陈独秀与汪精卫会晤并发表了联合宣言，强调国共两党团结，主张党内成员应暂时忍让，而国民党右派则组成“清党委员会”，开始大肆搜捕中国共产党员与革命群众。两种不同的决策造成形势混乱，也直接导致上海“四一二”、广州“四一五”反革命政变的发生，中共党员和领导人大量牺牲，党的力量遭受重创。为了应付这一突发变故，1927年4月底，中共广东区委决定疏散党员，并将组织迁往香港，部分未暴露的党员则留在广州，继续坚持地下革命工作。同年5月20日，中共广东区委改组为广东省委。

随着国民党的“清党”“分共”，第一次国共合作完全破裂。随后，中国共产党“八七会议”在汉口召开，会议认为陈独秀对国民党妥协退让，决定撤销其党籍，也提出了“枪杆子里出政权”的论断，确立起土地革命与武装反抗国民党的方针，这成为中国共产党命运的一次转折点。而国民党方面，这次突如其来的清党行动也导致党员锐减，党内进行了一次大换血。蒋介石另立南京国民政府使国民党内部形成分裂，并开始与中国共产党进行长期对立。

若从1920年成立的广东支部算起，至1927年第一次国共合作破裂，中共广东区委一共持续了七年。在这七年里，广东区委出色地履行了它的历史使命，尤其是1924—1927年，许多中共党员和干部，在广州这个国共合作大本营完成了诸多创举。他们勇敢尝试，不懈努力，敢为人先，继往开来，为中国共产党的未来铺开了光辉的道路。斯人已逝，薪火相传，这些革命先贤在广州战斗生活的事迹，值得铭记。

上：正在中共广东区委旧址举行党组织活动的党员。
下：中共广东区委旧址内的展陈。

02 东园春潮起：团一大纪念广场与中华全国总工会旧址

团一大与共青团的成立

团一大纪念广场位于广州市越秀区越秀南路与东园横路交界处，广场西侧有一座红色雕塑，其整体形象似一本摊开的书籍，书本上端是一面巨大的共青团团旗。1922年5月5～10日，中国社会主义青年团第一次全国代表大会（以下简称团一大）在广州东园召开，这座巨大的红砂岩雕塑，记述了中国共青团在广州正式登上历史舞台的光辉时刻。

雕塑主体下方是五层四级的主舞台，该舞台总进深5.4米、每级台阶进深0.54米、总高约0.61米。这些数据并非巧合，而是设计者为突出“五四精神”所刻意营造的空间隐喻，寓意着共青团带领团员青年和少先队员在“五四精神”指引下为祖国的富强不懈奋斗。

中国共青团创建于20世纪20年代，最初的名称是“中国社会主义青年团”。创建中国青年团早期组织是中国共产党早期组织成立后的重要活动和工作之一，中国共产党是中国社会主义青年团的缔造者、领导者。1920年7月，谭平山、谭植棠等人收到陈独秀的函约，希望能在广州建立青年组织。这一倡议立即得到响应。1920年11月，广州社会主义青年团成立大会在广东高等师范学校召开。广州共产党人刊发的《广东群报》对其进行了报道，这成为关于广州青年团最早可考的文字记载。

这些青年组织的建立，可以看作是五四运动的余韵，青年知识分子们怀抱着“改造中国”的决心与热情，但并无统一的倾向和主义。尤其在广州地区，青年团的成分十分复杂，除了像杨匏安、刘尔崧、阮啸仙、林伯渠等这样的共产主义者，也有许多无政府主义者和其他流派的支持者，思想和主张存在分歧，青年团的工作一度陷入停摆状态。1920年底，受邀至广州任职的陈独秀开始与无政府主义者进行长期论战，广州青年团组织才渐渐成为马克思主义者的阵地。1921年7月，中国共产党在上海正式成立。在这次党的成立大会上，专门研究了在各地建立和发展社会主义青年团作为党的预备学校的问题，还研究决定了吸收优秀青年团员加入共产党的办法，对于巩固和发展青年团工作给予了极大的关注。

1921年8月，张太雷着手对青年团进行恢复和发展。重新规定青年团的章程为“信奉马克思主义的团体”，“以研究马克思主义、实行社会改造及拥护青年权利为宗旨”，使各地青年团组织达成了思想、主义上的一致，团员迅速增加。青年团的成员主要负责出版青年周刊、组织剧社、进行社会演讲和举办影画活动等工作，对青年工人、农民进行宣传教育。1922年初，香港海员大罢工爆发，当地青年团进行了最大限度的支援。这些活动扩大了团组织的知名度，也吸引了更多有志青年加入到组织之中。到这时，国内已有18处城市成立了青年团组织，团员已超5000人，建立一个全国统一的青年团，条件已经非常成熟了。

从历史上看，上海是推动全国青年团建立的中心，而且在各地

广州团一大纪念
广场的团旗雕塑。

入团誓词

团一大纪念广场

2012年，为纪念中国共产主义青年团建团90周年，在广州东园建设了团一大纪念广场，总建筑面积约3744平方米，沿越秀南路分为东、西两部分。主雕塑总高9.9米，为红砂岩材质。雕塑由独立的两个基座和基座上方承托的一面团旗组成，像一本打开的历史书。整个造型象征着团的旗帜在党的领导下高高飘扬。

主雕塑六幅画以浮雕的形式镶嵌在主雕塑的基座上。基座正面，分别刻有“团一大旧址介绍”和“入团誓词”。其余四面分别是主题为“青春汇洪流”“群英聚东园”“立纲铸伟业”“先驱连工农”的浮雕。

共青团逐渐停止活动后，上海青年团也是被最先恢复的组织，首次全国代表大会在上海举办本是顺理成章。然而此时广东工人运动的浪潮持续高涨，在孙中山国民政府统治下的广州也具有相对宽松的政治环境，这是上海难能比拟的优势。因此，在中共广东区委的努力下，最终促成了团一大在广州举行。

1922年5月5—10日，来自上海、北京、广州、长沙、武昌、南京、唐山、天津、保定等15个地区的地方青年团25名代表，在广州东园召开了中国社会主义青年团第一次全国代表大会。因这次大会与第一次全国劳动大会、纪念马克思诞辰104周年大会同时召开，所以共同出席会议开幕式的还有多位来宾，场面非常盛大。团一大为期6天，共举行8次会议，就团组织的纲领、章程以及如何开展青年运动、政治宣传、与各政治团体之间的关系进行了讨论，施存统被选举为第一届中国社会主义青年团书记。1925年后，更名为中国共产主义青年团。抗日战争时期，共青团一度解散并改组为青年救国会，1949年4月改称为中国新民主主义青年团，直到1957年，其名称才恢复为中国共产主义青年团，并延续至今。

香港海员大罢工与第一次全国劳动大会

与团一大同期召开的第一次全国劳动大会，在中国工人运动史上具有非常重大的意义。组织这次会议的是中国共产党领导下的中国劳动组合书记部，该部于1921年8月设立，是中国共产党早期开展工人运动的领导机构，也充当着全国各大工会的联络机关。成立的第二年，劳动组合书记部就以“不分何党何派，只要是工会便邀其参加”的组织原则，向全国各工会发出通告，邀请这些工会派代表到广州“融合并联络全国劳动界之感情”。

1922年5月1日，各地代表与数万广州市民共同庆祝“五一”劳动节，同时举行第一次全国劳动大会的开幕式。从5月1日到6日，出席会议的173名代表通过了“罢工援助”“八小时工作制”等十项议案。在大会上，林伟民代表香港海员工会出席，介绍了香港海员大罢工的斗争经过。这次经验总结是会议相当关键的环节，在此之后，中国共产党所领导的罢工斗争在很大程度上都参考了香港海员大罢工的经验和教训。

中华全国总工会旧址内关于广州工人运动历史的展陈。

林伟民是孙中山的同乡，早年曾在香港一艘外轮上当“侍仔”（船上最低等级的杂役）。孙中山开展革命活动时，林曾帮助革命党人运送过武器物资，也掩护了不少革命党成员逃避追缉。民国成立后，林伟民已经在香港海员中颇具声望了。1920年，林伟民与苏兆征在外轮上领导了一次反虐待斗争并获得了胜利，之后开始筹备建立海员工会，这可能是中国最早的产业工会。

1921年下半年，物价不断上涨，海员处境愈发艰辛，香港海员工会联合向东家提出增加工资、改善待遇、反对剥削的要求，均遭拒绝。该工会便于1922年初组织了一场声势浩大的罢工。大量海员离开香港，部分骨干在广州成立了罢工指挥部，林伟民则在香港带领留守工人组成的队伍，防止罢工遭到破坏。

轮船东家以各种手段威胁海员，香港政府当局也多次向海员工会施压，但林伟民坚决不予妥协。香港其他相关行业工人为声援海员，也开始举行同盟罢工。香港政府派出军警对海员工会及其他各支持罢工的行业工会进行封锁，工会即组成联合纠察队与之对抗。1922年3月4日，步行离开香港的工人群体遭到英国军警开枪射击，造成大量工人死伤，史称沙田惨案。双方冲突愈演愈烈，香港陷入非常紧张的局面。

最后，英国驻广州总领事出面调停，林伟民代表海员工会与香港当局经过多次谈判后签订协议，同意复工，历时56天的罢工运动方告结束。

中国共产党和当时孙中山领导的广东国民政府都在不同程度和角度上支持了罢工活动。这次罢工事件为广州后来的政治格局埋下伏笔：香港、英国政府以及部分粤港商人认为孙中山倾向苏俄，开始转而支持陈炯明；而共产国际则因这一事件看到孙中山对工人运动的态度，开始着手促成中国共产党与国民党的合作。

中华全国总工会创建与省港大罢工

第一次全国劳动大会之后，上海海员代表邀请林伟民至上海，协助建立统一的海员工会。经多番努力，中华海员工业联合总会上海支部成立，随即开展了一场以增加工资、改善待遇为目的的工人运动。这次运动初期进展顺利，许多中小轮船公司也同意工会提出的加薪要求，但上海招商局拒不承认海员工会的合法性，不但联合各国领事馆向工人施压，甚至要求上海军阀派兵镇压工人运动。这些手段均没能奏效，招商局只能同意工会要求并签订复工协议。

虽然上海这场工人运动取得了胜利，但作为主导者的林伟民却遭到通缉，香港政府也下令将其驱逐出境。1924年，林伟民远赴苏联，并在旅苏中国共产党组织的介绍下加入了中国共产党，回国后，林被派遣至中共广东区委。在他的领导下，广东各工会开展了多次工人运动，包括广州盐船工人运动和北江民船工人反抗无偿征调的斗争等。

1925年5月，第二次全国劳动大会在广州举行，中华全国总工会正式成立并取代了原中国劳动组合书记部的功能。这次会议进行了中华全国总工会领导人员的选举，林伟民被推举为首任委员长。中华全国总工会创立后，积极筹办工人学校，培训工人干部，组织工人支援北伐战争。中华全国总工会会址最初设在大德路，不久后迁至惠州会馆（今越秀南路89号）。1927年国民革命军攻占武汉，中华全国总工会也随之迁往汉口。

就在中华全国总工会成立同一个月内，上海爆发了五卅反帝爱国运动，国内反帝国主义情绪高涨，中共广东区委决定发动香港及广州洋务工人联合罢工，以声援上海人民。

中华全国总工会旧址大楼前的
“廖仲恺先生牺牲处纪念碑”和
“工农运动死难烈士纪念碑”

廖仲恺先生牺牲处纪念碑
叶剑英

中华全国总工会旧址纪念馆

位于越秀南路89号，原为惠州会馆，后曾被作为国民党中央党部，1925年，中华全国总工会从大德路的临时会所迁至此地。5月，第二次全国劳动大会召开，成立了中国工人阶级全国统一的工会领导机关——中华全国总工会。省港罢工后成立的香港总工会筹备处也在此办公，首层仍为广州工人代表大会使用。1927年，中华全国总工会北迁汉口，这里改为中华全国总工会广州办事处。1959年，中华全国总工会旧址经过修缮后被辟为纪念馆，刘少奇题写馆名，向公众开放。1988年1月，中华全国总工会旧址被国务院公布为全国重点文物保护单位。

旧址建筑前有庭院，楼房为砖木结构的西式洋房，建筑面积为1746平方米，楼高两层，另有地下室，两层楼各有3间室。一楼大厅被作为礼堂使用，用以召开会议。第一、二期农民运动讲习所在天台临时建筑内举办。1925年8月20日，前来参加国民党中央执行委员会会议的廖仲恺和陈秋霖，被暗杀于楼前石阶上，当时廖仲恺就停灵在一楼礼堂。

1926年5月，第三次全国劳动大会和第二次广东省农民代表大会在广州联合举行，大会决定在这幢房子的前院左右两侧，建“廖仲恺先生牺牲处纪念碑”和“工农运动死难烈士纪念碑”。

1925年6月19日，罢工正式开始，香港大量工人陆续撤回广州，短短半个月内，罢工人数便达到20万人之众。这次省港大罢工得到国民党工人部部长廖仲恺的全力支持，林伟民利用国民党名义在广州作了相当充分的准备。先是征用市内烟馆、赌场和其他空置房间，其后还通过各种渠道筹集经费，购置粮食，以此保证罢工工人食宿，并发动其支援广州革命政府的北伐行动。

中共在原团一大会址成立省港罢工委员会，下设审计、法制等机构，负责处理罢工活动相关问题。委员会还从工人中组建起一支武装纠察队，对香港实行禁运和封锁。罢工矛头直指港英政府，为避免广州政府陷入孤立，委员会规定非英国的货物或船舶，只要不经过香港便可以直入广州，使经济局面在一定程度保持了稳定。

罢工使省港两岸均蒙受了重大损失。一方面，香港各处码头停工歇业，大小商户纷纷倒闭，金融行业破坏严重，甚至广九铁路也一度无法运作，香港几成孤岛。另一方面，广州各界为声援罢工自发组织的游行队伍，与驻守沙面的英法军队爆发冲突，酿成沙基惨案，死伤甚众。

这次发生在国共第一次合作期间的大罢工，国共两党均参与领导和策划，实际上已经超出了工人为争取利益和权利而发起的经济运动范畴，而更具有反帝国主义政治运动的意味。

省港大罢工持续了16个月之久，中途经历了许多波折。1925年8月底，廖仲恺在中华全国总工会门前遇刺身亡；11月，对罢工采取强硬态度的香港总督司徒拔卸任，继任者金文泰积极与广州政府接触，希望以和平方式解决问题；1926年3月，省港罢工委员会属下纠察队因“中山舰事件”被缴械；4月，国民革命军出师北伐，政府工作重心从工人运动转移，大罢工逐渐松懈；6月，国民政府与香港政府开始协商停止罢工事宜；10月10日，罢工委员会解散，大罢工才正式宣告结束。

林伟民为这次罢工运动殚精竭虑，积劳成疾，最终病逝于1927年9月。这时国共第一次合作已经破裂，中共广东区委撤离广州，整座城市陷入蒋介石“清党”行动的白色恐怖之中。广州盐船工人不顾危险，集资安葬了林伟民的遗体。中华人民共和国成立后，这位伟大的工人运动领袖被移葬于广州银河公墓，并立有纪念碑供后人瞻仰。

03 启统一战线之先河：中共三大

从上海到广州，中共活动重心的南移

1923年6月12—20日，来自全国各地的至少40名中共代表，在广州东山恤孤院后街（今恤孤院路3号）的一幢两层楼房内召开了中国共产党第三次全国代表大会。这座楼房毁于侵华日军飞机的轰炸，如今仅存部分墙基和红砖地面。现于遗址旁建有中共三大会址纪念馆。

中国共产党成立后，中央机关设置在上海，后来一度迁往北京。1923年5月，党中央又从上海移驻广州办公。中共三大在广州召开，是早期中共活动重心南移的重要标志。党中央的这次南移掺杂有许多因素，并且经历了不小的曲折。

陈独秀自1920年底来到广州后，当地党团组织迅速发展，这与孙中山为首的革命政府和时任广东省长陈炯明对工人、学生运动的支持是分不开的。因此中共广东区委策划的

中共三大会址纪念馆内展出的历史资料。

部分活动非但没受到限制，甚至还能获得来自政府的帮助，境内的工人组织也不断壮大，就连当时并未受到重视的农民运动也取得了不小的成绩，像彭湃所主导的海陆丰农民运动，起初就是在陈炯明支持下展开的。

1921年12月底，受共产国际委派来华的马林在张太雷同下见到了孙中山。这次会谈之后，孙中山加深了对苏俄政权的理解，尽管他并不认为苏维埃制度能够在中国取得成功，但已经开始构思国民党改组和联俄的方案。马林南下广州考察时，见识到当地工人运动的热潮，这种与上海截然相反的革命氛围让他大为振奋，以至于断言“只有广州是我们共产党人能开展工作的唯一地方”。

1922年6月，陈炯明部下发动叛乱，逼使孙中山离粤，广州局势不稳定，中共党、团组织的活动转入地下，中共中央向南方转移的计划也不得不延迟。这次事件令孙中山深感旧有方法难以取得革命成功，必须寻求转变。而共产国际与中共始终支持孙中山的政治立场，并对支持陈炯明的党员进行了处分，这让孙中山感到中共确有合作的诚意。1923年初，孙中山与苏联政府代表越飞共同发表《孙文越飞联合宣言》，2月，滇桂联军击败陈炯明军队，孙中山重掌广州政权。马林便再次提出将中共中央驻地迁往广州的建议。

这个时期，中共在广东以外领导发起工人运动的情况并不乐观。就在孙中山重返广州的同一时间，华北地区发生了京汉铁路工人罢工事件。在北洋军阀和帝国主义军队联手镇压下，罢工宣告失败，史称二七惨案。受此影响，除湖南、广州外，国内工人运动陷入低潮，中共开始认识到仅靠工人阶级远不足以达成革命目标，团结其他力量、建立统一战线，成为当务之急。在这种情形下，中共中央从上海转移到政治条件相对宽松、容易获取国民政府支持的广州已是势在必行。1923年4月底，中共中央主要领导成员便相继抵达广州，此后很长一段时期内，广州是中共开展工作的中心地区。

中共三大会址纪念馆

位于恤孤院路，原为一幢2层砖木结构、人字瓦顶的普通建筑。呈正方形，长宽各约20米，高6米多。

原房屋在抗日战争时期被空袭炸毁，仅存遗址。2004年，在遗址旁兴建中共三大会址纪念馆，其与中共三大会址遗址广场、中共中央机关旧址——春园和旧民居5号楼一起组成中共三大纪念馆。历史陈列全面展示了中共三大的背景、召开、历史作用和深远影响、国共合作的实现等内容。

一次影响深远的会议

中共领导成员到广州后不久，共产国际即要求马上扩大与国民党的合作，提议尽快在广州召开第三次全国代表大会。

1923年4月后，中共中央机关开始筹备召开中共三大。不久，中共各地区委便收到署名为“钟英”（中央之谐音）的信函，要求委派代表到“管东渠”（广东区委代号）进行会议。经过周密安排，参加会议的中共代表三十余人分批次抵达广州，换上广东人平常服饰，分散到各自住处，每到开会时，再由专人领路到会场。中共一大召开时，会场就曾遭法租界巡捕房的搜查，被迫转移到其他会址，而且有不少参加会议的党员，名字还留在北洋军阀政府的通缉名单上。故这次会议召开时，为免引起怀疑，专门租用了城郊恤孤院路后街的一幢2层旧房作为会址。

旧房子的一楼是会议室，也兼作饭厅。几张旧西式长餐台、清一色长板凳，就是会议设施。房子二楼用作部分与会成员的临时起居室，房间里只有简单的床板、木桌。整栋楼房不通水电，也没有浴室和厨房一类设施，甚至连家具都是租来的，会场的条件可谓是相当简陋。而另一部分与会成员，或就近住在东山一带，或在中共广东区委办公处或中共成员经常出入的据点杨家祠中借宿。

尽管条件不佳，与会者还是对各项议题进行了积极讨论。中共三大通过了关于青年运动、妇女运动、工人运动和农民问题的各项议案，而会议争论的中心，则一直围绕如何建立民族统一战线，以何种方式与国民党进行合作的问题。

实际上，关于国共合作的议题早已展开探讨。1922年7月，中共二大就通过了一份关于建立“民主联合战线”的议案，希望在保持自身组织独立性的前提下与国民党实行党外合作，即两党平行、互相协助，但孙中山并不接受这一主张。一个月后，在共产国际代表马林的要求下，中共中央在西湖又召开了一次特别会议，达成了让少数中共干部先以个人身份加入国民党的口头协议，陈独秀与李大钊即由孙中山亲自主盟加入了国民党。

中共二大、西湖会议中未能解决的问题，依旧成为中共三大会场上讨论的焦点。经过最终投票表决，通过决议，同意中共党员以个人身份加入国民党协助展开工作，但在组织上仍保持中国共产党人的独立性，遵从中国共产党的纲领与纪律。这显然是两种意见折中后的方案，但会议对民主革命统一战线的领导权问题仍没有给予应有的重视，因此在中共三大宣言里，仍然表述为“中国国民党应该是国民革命之中心势力，更应该立在国民革命之领袖地位”，这也为后来国共两党的分裂留下了隐患。

1923年6月20日，为期9天的中共三大落下帷幕，一众与会中共党员来到广州黄花岗烈士墓前，在瞿秋白的指挥下高唱《国际歌》，宣告会议的结束。

中共三大会址与广州东山的旧时今日

上文讲到中共三大在人少、偏僻的城郊东山一带的旧房子里举行，是广东区委为了避人耳目。需要着重指出的是，民国时期的广州东山绝非荒郊野岭之地，而是达官显贵、社会名流聚居之处。旧时广州有句谚语云“西关小姐，东山少爷”，至今仍有不少“东山少爷”们曾居住过的小洋楼和西式别墅保留在恤孤院路、新河浦、培正路及东山口周边一带，这里的民居格局，也仍然掺杂有浓厚的民国情调与风范。

曾出席中共三大的老党员徐梅坤先生，在20世纪70年代回到东山寻访会议旧址。他在这片洋楼穿插的小道上迷了眼睛，直到看到逵园阳台上熟悉的“1922”字样，才认定了大会召开的确切位置。

当时曾用作中共三大会址的旧房子，已在抗日战争中被炸毁。广场中以玻璃罩遮蔽供游人观看的，是原会址遗存的一段墙基和地砖，广场旁边的中共三大历史陈列馆展出大量与会议相关的展品与文件。此外，附近的一幢华侨自建洋房“春园”（新河浦路24号），曾短暂地作为中共中央机关所在地，因此也被列为中共三大会址纪念馆的一部分。

如若你来到恤孤院路寻访红色遗址，那么不要吝惜时光，也请仔细观摩一下这里的东山侨园。此处是闹市中独存的安静之地，各款各类仿西式洋房别墅高低错落，连亘排布，它们诉说着广州现存老民居群中难能可见的侨园之美。

东山口地铁站旁的署前路，是人流密集的闹市，繁华嘈杂的街道两侧，连接着数不清的旧巷斜街。要寻找这片侨园很简单，便往里走，再往里走，只消转过一两个街角，就可将繁嚣抛诸身后：你已抵达这个幽深、寂静的迷宫出入口。

新河浦路上的东山小洋楼。

曾作为中共中央机关旧址的春园。

中国共产党第三次
全国代表大会会址
（春园）
24

东山一带的老民居多为民国时遗留，外层的红砖亮瓦已久历风雨，但在细心维护之下，虽旧而不残。逵园、春园，以及华侨在百年前建起的竺园、隅园、明园、简园、慎园等，都是风格相异、自成一体的仿西式花园洋楼建筑。其他不知名的民房也多半形制独特，绝无相同，加上整理装修得当，又颇有一点新潮味道。

同样是老房子，这里既比沙面岛上的西式洋楼更接地气，又不像起义路边的骑楼廊柱队列相仿整齐划一，也不像高第街沿线的摊档店铺毗邻挤叠，在此处聚集而生的洋房楼舍，珍惜着各自的精巧与雅致，在漫长时光里淡然相处。

侨园的居民爱花草，有的人家别出心裁做精细打点，也有的人家无心插柳任枝叶攀缠，这些花红叶绿装饰在窄隘的道路两侧，倒也井然有序，形成独特风景。如若一直由着这草木相迎的小路随性而行，七弯八拐，走马看花，怕是一时半会走不出这个侨园的迷宫；如若听到校园午晚放学的铃声，那就不妨跟随着这些大步踏出校门的学生哥，不用一刻钟，你便又从某个巷口街角穿出来，重返东山熙熙攘攘的人群闹市中去了。

中共三大后的国共合作

现在，让我们将话题继续转回到广州的1923年。

就在中共中央在广州筹备召开三大期间，返回广州的孙中山正忙于重整建立广州革命政权。整顿军务，统一广东，成为孙中山在粤工作的重心，改组国民党的预期计划被搁置，这引起中共与共产国际的不满。即便如此，孙中山仍认为广东“军事一坏，大局便崩”，改组国民党之事只能在解决广东战事、驱逐陈炯明之后进行。这两种观点的对立，使国共两党关系渐趋紧张。

1923年8月，共产国际任命鲍罗庭为孙中山的政治顾问。鲍罗庭抵达广州后不久，就被任命为“国民党组织教练员”，他向国民党推举了一批中国共产党人协助进行党内改组，同时一再动员中共成员协助国民党工作，指明中共在两党合作中的任务是将国民党塑造成真正的革命党，成为国民运动的代表，而通过协助国民党的方式，也能吸收优秀的革命人才壮大自身队伍。

1924年1月，国民党一大召开，许多中国共产党员列席其中，尽管国民党内对中共的加入仍有不少反对的声音，但孙中山力排众议，坚持借中共的力量进行国民党改组。这次会议选举成立了国民党中央执行委员会，李大钊、毛泽东、瞿秋白等10名中共党员当选执行委员和候补执行委员，标志着国共合作的正式建立。此后，国内的国民党统治地区都以中共党员和国民党成员为骨干，改组或建立起国民党党部。这是孙中山“以俄为师”“以党治国”的一次实践。

国共合作以来，统一战线在工、农、军各方面建设均取得很大的成果：

中共三大会址纪念馆内的历史陈列。

工人运动逐渐复苏，全国工会组织迅速增加，国共两党共同参与领导的省港大罢工取得了胜利。农民运动方面则主要由中共推动，国民党方面也开始重视农民问题，组织成立农民协会，成为支持北伐的重要力量。军事上，设立了黄埔军校，为国民革命军的组建奠定了基础。此外，农民运动讲习所、妇女运动讲习所、政治讲习班、童子军领袖养成所等一大批学校的创建，也培养了多方面的人才，国共两党党员迅速增加。国民革命军于1925年两次东征，收复陈炯明占领地区，统一了广东全境；1926年出师北伐，攻克武汉；1927年，北洋军阀政府已基本覆灭。这些大多是在第一次国共合作期间取得的成绩。

在广州，国共两党的合作中止于蒋介石的“清党”政策。1925年孙中山逝世后，国民党内各树派阀，意见难以统一。“中山舰事件”“整理党务案”等，使两党之间矛盾日益加深。而在北伐开始以后，作为国民革命军总司令的蒋介石在国民党内地位不断上升，他开始限制中共在国民党内的发展。1927年4月12日始，国民党右派在上海、广州等地实行“清党”，搜捕中共及苏联要员，中共主要机关成员被迫从广州撤出。接踵而来的诸多变故，让国内革命形势急转直下，国共统一战线遭到破坏，国共两党首次合作取得的许多成果也就此付诸东流。

中共三大会址纪念馆。

04 “养成农民运动之人材”：农民运动讲习所

传播农民革命的火种

“扶助农工”是由孙中山所主导的国共两党合作的基础政策之一，但在农民运动方面，向来主要由中国共产党进行主导。国民党改组后，第一任中央农民部部长就由中共党员林伯渠出任，彭湃任秘书。

根据农民部提议，“中国国民党中央执行委员会农民运动讲习所”（以下简称农讲所）在广州开办。这是个具有临时性质的学校机构，专为培养宣传农民革命、领导农民运动的干部人员而设，其宗旨是“为养成农民运动之人材，以实现本党救济农民之政策”，“养成冲锋陷阵的战斗员”，使其成为“农民运动之推进机”。农讲所前后六期，共培养了800多名学员。

毛泽东同志主办农民运动讲习所旧址纪念馆（以下简称农讲所纪念馆）位于广州越秀区中山四路，原址为番禺学宫，于1926年成为第六期农讲所学员上课、训练的主要场所。1953年，这里被辟为纪念馆，棂星门正中央的横匾为周恩来亲手所书。

农讲所初设时学生人数尚不多，因此第一、二期学员在原国民党中央党部所在的惠州会馆（即中华全国总工会旧址）上课，第三至五期则移至了中山三路东皋大道1号（今中山三路永兴街6号）中授业。到第六期改主任制为所长制，由毛泽东担任所长，招生规模大增，于是便将办学地点迁到这座学宫之内。

农讲所由中共提议创立，说明在对农民问题的探索和实践上，中国共产党是比国民党先行一步的。中共三大还通过了由毛泽东主导起草的《农民问题决议案》，明确提出了开展农民运动的重要性。国共正式开展合作以后，农民运动得以合法推广。受中共影响，国民党领导层对农民运动也渐加重视。孙中山数次出席农民集会，看到那些从城郊远涉而来的贫苦劳动者，曾感叹农民才是“革命成功的起点”。廖仲恺作为孙中山“扶助农工”政策的坚定支持者，也一直致力于推动农民建立农会、组织农民自卫军。在他们的努力下，国民党农民部颁布了《农民协会章程》，这可以看作是中国现代农民运动中第一个全国性纲领，也是农民建立组织的合法依据。

早在国共实现合作之前，彭湃就在海陆丰地区进行了农民运动的实践。他深知发动农民参与革命的不易之处，而当下又尤其欠缺能宣传农运思想和领导农民斗争、有科学的理论知识作为支撑的领导骨干，故提出要

毛泽东同志主办农民运动讲习所旧址纪念馆

广州农民运动讲习所有三处，第一、二期在越秀南路原惠州会馆，第三至五期在东皋大道，第六期在中山四路番禺学宫。

番禺学宫始建于宋朝，后毁，明洪武年间原址复建。昔日的番禺学宫规模宏大，广三路、深五进，如今尚存的中路建筑，是清乾隆年间平基重建，由南至北为棂星门、泮池拱桥、大成门、大成殿和崇圣殿。从残存的左路建筑和右路建筑，可看出其严谨规整的布局。

在举办讲习所期间，大成殿被用作教室，东耳房是毛泽东的办公室兼卧室，西耳房是图书室，东间为军事训练部，前院的两庑和后院两廊为学员宿舍。1953年，第六期农民讲习所旧址完成修缮并开放，周恩来题字“毛泽东同志主办农民运动讲习所旧址”。

建一所专门培养农民运动干部的学校。这个提议很快获得通过，1924年7月3日，第一期农讲所正式开办，彭湃为第一期农讲所主任。

农讲所虽以国民党名义创立，但师资队伍却主要由中共党员组成，部分国民党人士亦曾担任过教导员。农讲所创办后首期学员共38人，来自广东省内各地，其中中共党员和青年团员就占了一半多。到第六期时，入学人数已达300多人，招生来源也不再局限于广东省内，而是因应国民革命军北伐即将开启的形势，主要招收来自两湖、江西等北伐目标地区的学员。

农民组织对国民革命军的军事行动给予了巨大支持，发动群众为革命军做后勤或侦察、向导工作，使这支军队在统一广东和北伐战争中无往而不利，成为一支真正与广大人民结合的革命之师。除此以外，学员们深入各地农村展开了细致、广泛的调研工作，为国共两党研究农民问题、制定适宜策略提供了宝贵的资料，尤其是为中共后来建立农村根据地、走农村包围城市的革命道路作出了贡献。

鉴于广州农讲所取得的辉煌成绩，两广、两湖以及福建、江西、陕西、四川等地也纷纷效仿，设立地方性农民运动讲习所或农训班。1926年9月，广州农讲所停办，1927年1月，因国民革命军北伐取得胜利，广州革命政府迁至武汉。毛泽东到武汉倡办中央农民运动讲习所，得到多方响应，最后定址于武昌北城角簧巷（现红巷）13号。这座农运学校，是广州农讲所办学精神的延续，第一期就招收了来自全国的700多名学员。尽管这一期农讲所创办于国共合作破裂的边缘，这些学员依然秉承入学初衷，投身到各地农民运动中。

星星之火，可以燎原。从长远的角度来看，后来由中共所领导的席卷全国、形成燎原之势的土地革命，其最初的火种，就是由这些笃志于发动农民革命、改变农民命运的各期农讲所学员传播出去的。

农讲所纪念馆内的农民运动历史展览。

所长：毛泽东

毛泽东在就任第六期农讲所所长前，一直对国内农民问题保持关注，并做过不少调查和实践。1925年，他从上海返乡养病期间，就在家乡组织农民夜校、发展党员，结果遭到当地政府通缉，便从湖南辗转来到广州。在这里，毛泽东的才干颇受器重，很快被推举为国民党宣传部代理部长，并受彭湃之邀，兼任第五期农讲所教员。

在宣传部代理部长任内，毛泽东贡献了许多实绩，包括创办《政治周报》、组织编纂国民革命丛书等；与此同时，他对国内农民和社会问题的考察研究成果也有不少见诸报刊。1926年5月，国民党通过蒋介石提出的“整理党务案”，迫使许多在国民党内担任要职的共产党员辞职，毛泽东也在此列。于是，毛泽东便将精力转投至农民运动工作中，恰逢此时开办的第六期农民运动讲习所成为他大展拳脚的另一个舞台。

毛泽东任所长后，对教学内容、教学方法进行了大量革新，从招生入学到聘请教员，他都亲力亲为。这一期共25门课程，其中毛泽东亲自讲授《中国农民问题》《农村教育》和《地理》，还邀请周恩来讲授《军事运动与农民运动》、彭湃讲授《海丰及东江农运状况》，其他必修课程还包括法律、经济、革命运动史、政治状况等。根据自己在农村发动群众的经验，毛泽东还专门开设了革命画、革命歌等宣传课。在课堂上，毛泽东用通俗易懂的语言讲授知识，强调开展农民运动必须深入农村、与农民打成一片，同时也通过这些来自五湖四海的学员对各地农民问题进行更广泛调查和研究，他把这些成果汇编成《农民问题丛刊》，作为全国农民运动的指导册。

除掌握理论知识外，学习如何领导农民武装也是学员的重要任务，在所有课程中，军事训练占三分之一。讲习所为每位学员都配了枪，毛泽东还时常亲临训练场督察。学员在校生活一律按军事化管理，每天清晨军号响起，他们就要穿上军装，整队前往东较场操练，每月还定期在黄花岗、白云山等地进行军事演习。

番禺学宫内的清代教习场景复原。｜农讲所时期作为毛泽东办公室兼起居室的东耳房。

大成门两侧在农讲所时期分别被辟为教务部（下左）和值星室。｜西耳房被辟为图书室。

在紧张的学习训练之余，毛泽东也常与学员们闲话家常。遇上有家中条件实在困窘的，毛泽东也尽己所能提供帮助。有学员生病时，讲习所内聘有专职医生随时候诊，有学员家人病重，庶务部还会特地发放经济补助，帮助学员家庭度过难关。食堂伙食丰富，兼顾南北学员的饮食习惯，甚至还为少数民族学员特设餐桌。有几位北方来的学员，见广州天气炎热便将棉衣送到当铺换作生活费，到结业时家乡已入秋，御寒衣物却无法赎回，毛泽东得知后，便马上为他们筹措款项购置衣物……其关怀备至，可见一斑。

毛泽东为培育农民运动骨干倾注了大量心血，这些努力得到了回报，学员当中的不少人成为忠实的共产党员。农讲所学员结业后，大多返回原籍开展农运工作。这些学员既负责调查各地农村、农民组织的具体形势，也引导农民组织农会、宣传革命思想，领导农民开展反抗土豪劣绅、苛捐杂税的斗争。这些农会和农民军大多是以国民党名义组建的，不少农讲所出身的中共党员，在开展农运的同时在各地建立起中共支部，扩大了中国共产党在乡村之间的影响。

“农民运动大王”：彭湃

农民革命的火种从农讲所传播出去后，农运大潮开始在全国农村中蓄势待发，在这场席卷全国的革命浪潮中，被称为“农民运动大王”的彭湃是一位无法略过的人物。

彭湃原名彭汉育，出生于广东海丰县的一个地主家庭。彭家是当时海丰首屈一指的富豪之家，彭母则出身自贫苦农民家庭，受其影响，彭汉育一直对劳苦大众颇具同情。

1917年，彭汉育留学日本，并改名为彭湃。在日期间，他深受俄国十月革命、中国“五四”运动的影响，成为一名激进的社会主义革命者，还曾因参加反对日本侵略的集会游行被日本警方列入黑名单。1921年夏，彭湃返回中国，被任命为海丰县教育局局长。

1922年，彭湃因组织学生游行庆祝“五一”劳动节而被撤职，此后即转入农民运动。为了组织农民成立农会，彭湃将自己家传田契拿出来当众烧毁，把田地无偿分给农民耕作，还亲自到农村去做演说、搞调查。1923年元旦，海丰县总农会成立，彭湃当选为会长，办了许多有益农民的实事，不仅为农民提供免费医疗和农业指导，还兼顾调解农民家庭、债务和土地权纠纷。

由于农会的影响力不断扩大，主政广东的陈炯明下令解散农会。彭湃将海丰农会转入地下，自己转赴广州。4月，彭湃加入中国共产党，倡办农讲所，并任第一、五期农讲所主任，兼任各期教导员。其间，彭湃撰写了《海丰农民运动报告》，成为农讲所学员以及学习农民运动理论人士的必读书目。在彭湃的主张下，农讲所学生还发动农民成立广东农团军，这是中共建立的第一支农民自卫武装。

农讲所学员毕业后，大多作为特派员返回原籍开展农民运动，1924年11月，彭湃以国民党农民部特派员身份在广宁领导了一场农民反抗地主的武装斗争。1925年，国民革命军东征击败陈炯明后，彭湃返乡恢复海丰农会，同时成立中共海陆丰地委，出任书记一职。

1927年4月，蒋介石实行“清党”，正在武汉中央

农讲所工作的彭湃即派人返回海丰发起武装暴动予以还击，后被镇压。7月，武汉国民政府也开始实行“分共”，南昌起义爆发。起义失败后，彭湃随队伍南下，回到海丰再次领导海陆丰暴动。由于彭湃在当地拥有极高声望，这次暴动发起了大多数农民群众，并成功占领了海陆丰两县。11月，海陆丰工农兵苏维埃政府成立，成为最早的中共苏维埃县级政权，颁布了一系列土地革命法规，主张“一切田地归农民”。

1928年3月，海陆丰苏维埃政权被国民党军击溃，彭湃与广州起义失败后撤退至海陆丰地区的部队进入大南山区，展开长期游击战。彭湃被中共委以中央农委书记兼江苏省军委书记的重任，于1928年11月赴上海。1929年8月，因叛徒出卖，彭湃、杨殷、颜昌颐等中共党员在上海被捕。8月30日，彭湃等人被秘密枪杀于上海龙华刑场。

生于地主富豪之家的彭湃，毕生致力于贫苦农民的解放。他的实践，对当时正在蓬勃开展的全国农民运动有着重要的指导作用，为后来大规模的农民运动播下了革命的种子，为中国共产党领导土地革命运动积累了经验、提供了借鉴。

番禺学宫的门廊。

农讲所纪念馆原为番禺学宫所在，作为大门的棂星门和门前的红棉已成为广州的标志景观之一

全国重点文物保护单位
广州农民运动讲习所旧址
中华人民共和国国务院
一九六一年三月四日公布

番禺学宫与芳草街

跟广州其他红色旅游景点相比，农讲所纪念馆是特别的，这里的红墙黄瓦、东西廊庑、泮池拱桥，一直强调着它在过往岁月里的尊崇地位。在成为农讲所之前，这里有一个更古老的名字，叫“番禺学宫”，其始建于明朝，清朝重修，与德庆学宫、揭阳学宫并称为“广东三大学宫”。

这个在古代专门用于祭奠孔子、进行封建式教育的场所，得益于农讲所的开设而避开了反封建思潮的冲击，在文物保护上确是一件幸事。一边是农民革命的火种，一边是儒学文化的传承，这座学宫承载了两者的重量，在漫长的历史中曾经历了几度衰荣。自明洪武十三年（1380）番禺县学迁移到此处起，历数次重修，现在留存的格局形成于清乾隆十二年（1747）。当时，番禺学宫的占地规模远比现在要大，分左中右三路建筑，深五进，正座东西两侧各有

上：19世纪末的番禺学宫大成殿。
下：今日之番禺学宫大成殿。

番禺学宫屋顶上的琉璃彩塑。

长巷，甚至专门配备了射圃，作为旧时的武试场所。到了光绪三十二年（1906），朝廷废科举、兴学校，学宫部分建筑被拆除，改建为八桂中学的课室、操场和宿舍。

民国初年军阀乱战，广州屡受波及，学宫成为驻兵场所，受到很大破坏。第六期农讲所结束之后，学宫又改为伤兵医院。陈济棠治粤时，广州政府将学宫回收，把正座改建为番禺银行，并将东临芳草街的部分建筑借给中山大学作为学生宿舍，同时在学宫内重树孔子和其他先贤牌位，力图将学宫恢复原貌。工程后因时局大变而不了了之。

农讲所纪念馆内现存建筑为学宫的中路建筑，最前面为棂星门，是一处六柱三门式石牌坊，饰有精美的云龙纹饰。入门之后即是半圆形泮池和单孔石拱桥状元桥。再往深处的大成门依然保存着明初风格，造型虽朴实但装饰却相当“豪华”，上覆黄色琉璃瓦，饰以团龙瓦当、牡丹花纹滴水。后面的大成殿原为祭祀孔子的主殿，屋顶上的五彩琉璃代表着清代广东琉璃脊饰最高水平。崇圣殿则原为祭祀孔子先祖之处，配东西廊庑。农讲所开办期间，大成门被改为教务部，大成殿被改为讲堂，崇圣殿被改作饭堂，两侧廊庑则改作学员宿舍，现部分区域按当时摆放进行了场景复原。

番禺学宫是广州城文学荟萃之地，是祭祀历代贤人之处。于是学宫东侧毗邻先贤祠的街道，便取先贤流芳百世之意，命名为“芳草街”，这条长不过三百余米的小小街巷，与不少历史名人均有渊源。明崇祯末年，以陈虬起为首的一批在学宫求学的书生文人，在芳草街结成诗社，称“芳草精舍”。清代，书法名家鲍俊在芳草街上建起一座榕塘别墅，每日登门求字的人络绎不绝。诗社、别墅早已不存，而另一座建于清朝的区家祠堂却保留了下来。民国时期，芳草街上还建有一座奇特的中西合璧式基督教堂惠爱堂，名医陈伯坛也在这条街上的广州中医夜学馆坐诊、授课。1927年，鲁迅南下中山大学任教，租下学校附近的芳草街44号的一间房子，改作“北新书屋”，专门销售北方进步书籍与刊物，举办文化沙龙。不久，广州发生“四一五”反革命政变，鲁迅营救学生不果愤而辞职，书屋停业。

如今再临此地，民国时的教堂和医馆已不见踪影，鲁迅的书屋也毁于火灾，唯有一座略显破旧的区家祠掩藏在窄窄的巷道之侧。在这寻常巷陌里，只有那些形状独特、装饰有漂亮图案的旧民居房和磨得光滑的石板路，还继续彰显着芳草街的往日时光。短短几百米的街道上行人稀疏，两旁的旧民居仿似在这终日不绝的鸟鸣声里打着瞌睡。芳草街是典型的广州老民居，这里没有东山侨园的精致的西洋装点，却有一种老社区独有的恬静和悠闲。这种悠然度日的市井气息，又似乎与旁边几经沧桑巨变的学宫隔离开来了。

红墙黄瓦，苍翠古木，芳草街独有其安详味道。

05 揭开中国苏维埃运动的序幕：广州起义

从“宁汉分裂”到第一次国共合作破裂

1923年，以孙中山为首的国民政府为准备北伐、实现统一中国之目标，在苏俄撮合下与中共达成了合作。国共两党的第一次合作虽然取得了很大的成果，但这种合作关系始终建立在一个并不牢固的政治基础上。随着孙中山的逝世，国民政府内部很快就因继续执行“容共”还是进行“清党”产生了意见冲突，最终造成“宁汉分裂”。

国共合作期间，中共领导了各种工人运动，令部分原本支持国民政府的资本家受到很大损失，而中共所主导的土地革命，更让国民革命军中部分地主家庭出身的军人大为不满。北伐开启前，蒋介石意识到中国共产党对国民党内部的渗透已相当深入，提出了一系列限共防共的“整理党务案”。随着国民革命军在北伐战争中持续取胜，身为总司令的蒋介石在党内势力不断壮大，已经拥有驱逐中共的资本。1927年4月11日，蒋向国民党右派领导成员发出“清党”密令，接连制造上海“四一二”和广州“四一五”反革命政变，标志着他正式与中共决裂。

在另一方面，国民党左派、中共和共产国际对蒋介石的反共意图也有所察觉，决定拥护名义上在任的国民政府主席汪精卫与蒋进行对抗。1927年4月5日，汪精卫与中共领导人陈独秀发表联合宣言，声称将继续执行孙中山的政策，将国共合作继续到底。至此，国民政府内部分裂已不可避免，4月18日，蒋介石另立南京国民政府与汪精卫所在的武汉国民政府形成对峙，史称“宁汉分裂”。

“宁汉分裂”以后，武汉方面的国共关系依然紧密，辖区内的工农运动也照常展开，但武汉国民政府中地主出身和工商业出身的国军分子屡次发起兵变并转投南京，致使武汉国民政府实力不断削弱。5月，共产国际对中共发出指示，要求中共尽快动员工农建立武装，同时继续实行彻底土地革命、吸收工农成员加入国民党等。汪精卫认为这会使国民党走向灭亡，陈独秀也认为该指示不符合国内实际，难以执行。这些变故使中共与武汉国民政府难以统一步调，政治局面陷入僵持。

就在武汉国民政府内部的国民党左派、中共、共产国际各自意见相持不下之际，南京国民政府争取到宁汉之外第三方军阀势力的支持，蒋介

广州起义烈士纪念碑上的浮雕：起义过程中的会议场景。

廣東革命歷史博物館
近代廣州展覽

石、冯玉祥向武汉发出通电，要求早日驱逐鲍罗庭并进行“清党”，完成北伐。在这样的压力之下，中共内部也出现了争执，陈独秀、鲍罗庭决定暂停工农运动以重建与国民党左派的联合战线，而共产国际及中共党内激进派认为这是“机会主义”错误，共产国际随即撤除陈独秀的中共总书记职务，并要求中共退出国民政府，另建领导小组准备实行暴动。而汪精卫则在武汉主持召开国民党会议，主张以和平方式遣散党内的中国共产党人，得到了大多数国民党人的赞同。至此，中共与武汉国民政府的合作关系也告结束，第一次国共合作破裂。

这个时期国内局势异常混乱：北伐大业尚未完成，北洋军阀一面抵抗国民革命军，一面相互倾轧，各存异心；而武汉国民政府实行“分共”后依然视蒋介石为“党国的敌人”，持续与南京国民政府对立；蒋介石方面则因主持北伐失利受到多方责难，被要求下野，国民党内各手握兵权的地方派阀再次开始争夺地盘。中共则趁此时机组建军队武装反抗国民党，以求继续实行土地革命，确立自己的根据地。

曾为广东咨议局的广东革命历史博物馆。

东方巴黎公社

中共策划的第一个武装斗争是南昌起义。在派遣周恩来组织起义前，党内已形成明确的长远目标：起义军在南昌汇集改编后即南撤入广东，先占据东江地区，再一举夺取潮汕，通过共产国际的海运支援积蓄力量后，重新掌握广州这个革命大本营。然而，南昌起义部队在进军广东的中途受阻，尤其在潮汕地区遭到惨重失败，部队不得不分散突围。

另一面，中共派遣毛泽东领导的秋收起义则是以夺取长沙作为目标，为南昌起义作策应。然而这次行动也不顺利，收编的部队发生叛乱，工农起义军战斗经验不足，毛泽东不得不临时放弃原计划，转而进入井冈山创立农村根据地。

广州起义的计划因上述失败一度中止。然而南昌起义部队进入广东的事实，成为国民党各派属在广东进行军事行动的借口，广州周边又陷入军阀混战、争夺地盘的局面。中共决定利用国民党内部错综复杂的政治斗争形势，趁广州城守备空虚之际，以叶剑英领导的第四军教导团为主要力量，联合工人赤卫队和周边农民武装发动起义。

广东革命历史博物馆

位于广州起义烈士陵园内，为广东咨议局旧址。建于宣统元年（1909）。建筑两层，西式设计、砖木结构，建筑面积2499平方米。整个结构仿照当时西方古罗马式的议会建筑形式，有中央大厅、四周绕以回廊。大厅有8条大柱支撑着半球形锌铁皮屋顶。后座有3间大室，彼此相通，门口的4条大砖柱为1948年改建。

广东革命历史博物馆1959年10月1日正式建馆并对外开放，馆名由叶剑英元帅题词。后在同一馆舍内成立广州近代史博物馆，展示1840—1949年期间广州的历史概况。

广州起义原定于1927年12月12日发动，但作战总指挥叶挺因南昌起义事件遭到通缉，潜伏在香港，直到起义时间临近才接到通知，匆忙赶往广州。偏偏此时工人赤卫队用来作为武器中转站的大安米酒铺被反动派发现告密，国民党出动军警包围，汪精卫方面急发电报让张发奎部解除教导团武装，全城戒严。风声已然走漏，再也没时间进行仔细部署，指挥部临时决定起义提前至11日凌晨3点半。

11日凌晨，张太雷、叶挺、恽代英、周文雍等人赶往北较场四标营驻地开始部署起义。叶剑英这才知道起义已经开始，于是立即投入战斗部署。

凌晨3点，教导团举行誓师大会，将国民党旗撤换成代表中国共产党军队的镰刀斧头红旗，系上红布带。半小时后，广州的夜空升起信号弹，教导团率先起义，警卫团和工人赤卫队也立即行动，5000余人的兵力分三路向市内外守军各处据点发起突击。

作为整个起义部队中军备最精良的一支，东路的教导团队伍迅速前往沙河击破步兵团，继而消灭驻燕塘的炮兵团，随后回师市区，协同中路的工人赤卫队一同攻占公安局。公安局牢房内关押着的大量在“四一五”反革命政变中被捕的革命群众也立即投入战斗。

广州起义纪念馆

位于广州起义路，原为广州市公安局，广州起义后为广州苏维埃政府所在地。旧址四面有2米多高的围墙，院内包括苏维埃政府办公楼、工农红军指挥部、警卫连连部和监狱等，总面积5992平方米。

办公大楼为一座凹字形的两层建筑，砖木结构、混凝土楼面。楼下分三开间，南间为张太雷办公室，北间为临时救护处，中间为会议室。

该旧址于1987年广州起义六十周年之际对公众开放。

北路队伍则迅速攻占观音山（今越秀山），占据广州制高点。约2万郊区农民及部分农民赤卫军不久即加入战斗。到天亮前，除第四军军部、军械处等少数据点外，起义军占领了珠江北岸大部分城区。张发奎、黄琪翔连夜转移至珠江南岸的第五军驻地，将与桂军争夺地盘的部队连夜调回广州，并密遣人至沙面，请求英、法、日派军支援。

12月11日早上，广州苏维埃政府成立，旧址位于今广州起义路200号之一（现为广州起义纪念馆）。张太雷主持召开广州苏维埃执行委员会第一次会议，讨论广州城内的善后安排和起义军的去向问题。当天上午，《苏维埃政府告民众书》发布，公布了数项法规，如实行八小时工作制，维持工人权益，铁路、工厂、矿山、银行等收归国有，没收资本家和地主财产等内容，表明其工农政府的立场。

部署在广州外围的敌军迅速回防。11日中午，第一批增援部队抵达观音山，与起义部队展开了激烈战斗，观音山几度易手，双方人员大量死伤。现广州越秀山上的战斗遗址处仍立有碑文纪念此役。11日晚，增援敌军抵达广州周边。叶挺认为形势危急，且己方准备不充分，建议放弃广州，起义部队向海陆丰撤退以保存实力。但共产国际代表纽曼认为此时退却是对反革命势力的妥协，拒不采纳叶挺的这一正确建议。12日，第五军从南岸往广州城反扑，国民党回防部队也从城郊向市内开进，总兵力6万余人，英法日等外国军队也为反攻城市提供支援。

就在这战火纷飞的时刻，广东人民拥护苏维埃大会在丰宁路西瓜园召开，宣告正式成立广州苏维埃政府人民委员会，并通过共产国际将这一消息向全世界公告。张太雷会后立即与共产国际代表乘车往前线指挥作战，中途遇袭牺牲。

广州城内的战斗持续至12日黄昏，起义军部队逐渐不支，与入城敌军展开巷战。叶挺、聂荣臻当即决定往花县撤退，但此时起义军指挥系统已被冲散，撤退命令难以传达，也有的工人赤卫队接到命令后不肯撤退，坚决与广州苏维埃政府共存亡。13日，国民党军队渡过珠江，从四面八方攻入广州城。广州苏维埃政府只存在了不足三天，被称为“东方巴黎公社”。

起义之后

张发奎夺回广州城后，许多来不及撤离广州的中国共产党员和工会成员因此被捕遇害。由于起义军以红布带为标记，国民党军便以此为凭，凡见到脖子上有红印的，不经审讯就地格杀，甚至有些人因说话有外地口音就被误抓误杀。据后来统计，广州城在起义被镇压后的几天之内，遇害者逾5700人，这当中有许多是与起义毫无关系的无辜市民。一时之间，尸首填巷，血染珠江。

国民党军还包围了苏联领事馆，甚至枪杀部分苏联人士，宣称他们是在战斗阵地中被击毙。12月14日，国民政府指责苏联是广州暴动事件的幕后黑手，宣布与苏联断交，并关闭国内各大城市的苏联领事馆，驱逐苏联侨民。这也预示着孙中山确立的联俄政策彻底结束。

从广州撤出的起义军余部，有1200多人抵达了花县（今广州花都）。在这里，叶镛、徐向前等人将起义军各部统一组织起来，改编为工农红军第四师。红四师随即转战龙门，取道平陵白芒坑向海陆丰进发，与彭湃领导的红二师会合。这支队伍后来参加了东江革命暴动，开创了东江革命根据地。另有部分起义军余部辗转潜伏至广西，后来参加了由邓小平领导的百色起义。还有部分起义军往韶关地区撤退，与南昌起义部队会合后，跟着朱德和陈毅上了井冈山。

广州起义在国内外造成巨大轰动，原本错综复杂、逐渐陷入胶着的政治局势亦以此为契机开始产生变化。武汉国民政府被迫将广州交到桂系军阀手里，两广地区最终为蒋介石所掌控。汪精卫则失去政治资本，出走海外，暂时退出政治舞台。此前因北伐失利而下野的蒋介石，趁机重新执掌国

广州起义烈士陵园内的
广州起义纪念碑。

观音山战斗遗址

越秀山位于广州城北，最高点海拔仅70米，为广州老城的最高点。旧称“越王山”，又因明永乐年间建观音阁于山顶而有“观音山”的俗称。

越秀山上现存始建于明代的镇海楼。楼高五层，广州人又称之为“五层楼”。因高踞城北而望南，越秀山一直是广州的城防要隘，是近现代诸多重要历史事件发生之地，如蟠龙岗上的抗英斗争，陈炯明炮打总统府，以及1927年广州起义主战场的“观音山之战”等。

越秀山上现还有绍武君臣冢、王兴将军墓、四方炮台、海员亭、光复纪念亭、伍廷芳墓园、中山纪念碑、孙先生读书治事处纪念碑等古今历史遗迹。

广州起义烈士陵园

位于中山三路原红花岗所在地，坐北朝南，面积达26万平方米，于1957年广州起义30周年落成，今以“红陵旭日”列为羊城新八景之一。

陵园正门为两座黄色琉璃瓦顶的石阙，当中一列5扇朱红色铁栅门。阙门正面石壁上刻有周恩来手书漆金的园名。主墓道用花岗石铺砌，两侧花圃遍植红花，两旁山坡松柏森森。广州起义纪念碑为1954年修建，碑高45米，形象为3块巨石中伸出一只紧握步枪的手臂，寓意中国人民冲破三座大山，枪杆子里面出政权。纪念碑正面刻有邓小平手书的漆金碑铭，3块巨石上是反映广州起义战斗场面的浮雕。

墓道尽头高处为埋葬烈士忠骨的坟冢，直径43米，高62米。

民党军政大权，并得到英、美等国的支持。北伐仍在继续，并最终于1928年6月15日“统一告成”。尽管名义上实现了统一中国的目标，但国民党显然已违背了孙中山的独立自强、反对帝国主义的初衷。加上国民党军队此后对各地起义暴动均实行血腥镇压，并不断打压工农运动，国内陷入一片白色恐怖之中。

广州起义是中共在国共破裂后策划的武装起义最高峰，但付出的代价也最为惨痛。中共总结历次武装起义失败的经验和教训，为后来毛泽东同志提出“农村包围城市”的革命道路提供了依据。

1928年6月，中共六大在莫斯科郊外召开，尽管共产国际将这次起义失败的责任归咎于“小资产阶级”出身的领导人瞿秋白所犯下的“左”倾、盲动错误，但中共依然高度评价了这次起义的实际价值和所取得的成果。广州起义的践行者们放弃之前暴动时曾使用的国民党旗号，高举工农旗帜，第一次建立了城市苏维埃政权，以血的代价开辟了中国苏维埃运动的新阶段。

为纪念在起义中英勇牺牲的烈士，于广州起义三十周年（1957）之际，在中山三路的红花岗上建起了一座广州起义烈士陵园。陵园中竖起一座粗犷简朴的纪念碑，青灰色的花岗岩塑成单手持枪、直指天际的形象，向后人宣示着这段沉重而悲壮的革命历史。

广州起义烈士陵园东门。

06 伟大之建筑：中山纪念堂

以伟大之建筑，作永久之纪念

1925年3月12日，孙中山病逝于北京，享年59岁。噩耗传出，举国悲痛，这位伟大的革命先行者，以其坚强的革命意志和高尚的德行品格赢得世人尊敬，社会各界均以各种追悼仪式寄托哀思。就连曾经公开反叛后来又被出兵驱逐的陈炯明，也在献给孙中山的挽联中表达了自己的尊敬和追悼："私情公义，全凭一寸赤心知。"由孙中山所领导的国民党，将代表国民党党魁的"总理"称谓永远留给这位伟人（继任者蒋介石称"总裁"，再后任者称"主席"），以表彰其功绩。

国民政府对孙中山的纪念形式极为隆重，不但斥巨资建造陵墓，还在各大城市设堂立碑供人民缅怀追思。论纪念建筑的数量和知名度，又以南京、广州两地为最。1929年，南京中山陵初步建成，孙中山遗体正式下葬。两年之后，在广州这座见证孙中山数十载革命生涯的城市，建起一座雄伟的中山纪念堂，并设有中山纪念碑。

1925年4月12日，国民党及广州各界举行追悼大会，代行大元帅职权的胡汉民负责筹备纪念堂的建设事宜。次日，胡汉民发布《致海外同胞书》，向海外华侨募集捐款，讲明建造纪念堂的主旨是要"以伟大之建筑，作永久之纪念"，之后不久，又在各大报刊媒体上悬赏征集纪念堂及纪念碑设计图案。

中山纪念堂

坐落在越秀山南麓的东风中路，即孙中山总统府遗址上。1929年1月奠基，1931年落成。

中山纪念堂由中国著名建筑师吕彦直设计，是一座宫殿式建筑。建筑面积3700平方米，高49米。四方以4个重檐歇山抱厦，烘托着中央以八角攒尖式收束的巨顶。外形庄严雄伟，色彩鲜明，有香港白色花岗岩的基座和石阶，淡青色辽宁大理石的墙裙，镶乳黄色贴面砖的墙身，彩色水磨石的梁枋，紫红色水磨石的柱子，其上宝蓝色石湾琉璃瓦顶层叠舒卷。堂前檐下横匾高悬，上为孙中山手书“天下为公”。

纪念堂有内外两重屋顶。外部的八角攒尖顶以24具钢架接成，最高点离地48.63米（指金顶高度）。钢架上铺预制钢骨混凝土屋板，板上再铺蓝色琉璃瓦，由8根钢柱承托，立于全屋最重要的大钢架之上。大钢架纵横各二，四角连以钢梁而成八角。内部的穹顶四周嵌有五彩印花玻璃，阳光经由高窗射入堂中，巨大屋顶之下不见一柱，形成庄严瑰丽的空间效果。

自1925年纪念堂开始筹建，1928年3月动工，1929年1月奠基，至1931年建成，前后历时近五年有余。在中国内外为数众多的中山纪念堂之中，广州的中山纪念堂确实是规模最大、建造最为精巧细致的一座。

纪念堂建筑群沿广州旧城区的南北中轴线排列，自南起依次为门楼、草坪、孙中山铜像、纪念堂，其后方是越秀山山顶的纪念碑。其核心建筑纪念堂，连同周围庭院占地面积超过60000平方米，主体建筑南北纵深71米，东西宽65米，是一座汇集了中西建筑艺术与技巧的大礼堂。礼堂外观为八角形传统宫殿式建筑，层层飞檐翘角，设脊兽、悬风铎，上部仿古塔设有琉璃瓦尖顶，正门悬孙中山手书“天下为公”牌匾，下部立有朱红色仿木石柱——这完全是中国古代传统建筑的样式。礼堂内部相当空阔，弧形拱顶离地面20余米，堂柱则全部隐藏

在墙壁之中，使得从会堂内任意角度看向主席台均无遮挡视线之物。顶部为巨型的乳白色玻璃穹顶并开有藻井，穹顶周边镶嵌采光玻璃，白昼时光线自八角屋顶折射入会堂，无需电灯也能保持室内明亮。此外还有如二层环状挂楼的设计、顶部及墙面镶矫音纸板——如此种种，又是通过借鉴西方建筑理论与技术而来。即便在近90年后的今天再重新审视这座大型礼堂，其外形之端庄，装饰之华美，功能之完备，仍不失为中国近现代建筑史上的扛鼎之作。

根据设计要求，纪念堂至少要能容纳5000人同时入席，因此初建时会堂内并无固定座椅，而是由集会方按需要自行布置。为了让与会者能迅速入座或离席，会堂周边开有11个出入口，观众席内也布置了纵横交错的过道，即便在堂内满员的状况下，人群在数分钟内即可疏散完毕，足见设计者为完善纪念堂作为大会场的功能，花费了一番心思。

广州中山纪念堂一经落成，即成为当时亚洲最大的会堂式建筑。在此之前，国内并无可供数千人集会的大礼堂，它的出现，自然被当作国内同类型建筑的典范，甚至还引领起一股中国近代建筑的复古潮流。如今国内许多礼堂的规制与外形，还能隐约看出一点广州中山纪念堂的影子。这座中西合璧，兼具传统风格与现代功能的纪念堂，是广州最具代表性的城市地标之一。

中山纪念堂内景。

中山纪念堂的飞檐

从纪念堂到越秀山

如今与中山纪念堂门楼正对着的，是广州市人大常务委员会办公地址。这座黄褐色墙面、深红色瓦顶的仿中式大楼，刚好与纪念堂构成对称关系，两者一高一低，相向而立。纪念堂前方的庭院内多名木古树，中央草坪两侧一对云鹤华表左右并立。草坪周边则有林荫蔽道，虽然院内树木不多，但其年月悠久，树冠如巨伞般广阔，即便在烈日之下，庭院内也颇多荫凉之处。

面向纪念堂正门仰视孙中山铜像时，能够看到位于越秀山顶上的中山纪念碑，纪念碑离纪念堂主体建筑不远，从后门拾级而上，沿百步梯登上越秀山山顶便可抵达。通往纪念碑的百步梯梯道两侧，依旧沿用纪念堂庭院内的朱红色立柱宫灯，为山道平添了端庄之美。山道中途，立有一处“孙先生读书治事处”纪念碑，碑后刻《抗逆卫士题名碑记》，以纪念大总统广州蒙难事件中，总统府卫士护卫孙中山脱困之事迹。这处纪念碑所立之处，是孙中山在广州就任非常大总统时的住所越秀楼旧址附近，其楼已于战火中毁去。经过此处继续走完百步梯，便抵达中山纪念碑。

中山纪念碑高37米，通体以花岗岩建成，基座四周饰以羊头石雕，以象征广州“羊城”之别称。纪念碑正面以一块巨型花岗岩石铭刻李济深所书的《总理遗嘱》。纪念碑有13层，原可登至碑顶眺望广州全城，目前已不开放。这座纪念碑与当时广州的城市中轴线同轴，与山下的纪念堂形成“南堂北碑”的整体格局。

除了纪念碑以外，越秀山上有关广州历史的旧迹众多。就在纪念碑旁侧，有一处清朝顺治年始建的“古之楚庭”石牌坊，标榜着广州最古老的名称。往西，有民国时广州建造的最大型水塔；往东，是民国名士伍廷芳、伍朝枢父子之墓；继续北行，走过明代广州古城墙，可见到这座城市的重要标志物之一五羊石雕。古代广州城军事指挥枢纽镇海楼也在越秀山上，现在已改为广州博物馆。镇海楼周边，是中共领导的广州起义战斗最激烈的战场，此处刻有石碑纪念。此外还有为纪念香港海员大罢工而建的海员亭、纪念香港华侨支援辛亥革命而建的光复亭、石径仙踪石牌坊、碑廊、明绍武君臣冢、四方炮台遗址等，在某种程度上，越秀山是广州漫长历史的一本浓缩画册，一个秀丽剪影。

中山陵与中山纪念堂的设计者：吕彦直

广州中山纪念堂与南京中山陵的设计，均出自中国建筑师吕彦直之手。这两处民族风格鲜明的大型建筑群组，在中国近代建筑史上可谓影响深远，甚至影响了之后的一大批中国建筑工程师，其设计者本人也被誉为“中国近代建筑奠基人”。后人将吕彦直与刘敦桢、童寯、梁思成、杨廷宝并称为“建筑五宗师”。

吕彦直出身官宦之家，自幼随家人至法国巴黎生活，回国后进入清华学堂留美预备部并考取公费至美国康奈尔大学留学，毕业后就职于著名建筑师亨利·墨菲的建筑事务所。1921年，吕彦直与好友黄檀甫在上海创立真裕公司，后来更名为“彦记建筑事务所”，这是由中国建筑师自己开办的最早的事务所之一。吕彦直联合许多国外留学归来的建筑师，共同组建了我国建筑界的第一个学术团体，后又成立了首个中国建筑师公会，并于1931年更名为中国建筑师学会。

国民政府登报悬赏中山陵建筑方案时，吕彦直向政府投递了自己所设计的中山陵图样。该方案将陵园的平面布局设计成警钟之形，以呼应孙中山“唤起民众”的政治遗嘱，评委会一致认为其“简朴浑厚”，“形势及气魄极似中山先生之气概及精神”。1926年，吕彦直设计的广州中山纪念堂及纪念碑图案再次夺得头筹。

吕彦直为这两项工程付出了大量心血，尤其是选料方面，更是事必躬亲，要求极度严格。1929年1月，广州中山纪念堂举行奠基仪式，吕彦直积劳成疾，已无法出席，只能委托黄檀甫全权代理。同年3月18日，吕彦直在上海病逝，享年35岁，次年，陵园管委会在中山陵祭堂为吕彦直立碑纪念。

南京中山陵举行奠基仪式时，黄檀甫代病重的吕彦直出席并进行演讲。吕在讲稿中写道，中国的新式建筑应“足以表示吾民族之文化”，这也是他进行建筑构思的主要方向。经他之手设计的中山陵与广州中山纪念堂，也完全展现了他本人“以复古为更新”的设计理念。他希望建筑能展现人的品格，既要立足于中华民族文化，也要体现其功能与主旨，外在的视觉表达应让人得到感发，而内在的建构则要运用

哲学思维与科学方法。因此吕彦直对广州中山纪念堂的设计与中山陵也有所区别，减少了厚重、肃穆的成分，内外颜色搭配和构造样式更为丰富，也符合其作为民众集会场所的要求。与吕彦直同在康奈尔大学留学的同学胡适认为这是“彦直生平最成功的建筑，远胜中山陵图案”。更有学者认为，广州这座中山纪念堂，开启了中国建筑师对建筑艺术形式的新探索。

在动荡的时局中，广州中山纪念堂工程的开展可谓举步维艰。纪念堂定址之初，为使建筑群贴合城市中轴线，政府就先付了一大笔征地、拆迁费用。而以西式工艺实现构建仿木式的斗拱飞檐、在圆顶之上加盖八角形宫殿式屋顶等，又大大超出了工程预算，因此政府不得不要求黄檀甫及其他接手吕彦直工作的设计师对原设计进行删减以减轻财政负担。目前我们看到的广州中山纪念堂，实际上已与原设计图纸上的构想有所出入了。不过虽然形制上有所改变，但这座建筑的作业水平依然为当时一流水准。纪念堂的廊柱、斗拱，包括圆顶上打开的藻井等皆仿照古代建筑的构件，全部由混凝土塑型并施以彩绘纹饰，无一不以假乱真。甚至直到20世纪90年代，广州消防部门还以为这些建筑组件是木质构造，以至于一直将纪念堂列为“消防隐患单位”处理。

抗日战争时期，纪念堂曾数次遭受日军空袭，屋顶受损尤其严重，外墙也被炸弹弹片击穿。所幸这座建筑构造精巧，负责监工的黄檀甫也继承吕彦直的遗志，施工过程也督造严格，因此纪念堂非常牢固，未受致命损伤。尽管受损部分后得到修复，但经历多年动荡之后，在纪念堂及纪念碑上，许多人为破坏的痕迹依然留存至今，实在令人惋惜。

中山纪念堂内彩绘富丽。

中山纪念堂。

第五章

广州城红旗飘展

海珠广场正中间，有一位战士手捧花束，长枪拄地，面江而立——这尊石雕像是为纪念广州解放而设。自1949年10月14日解放军进入广州城至今，已经整整过去了七十年。

广州城解放

1949年初，国民党失去长江以北地区的控制权，南京岌岌可危，同年4月，解放军发起渡江战役。10月，解放广州的战斗打响。

渡江战役于1949年6月胜利结束，解放军挥师南下，仅用两个月时间，就先后解放了湖南、江西、福建等地。而从前线败退的国民党军队，则集结至广东，华南行署军政长官余汉谋声言要“誓死保卫广州”，并指挥国民党军构筑起三道防线，与解放军形成对峙之势。9月初，解放军第二、第四野战军集结至粤赣湘边境，叶剑英主持召开了赣州会议，确定了解放和接管广东的主要方针。

9月下旬，人民解放军越过五岭山脉，水陆并进，二十二万兵力分左、中、右三路向国民党部署的三道防线发起冲击。向广州进军途中，解放军并未受到太大阻力，至10月14日拂晓，解放军先头部队第四野战军43军128师382团抵达广州近郊的人和桥，此时距离城区已不足10公里。考虑到广州是敌方大本营，为免孤军冒进遭遇伏击，便派出侦察队伍前往广州城察看敌情。侦察员在途中遇到中共地下党员，得知广州守军已经弃城撤退，并开始对城市主要设施进行破坏的重要情报。团长张实杰马上命令部队继续前进——在这种情况下，早一刻抵达广州，就能减少一分广州城遭受的破坏。

382团兵抵广州城下已是傍晚，随即拆分为三路入城，一路往珠江边占领黄沙码头，一路前往占领“总统府”及“行政院”，剩下一路继续从先烈路前进，随时行动。广州市内警察总署也放弃抵抗，迎接部队进城。然而刚入城不久，城内即陆续传出爆炸声，发电厂、自来水厂、天河机场、白云机场及军用仓库等主要设施遭到爆破，为阻断追击，海珠桥也被炸毁。此时夜幕已经降临，城内还潜藏着不少敌军残部，街巷之间依然危机四伏。而前往黄沙码头的部队则遭遇了正准备乘船撤退的敌军，双方爆发了激烈战斗。

漫长的一夜过去。至15日清晨，城内的战斗已经基本结束，广州正式宣告解放。广州城内红旗飘展，国旗从街头一路挂到巷尾。

解放广州城的战斗结束后，南下广东的主力部队并不进城休整，而是直接绕开城区，继续追击逃敌，为解放广东全境奠定胜利基础。

1949年11月11日，解放军在广州举行了隆重的进城仪式，广州市民也自发展开游行活动。长堤边上的城中第

1920年的长堤大马路。临江最高的建筑就是东亚大酒店。

海珠广场

位于广州第一条跨江大桥海珠桥的北端。1951年，海珠广场的建设启动，根据规划，为城市中心公园和对外接待及经济文娱活动的中心，也是南北中轴线的中心点。1954年建成，它被海珠桥的引桥分成东西两个广场，共3.5万平方米，广场上遍植绿草，凤凰木、木棉、榕树、紫荆等广州最有代表性的树木错落有致。

海珠广场北广场的广州解放纪念像，最开始为尹积昌创作，曾作为“海珠丹心”名列羊城八景之一，后被拆除，1979年采用潘鹤、梁明诚的设计重建，是中国现代最著名的城市雕塑之一。

海珠广场四周被众多城市地标建筑围绕，如广州宾馆、广交会旧址、旧金融大厦（中央银行）、华侨大厦等，是广州的“城市客厅”之一，2019年新中国成立70周年前夕，海珠广场又一次完成了升级改造，对其周边的景观、道路、夜景、街区及建筑都进行了改造，焕发着蓬勃生机。

东亚大酒店

位于长堤大马路，1915年开业，是民国时期中国四大股份公司之一的先施有限公司的附属企业。东亚大酒店是当时广州规模最大的酒店，并以设施豪华而获“百粤之冠”的美誉。七楼天台花园设有娱乐场，在当时有“不夜天”之称，是国内最早将百货和娱乐活动相结合的大型综合商贸大楼之一。

东亚大酒店楼高七层，是民国初期广州较早采用骑楼形式的商业建筑之一，并以立面的丰富成为民国时期长堤大马路的标志性建筑。整个正立面可以分为三段。一层为挑高的临街骑楼，二至四层开有拱窗，四层有挑檐板外挑，五层中间开拱形窗、两侧开方形窗，六层每个开间有两个小拱窗，顶部还有三角形山花，两侧各竖一支旗杆。长堤寸土寸金，临街铺面狭窄，东亚大酒店夹在两栋骑楼之间，正立面仅12米宽，进深却有130米，且后部宽阔，是广州进深最深的竹筒屋式酒店建筑，也是密集型城市建筑的早期代表。

一高楼爱群大厦悬挂起巨幅毛主席像，城中处处张灯结彩，载歌载舞，锣鼓喧天。当时进入城区的解放军部队尚无住处，甚至夜宿骑楼屋檐之下，也绝不擅自进入民宅商铺。用完银元之后也不借用群众一分一厘，只以盐水拌饭充饥。秋毫不犯、军纪严明，使这支仁义之师赢得了广州人民的尊敬和爱戴。为纪念广州解放这一重大事件，市民把当时这支部队入城时所行进的道路更名为解放路，并一直沿用至今。

从大笪地到海珠广场

接管广州后不久，新政府就开始着手重建因战火和内乱变得狼藉不堪的市区。国民党撤退时炸毁的海珠桥于1950年修复通车，但桥头两边依然堆积着大片断瓦残垣。尤其桥北一带，是抗日战争时遭空袭轰炸受损最严重的灾区，原本繁华鼎盛的南堤商业区沦为废墟已有十数年，成为荒草丛生、杂秽堆积之处。由于长期无人管理，许多无家可归的贫民在这里搭起草棚，又有不少江湖艺人混迹其间，久而久之便吸引了一批小商小贩，他们在这里自行搭起摊档铺头做买卖。当时这一带被称为“大笪地”，人声喧嚣，热闹异常。

海珠桥修复后，桥头两岸的整治计划便提上了日程。最初的计划是要把大笪地修建成为一处市民休闲公园。市长叶剑英采取以工代赈的方式，让大笪地饱受战争苦难的灾民移居别处，并召集他们将原住地拆除清理为一处平整开阔的空旷地带。空间清理出来后，先在正中间设立一个交通环岛，使广场与周边道路连通，再分别于东西两侧栽种树木、铺设草皮。1954年，占地3.5公顷的海珠广场终于竣工，广州城第一个滨江广场诞生。

广州市内不少早期广场都是在清理战后废墟的基础上建设起来的，位于珠江边上的文化公园即是其一。长堤西堤段也是日军空袭广州过后遗留下来的重灾区，这一带和原本的大笪地类似，直到新中国成立前还一直是贫民聚居、小贩聚集的场所。1952年初，全国土特产展览会选定在广州举办，于是西堤灾区被迅速清理并重建为展览会会场，并于展览会结束之后改为岭南文物宫，后又改为文化公园。海珠广场开始动工兴建时，就以西堤灾区的重建经验为基础。到了1956年，在周恩来总理的直接推动下，新中国的第一场大型国际贸易盛会——广交会定址广州，初落成不久的海珠广场成为这次大会会场的不二之选。

为配合广交会的举办，海珠广场周边新兴建了不少配套建筑。1957年，主要用于接待侨胞的华侨大厦落成。这栋大楼装修豪华，内部还配置了电梯，甚至还专门聘请各地大厨以丰富菜谱，在新中国成立初期，这着实是难得一见的大手笔。华侨大厦两侧建有侨联大厦和侨光馆，其中侨光馆还承办了3届广交会。

1958年，广场边上又有一栋“广交会大厦”落成，即中国出口商品陈列馆（起义路馆），它成为广交会的新会址。至1974年止，这里共承办了29届广交会。这座大厦由南北副楼和中间的主楼组成，规模比华侨大厦更为宏伟，内部空间也相当宽敞，功能多样。大楼楼顶设有露天花园和舞池，作为市政府举办大型晚会、宴会的场所。1968年，海珠广场东北角崛起一座共27层、高达86米的摩天大楼——广州宾馆。修建这座宾馆是为解决日益增加的广交会来宾的住宿问题，同样是在周恩来总理的推动下，由中央直接拨款兴建。跟现在的广州塔被称作“小蛮腰”一样，这座大楼刚建好，就被广州市民取了一个“廿七层”的绰号。广州宾馆的出现，一

海珠桥把海珠广场划分为东、西两片。

海珠广场旁的中国出口商品陈列馆旧址内景。

举刷新之前由爱群大厦保持了三十年的“广州第一高楼”纪录，它不仅成为广州新的标志性建筑，也是当时全国最高的建筑物。

事实上，当时由于以美国为首的西方国家对中国实行经济封锁政策，中国对外贸易的对象相当有限，海外华侨是中国外贸的主要推动者，而临近港澳的广州则成为重要的贸易窗口。海珠广场周边的一系列建筑落成以后，与华侨相关的机关单位和企业便逐渐集中到这里。

同样由于当时的国际环境和外交政策的影响，中国与苏联关联紧密，广交会大厦、华侨大厦在设计之初，与新中国成立初期兴建的许多大型建筑一样，都采取了主楼高耸、两侧对称的“苏式”样式。这些大楼簇拥着广场正中心的广州解放纪念雕像，使当时的海珠广场彰显出一种庄严厚重、冷峻肃穆的格调。这种浑厚恢宏的气度，与同样位于珠江之畔的沙面岛上的一派西方风情，实在迥然相异。1963年，广州市开展了新一轮“羊城八景”评选，海珠广场及解放纪念雕像以“珠海丹心”之名入选其中。

时至今日，广州现存的“苏式建筑”已不多见，海珠广场及周边建筑群，为这座城市保留了独特而鲜明的时代印记。

从起义路到高第街

与海珠广场临近的长堤大马路、解放路、起义路、北京路一带，是旧广州城的中心区域。中华人民共和国成立后，城市进入快速发展时期，海珠广场的兴建带动了新一轮城建浪潮，这里也成为20世纪50年代后广州城的新地标之一。

然而随着时代的变迁及城市的发展，海珠广场已不再是广州城市中心，其政治功能和贸易功能已逐渐淡化。海珠广场也一改以往空旷肃穆的形象，如今广场附近成为商业街区，广场本身则仍作为一处民众休闲场所，也经常用作公益性的露天展览场地。原本环广场周边建起的一批旧建筑，在经过现代化改造之后也依然焕发着新的活力。已然修葺一新的广州宾馆，纯白色外墙在晴空之下异常显眼，而那座仿苏联样式兴建的广交会大楼，在改建为商场之后也慢慢隐去了厚重的历史痕迹。今天的海珠广场连同周边一带，已经成为店铺林立的商业街区，人来人往，车流绵密，各式粤菜餐馆、海鲜酒楼错落分布在高楼与街角，唯伫立在广场中心的解放纪念雕像未曾改变，默默向珠江凝望。

虽历经了数次翻新，但这片街区大片骑楼风格的建筑得到保留。解放纪念像身后是起义路，并不宽广的街道两侧竖着一排排廊柱，廊柱之后是店铺与人家。沿街的建筑已颇有一些年月，行走在骑楼之下，往往让人产生一种与时光错开的奇特感受：道路的尽头是人声攘攘的城市广场，这些声音和光影经由层层廊柱过滤与折叠之后，却为街道镀上宁静而朦胧的美感，仿似游历在一张慢慢褪色的旧照片之中。如果想感受一下广州的旧时风采，这里确实是绝佳去处之一。

在起义路、北京路之间，有一条著名的商业街——高第

修葺一新的海珠广场。

街。从乾隆年间起，高第街就是广州许氏家族的聚居地，街长一里有余，两边又延伸出许多暗巷与窄道，鲁迅夫人许广平就在这些错综复杂的街巷中度过了她的童年。许氏家族曾是清朝时广州城内的一支名门望族，至民国时期许氏家道中落之后，高第街渐成广州城内规模最大的百货集散地，聚集了许多工坊和商户，后又逐渐发展为服装、鞋业的批发集贸市场，尤其在20世纪80年代，这里是全国规模最大、最新潮的时装市场，外地人凡到广州，必到高第街一游，哪怕只看不买也要来这里过一把时装瘾，其知名程度可见一斑。

尽管如今的高第街已难重返往日盛况，但旧时风情却并未流失，如果在繁华热闹的上下九、北京路步行街走累了，逛一逛这条安静的老街也是个不错的选择。沿街家家经营店铺，以服饰店为主，这里并不像起义路那样骑楼延绵拼接，而是留下了大量20世纪七八十年代的自建楼房。许多楼房墙面已然斑驳，但各款各式的老房子却还彰显着各自的精致与独特，格局虽小但绝不雷同。短短数百米的街道两边，不少旧房子被列入广州历史建筑，在这片窄道旧巷里头转一转，甚至还能找到不少名人故宅、旧族祠堂……

海珠桥

海珠广场的规划和兴建在当时具有多重意义，除用作市民公园和广交会会场之外，它同时也担当着广州城市交通枢纽的重要角色。当时贯穿主城区的几条交通干线，到达海珠广场后彼此会合，与广州唯一一座架通珠江南北的大铁桥——海珠桥相连。

放到今天来看，偌大一个广州，仅仅依靠一座桥梁就能联系城市南北，实在是令人难以想象的。但在80多年前，广州城确实只有这一座跨江大桥。海珠桥于1929年底动工兴建，至1933年初建成通车，工期历时3年有余。到1967年人民桥建成通车为止，这座大桥在30余年间一直是广州从“河北”到“河南”唯一的陆路通道。即便发展到今天，广州已先后建起了18座跨江大桥，而海珠桥也到了耄耋之年，但桥上依然车流如注，行人不息。对广州市民来说，这座看起来一点都不起眼的海珠桥，才是真真正正、名副其实的“广州第一桥”。

民国以前，广州城规模尚小，区域划分也远没有现在这般复杂。珠江从城区流过，北岸一带长期以来是城市核心区域，南岸则是自宋元以来由河流逐渐冲积形成的沙洲陆地。随着沙洲扩大，便开始有人到南岸开田辟地、立村建祠，但南岸一带并未划入广州城之内。一直到清朝，南岸的开发也还远远追不上北岸，但此时的珠江水面却要比过去大大收窄了，当时珠江前航道的水面最窄处，甚至仅有200余米。那时候的南岸居民，就已经可以远远眺望对岸堤坝上高高筑起的戏台，也能隐隐听到粤剧班子的锣鼓之声了。也就是到了这个时候，广州城才真正有了“河北”与“河南”这个概念。

清朝末年，有人提议在珠江上修桥，但当时受限于技术水平，只能浅尝辄止。到民国年间陈济棠主政广东时，广州迎来相对安稳的发展期，其时广州城拆城修路运动已经完成，城内已无多余地带，而城市扩张又急需空间，与长堤隔河对望的河南地带自然成为首选，但从河北到河南却还只有舟楫一途，如此一来，筑桥之议就再度提上日程。经过长期筹备和方案筛选，广州政府最终决定仿照伦敦，修一座可开合的大铁桥。该桥桥址选定在当时的城市中轴线上，东西连接长堤商业圈，北面则与市政府、纪念堂、人民公园连成一线。方案出炉之后，美国慎昌洋行以103万两白银的造价竞拍中标，施工则交由美国马克敦公司负责。比之其他竞标公司动辄三四百万两

"海珠桥"三字为中国近代民主革命家胡汉民所书。

1933年海珠桥建成开通，时称"海珠铁桥"。

1937年，仍可开合的海珠桥。

的报价，以103万两花费建起这样一座铁桥，在当时已经是相当低廉的价格了，最终承建方也没有拖延工期，按质按量完成了海珠桥建设工程。

1933年2月15日，在广州市政府成立12周年当天，海珠桥开桥典礼正式举行，广州城内万人空巷，河南河北的珠江大堤上人头攒动。十几位"年龄最大、身体最健和子孙最多"的老人作为市民代表，首先踏上了海珠桥，数以万计的广州市民则跟随其后，在高喊着"强种救国""洗雪病夫"的口号中走过桥去——在海珠桥落成前一个月，日军已侵占中国山海关，一时之间抵御日寇呼声大盛，此时海珠桥的开通，无疑让市民倍增信心与自豪，这次大典便演变成为一场民间自发的声势浩大的爱国游行活动。

海珠桥投入使用后不久，桥上即亮起路灯，连接河南与河北的公交线路也随之开通。大桥每天开合四次，让体积较大的船只通过。长堤上的行人听到隆隆之声，往往停下来驻足观望，在堤边停泊齐整的大船列好队伍，从桥中间鱼贯而过，一时蔚为大观。巴金在散文《海珠桥》中记述了自己1933年在广州的见闻。他每日早出晚归，要从桥上往返南北，这座铁桥是他在中国所有都市中所见过的最大的铁桥，桥上的人生百态、城市中灯烛辉煌的夜景，都成为他难以磨灭的回忆。

1938年，日军开始空袭广州，海珠桥虽未被炸毁，但开合设备却遭到损坏。日军占领广州城之后，更是直接将整套设备拆卸运走。这是海珠桥所遭受的第一次劫难。第二次劫难发生在1949年。国民党军队从广州撤退的最后一刻，将预先设置在桥上的炸药引燃，使得海珠桥连同周边大小房屋，全部沦为废墟。

国民党炸毁海珠桥的计划，当时几乎已成为一个公开的秘密。10月起，市民就看见国民党士兵往桥上搬运炸药。各界人士纷纷行动，希望阻止当局对大桥进行破坏，但无一不以失败告终。10月14日下午5点50分，珠江水面上传来三声巨响，铁桥被拦腰炸断，钢筋碎石四处散落。爆炸的威力极大，离得稍近的永安堂、中原行等建筑均受到波及。在这起蓄意谋划的爆破中，原本安家在桥下木篷船中的疍民成了最大受害者。他们在爆炸前几分钟才收到撤离通知，许多人还来不及将船驶开，就平白无故成了水下冤魂。经事后统计，这起爆炸造成市民死伤者数百，房屋、民船损毁无数，广州城南北交通也因此瘫痪，在广州历史上留下惨烈的一页。

解放军接管广州后，抢修好粤汉铁路，接着便开始筹划修复海珠桥的方案。虽然铁桥桥墩受损不大，但桥身大部分已沉底珠江，加上国内缺少钢材库存，新中国成立初期国外对中国又实行经济封锁政策，海珠桥的重建工作难以开展。这座由美国公司修筑的铁桥，最终只能由国内桥梁工程师自力更生进行修复。衡阳铁路局钢梁队接下任务后，想方设法从江中打捞起部分桥身，又派人隐藏身份到香港筹措钢材，前后历时一年终于完成修复工作。1950年11月7日，市长叶剑英主持海珠桥第二次通车典礼。尽管重获新生，但海珠桥已不再具备开合桥身的功能，在这段珠江航道上，也再难一睹铁桥直立而起，船只过往如梭的景象了。

海珠桥虽然为珠江两岸的广州市民架起通途，但并未改变这座城市“北重南轻”的经济格局。一直到20世纪80年代末，广州城的城市中心依然在珠江北岸，尤其在民国时期，河北长堤是整个广州城人员流动最为密集的地方。大隐隐于市，广州城内最大的一处中共地下秘密据点，曾经就设置在繁荣热闹的长堤边上一座四层高的小洋房里。这座小洋房，表面上是广州城一家小有名气的航运公司“中原行”的办公楼。

1946年初，温盛湘租下长堤大马路的嘉应同乡会馆，创立中原行。中原行全称“中原运输商行”，老板温盛湘是中共地下党员，他化名为温梅先，靠自己在船运业界里打拼出一片天地，同时利用“船老板”的身份广开人脉，结交三教九流人士，为中共收集情报。国共谈判破裂后，

广州第一条横跨珠江的大桥——海珠桥。

席卷全国的内战即将开启，中共香港分局为早日做好准备，便与温盛湘取得联系，自此中原行成为中共在广州的一处秘密联络处，潜伏在广州的地下党员也以此为据点展开活动。

中原行在成立之初，专营往返广州与香港的航运路线，业务到达全盛期时，商行名下有20多艘货船。温盛湘便利用船运业务作为掩护，每月定期到香港与组织交换情报，且每次均上交数百元党费。除了情报工作以外，中原行商船也一直为向解放区输送物资的船只进行掩护。当时解放区内战略物资紧缺，部分物资需经由香港走水路输送，中原行商船每次都要代为报关，甚至贿赂报关员，让输送物资的船只免遭盘查，顺利北上。

广州解放前夕，中原行情报员获知国民党即将撤离广州，并打算毁坏城市主要设施的情报，温盛湘急忙前往香港通知组织，不想到了香港却扑了一场空——组织人员已经离开当地前往广东与南下大军会合。无奈之下，温只好一路辗转返回广州，此时解放军已经入城，于是他便召集地下党同志，连夜赶制一面五星红旗，悬挂在中原行外。

解放军接管广州后，中原行所在的小洋房成为广州市委的临时办公点。而屡立功劳的中原运输商行则化身为支前运输处水运科，利用西江航线，将解放军人员、辎重运往广西继续支援解放战争。

第六章

珠江边上的俗世生活

读一座城市，比如广州，要花上多长时间，是很难计算的。这大概是因为博物馆中的历史容易解读，一日两日三日，有时间花下去，自然就了解了。

但活体的历史不易读，需要你潜行游走于这个城市的心脏，经年累月地去听懂小巷粤音，去闻家家户户的煲汤味道，去食味道鲜美的粤菜，去喧闹的茶楼点一盅两件。这才是活体的历史，是存在于俗世生活中的鲜活，繁华似锦中的质朴。柔软，实在，不夸张，不粉饰。

01 书院书声：民间宗祠的兴起

走近豫章书院

豫章书院坐落在广州市长堤真光中学校园内。

书院前身，是广东各县罗姓族人集资兴建的合族祠。建于清光绪十六年（1890），落成于光绪十九年（1893）。书院之建立，既是为了方便广东各地的罗姓学子到省城考试、学习、食宿，同时也作为罗姓族人每年春秋祭祀的圣地。

因为罗氏族人是从江西迁入广东的，故这座合族宗祠改为书院时，便被命名为“豫章”（豫章为古代郡名，即今江西南昌、九江一带）。

如今的豫章书院是研究广州书院建筑很有价值的实体。哪怕历经岁月沧桑，豫章书院仍然保持着清代广东书院的典型建筑风格。这幢砖木结构的古典建筑深三进，主体建筑分别为下堂（头门）、中堂和上堂（祖堂），东侧原有衬祠，内有议事厅和魁星楼，现已被拆。

整个建筑占地面积600多平方米，木雕、砖雕、石雕等装饰均雕绘精湛细致。正门的石鼓、檐廊间的石狮常年暴露于阳光风雨中，但至今依然能以鲜活的姿态示人。尤其是石柱上的人物，不少颇具中亚人的体貌特征，鲜明地展现了广州作为近代海外贸易城市先驱的历史地位，是中西文化交流的实证。书院内的砖雕则极尽繁复，以内涵丰富、雕刻精细著称，其立体感强，线条流畅，人物须眉毕现，神态栩栩如

豫章书院头门（左）及内景（右）。

豫章书院

豫章书院修建于清光绪年间，曾是广东各县罗姓族人到省城广州参加科举考试的邸舍，后来成为长堤真光中学校舍的一部分。直到2002年，修葺后的豫章书院成为学校的图书馆。

修复后的豫章书院占地600多平方米，深三进，主体建筑有下堂（头门）、中堂和上堂（祖堂），头门石额上的“豫章书院”四字为清末重臣李鸿章所题。东侧的衬祠原有议事厅和魁星楼，因年久失修已拆除，但祠堂主体布局尚存，头门的封檐板、梁架的木雕、墀头的砖雕依然相当精细。

生，艺术价值极高。书院落成之时，曾请李鸿章为其亲笔题匾。很长时间内，“豫章书院”四个楷体大字高悬在这座书院头门的石额上，后湮没于乱世中，直到2000年才被真光中学的师生们发现，再度回归头门石额。

因年久失修，书院内的梁架、梁柱等一度出现不同程度的霉朽，屋面也多处漏水。经整修，现已基本重现其原貌。现在，整座建筑被作为真光中学的图书馆使用，并恢复其讲习功能，使之成为传统文化教育基地，时有师生往来其中。

古老书院书声再起，生机再现。

星罗棋布的书院群

刘伯骥在《广东书院制度》一书中，曾按书院的性质将其分为三类：纯为讲学课士的书院，兼具讲读与乡约的书院，以及纪念宦贤的书院。但我们这里所说的，是兴于清代晚期、星罗棋布、数量庞大的广州越秀区宗祠书院群。

宗祠书院的产生有其特殊背景。自清初两王入粤屠城之后，广州城已很少有五世以上的家族，无法建宗祠，只能由同姓族人建合族祠。但雍正十三年（1735），清政府颁“聚众结盟罪”，严禁民间私自结盟，禁擅自建寺、观、神、祠，省城首当其冲。祭祀向来是注重孝道的汉族人维系宗族血缘关系最重要、最隆重之仪式，一旦祠堂禁建，祭祀如何进行？书院（或书屋、书舍、试馆等）由此成为解决这一问题的重要途径。

可见宗族书院的产生及大量繁衍，与中国传统的家族伦理及以宗法血缘为纽带的家族社会结构有密切关系。这些“书院”与教育、科考等，有着千丝万缕的联系。那些赴省城参加府试和乡试的宗族子弟，就住在这些书院里。考完试以后，又在书院里等候放榜——这些宗祠书院的一砖一瓦，都曾经记录过无数士子的悲喜，承载过一个个宗族的期望。

由于宗祠书院主要是为应试族人服务，院址便大多选择在贡院与学政衙门周边。发展到晚清，在今越秀区自大南门至归德门（今大南路、大德路东至解放南路段）以北，归德直街（今解放路）以东，惠爱直街（今中山四路、中山五路）两旁，以及文明街（今文德北路）以西的范围内，窄窄长长的麻石地板两端，曾一度云集了数百家以姓氏命名、有宗族背景的书院、书室、家塾或家祠，街巷连片，其面积达3平方公里。这些宗族（祠）书院，如庐江书院（何家祠）、平所书院（赵家祠）、三益书院（江、何、黎三姓合族祠）、考亭书院（朱家祠）、濂溪书院（周家祠）、豫章书院（罗家祠）、陈氏书院（陈家祠）等，云屯星聚，形成了全国罕见的空前绝后的书院群，其密度与数量，都堪称全国之冠。

广州历史上，书院群曾经深刻地实现过“江山代有才人出”。书院内“桃李芬芳”，走出了一批又一批英才俊彦，在培养人才、推行德治、保存学术、普及教育等方面贡献巨大。进入近代以后，书院传播近代科学文化知识，对当时广州的政治、经济、文化、教育、学术等产生了深远的影响。遗存至今的大小马站、流水井一带气势恢宏的古书院建筑群，正是这一远逝时代的重要历史见证之一。

越秀古书院群中的（左起）粤秀书院、青云书院、庐江书院、考亭书院旧址。

弹丸之地竟汇集了如此众多的书院，这在全国都是罕见的。这些书院虽规制不尽完善，教学功能也有限，远无法与官立大书院相提并论，但其存在与发展，对于在近代以前的中国社会最大限度地普及初级或基础教育，起了很大作用。

这个书院群，位于今天广州中山四路的横沙书香街上。街道全长260多米，共有85间古老房屋，包括清代遗留下来的53家私塾和祠堂，因此被称为“书香街”。历经沧桑后，数百家宗族祠书院陆续因城市建设而消失，仅存庐江书院、考亭书院等数间古书院。

这些宗祠书院一度占据着城市中心最繁华的地段，与今日喧嚣的北京路仅有一巷之隔。穿梭在广州城央的北京路商圈时，绕过人流如水的步行街，仅仅需要一个转身，便能与流水井、大马站、小马站三条南北走向的街道打上一个照面。

物是人非。随着科举制度的结束，宗祠书院为考生服务的功能随之消失，以宗祠凝聚族人的意义也日渐淡化，于是，这些宗祠的建筑，便在风吹雨打之间，渐渐销蚀、破败，大多只余匾额上斑驳的字体、院落前随风摇曳的嫩绿小草、红色宫墙上静静趴着的方脊兽，仍在守护着辉煌而又儒雅的往昔岁月。

当城市的开发建设如疾风骤雨般展开时，古老的书院如同其他同样古老的建筑一样，免不了被拆除的宿命，但这经历了百年风雨的书院群，这一缕尘世书香，绝不该以这种面目沉寂下去。

如今，越秀区正致力于复建流水井和大、小马站的书院群，拟打造为“广府文化书院街”，尽可能再现清代书院群的历史风貌，延续古城文脉，为广州保留这段充满书香的城市记忆。

好在书院的气息终于没有随着时间的流逝而模糊，反而渐渐带上了一些触手可感的温度。

豫章书院背后的故事

豫章书院存在了100多年，它背后的故事，与年纪一样古老丰富。

与它相关的最重要的人物，首先是晚清权臣、著名政治家和外交家李鸿章：1900年，李鸿章短暂就任两广总督，曾为这座宗祠题写匾额“豫章书院”。李鸿章与豫章书院（罗氏大宗祠）的渊源，由来于他的恩师罗文俊。罗文俊曾为清代广东省所出的第二位探花，李鸿章参加科举考试那一年，他担任殿前阅卷大臣，从诸多应试举子的文章中甄选出了李鸿章，后又提拔举荐他出任官职。二人就此结下师生之缘。

有趣的是，李鸿章所题的“豫章书院”四个楷体大字中，“章”字最后一笔是穿头的，而落款中“李鸿章”的“章”字却是不穿头的。这一差异引发了诸多讨论和猜想：

或说书法无错字。中国书法中，常常会为了让字显得美观好看而稍稍在笔画上随意些；或说在同一篇幅的书法中，确实应该用不一样的写法来区分两个一样的字；或说古代本有书写时对尊者、长者的名字有所避讳的习俗。

但最后一种说法，似乎是大多数人更愿意相信的："章"字出头寓意着"进士出升"，因为豫章书院的修建，本就是为了方便各地前来赶考的罗姓宗族子弟，所以这出头一笔，也同样蕴含着李鸿章对前来应试的罗姓子弟们都能出人头地的期许之心。

这桩历史公案显然是无解的，某种意义上，也无需有解。

与豫章书院结缘的，还有一批工人。

1924年6月19日，沙面维多利亚酒店发生了一起刺杀事件：越南革命者范鸿泰试图刺杀法国驻越南总督麦尔林，事未遂，范鸿泰也因拒捕投江而牺牲。事件发生后，沙面英法租界当局颁布《新警律》，限制中国人进入沙面。在中国共产党的领导下，7月5日，沙面租界3000余名洋务工人集体罢工，联合抗议这一苛例。工人代表们在豫章书院内召开了会议，成立了广州各界联合反对沙面苛例大会执行委员会，办公的地点就设在豫章书院。斗争最终获得胜利，英法租界当局被迫废除《新警律》，工人们又在豫章书院内召开了复工庆祝大会。自此之后，豫章书院成为中国现代反帝斗争的重要遗址，具有重要的革命历史价值。

在这批工人中，有两个名字是我们后来耳熟能详的：周文雍和陈铁军。

作为广州市区各级工会的领导人，周文雍和陈铁军经常参加沙面罢工的指挥会议，在豫章书院出入频繁，结下情缘。1927年10月，周文雍被选为中共广东省委候补委员，投入广州起义的准备工作。在此过程中，陈铁军扮为其妻，掩护周文雍的工作。1927年12月，广州起义失败后，周文雍撤离广州。1928年1月，周文雍受中国共产党委托，回到广州，重建党的工作。27日，因叛徒出卖，周文雍与陈铁军同时被捕。

斗争中产生的爱情在生命的最后时刻结出了血色的花朵：临刑前，他们拍

修复后的豫章书院。

下最后一张合影。后人为这个故事起了一个名字："刑场上的婚礼"。人生最幸福的时刻定格在了人间最血腥的处所，可歌可泣。

今天，在广州起义烈士陵园，还有人们为这对爱人建起的纪念亭——血祭轩辕亭，由董必武先生亲自题词。

那些关于书院的往事，离我们已日渐遥远。但百年余香，至今袅袅不绝。

岭南建筑装饰艺术之集大成者：陈家祠

位于广州市中山七路的陈氏书院俗称陈家祠，筹建于清光绪十四年（1888），历时6年建成，是广东各地陈氏宗族共同捐资兴建的"合族祠"，其意义与上文提及的豫章书院（罗氏大宗祠）同。作为对捐资的回报，这些宗族可以将其祖先牌位放到陈氏书院的神龛内供奉——在古代，能将祖宗的牌位放入同一姓氏宗祠的神龛内，是一种无上的荣光。

岭南建筑发展到明清时期，建筑布局愈趋宏伟壮观，建

上图左起：陈家祠精美的陶塑、砖雕、玻璃蚀画、木雕。

筑装饰也达到高超水平，陈氏书院即为其代表。作为广东规模最大、装饰华丽、保存完好的传统岭南祠堂式建筑，陈氏书院今日之“三路三进九堂两厢抄”的格局，最终完成于清光绪二十年（1894）。

作为岭南祠堂建筑的典范，陈家祠充分体现了岭南建筑特色，并且整合了中西方建筑美学的元素，可以说是建筑技术与艺术的集大成者。它的整体由9座厅堂和6个院落、10座厢房和长廊、青云巷组成。整个建筑群的核心，为聚贤堂，其形制规格最高，体量最大。这是陈氏族人聚会议事的中心场所，面阔、进深各5间。每当举行重要的祭祖仪式时，门堂与聚贤堂内的屏门和隔扇便全部洞开，整个建筑的三进前后贯通，颇为壮观。

21世纪以来，陈氏书院以“古祠流芳”之名两度入选“新世纪羊城八景”，被誉为“广州文化名片”。

岭南建筑工艺向来注重装饰，明清以后进入成熟期的岭南建筑中，这些装饰技术更是成熟圆转、美轮美奂。

这一时期的建筑装饰更注重将实用与艺术相结合。尤其是建筑立面上最显眼的重要部位，如屋脊、墙头、墙面转角处等，均尽可能多方装饰，使其在保证结构之坚固耐用的同时，又美观而不单调。以屋脊为例，南方湿热多雨，对屋脊的防漏要求很高，屋脊即往往成为展示装饰工艺的最佳位置，或饰以陶塑，或施以灰塑，既不怕日晒雨淋，又鲜艳绮丽。室内装饰方面也不遑多让：雕刻精致而通透的屏风、隔扇、门罩、挂落等无处不在，既修饰室内，也无碍其通风、采光。

装饰题材上，则着重突出地方特色。举凡历史故事、神话传说、渔樵耕读、戏曲场景、飞禽走兽、奇花异草、山水胜境、亭台楼阁等，无一不可入画。独具岭南特色的瓜果花木，是岭南工匠们的最爱：或荔枝、洋桃、番石榴；或红棉、榕树、兰花、素馨花等。当然，与广州作为中外贸易中心港的形象相吻合，西式图案、洋人洋货亦常入画。

但最令人惊艳的，是岭南建筑装饰工艺的丰富多彩。石雕、木雕、砖雕、陶塑、灰塑、琉璃、壁画、金属画、玻璃蚀画等工艺，被运用得得心应手、出神入化。

陈氏书院集上述广东民间建筑装饰艺术之大成，它大量采用东莞青砖、广州花岗岩、石湾陶、东南亚坤甸木等优质建材，经能工巧匠的精心营造，形成了巧夺天工的“七绝”艺术效果：三雕（石雕、木雕、砖雕）、二塑（陶塑、灰塑）、铜铁铸和彩绘。整个书院建筑群犹如一座民间装饰艺术的璀璨殿堂，实实在在称得上是“天工人可代，人工天不如”（郭沫若）的“国之瑰宝”。

石材及雕刻被广泛地应用于岭南建筑中。陈家祠的石雕是清代广东建筑石雕中的杰出代表，聚贤堂前的月台栏板石刻，更代表了岭南石雕艺术中的精华。

木雕在岭南开出了两朵鲜花：广州木雕与潮州木雕。前者以实用为主，主要运用于建筑饰件和红木家具中。祠堂、会馆、庙宇等建筑物的梁架、封檐板，是木雕装饰的重点部位。陈家祠中数量最多、规模最大的装饰艺术，当属广州木雕。根据部位的不同，匠人们精心采取不同的技法，或高浮雕，或浅浮雕，或镂通雕，既求其美观，又保证其实用性。

砖雕常见于建筑的门额、墀头、墙头、栏杆、神龛楣边、天井照壁，以及通花漏窗上。与北方砖雕的粗犷、深厚不同，岭南砖雕别显纤巧、玲珑，既可组合，亦可单块。大面积的组合砖雕往往需数百块组成。陈家祠正面墙上的6幅大型砖雕为岭南砖雕中最著名者，每幅高2米、宽约4米。

陈家祠聚贤堂。

无惧日晒雨淋的陶塑主要装饰于建筑物的屋脊上。陈家祠聚贤堂上的陶塑瓦脊为岭南最具规模者：长27米，平均高3米。它们色彩鲜艳，在阳光照射下或雨水冲淋后，尤为鲜丽耀眼，是高空中一座日夜上演、永不落幕的戏台。

灰塑在民间又称灰批，是用石灰、麻刀、纸浆和铁丝等塑制而成的饰件，常用于脊饰和檐下、门楣窗框等部位，以及亭台牌坊构件。陈家祠的屋脊灰塑累计总长225米，规模之大为岭南地区之冠。

陈家祠的建筑中还采用了铸铁饰件。如聚贤堂前月台的石雕栏杆中，嵌有大小共16幅铸铁饰件，以“三阳（羊）开泰”“九如（鱼）图”“威凤祥麟”“云龙吐珠”等为题材。这些铸铁的使用，使连廊显得轻巧通透，显示出受西方建筑所影响的风格。而彩绘画则以正门两扇大门上的一对门神为突出代表，这对守护了陈家祠100多年的门神高达4米，以勾线重彩技法绘就，神情威严、顶天立地、肃穆迫人。

梁思成曾说过，“一个东方老国的城市，在建筑上，如果完全失掉自己的艺术特征，在文化表现及观瞻方面都是大可痛心的”。陈氏书院的建筑及其装饰艺术，幸而没有遗失“自己”，它是岭南民间审美集体表达的最强音。实用与装饰，结构与审美，逐一落实在陈氏书院的建筑群落里，恰如其分，使它看上去既不过于冷漠，也不过分奢华。它是务实而世俗的，却又是开放而融通的。

02 听曲叹茶：俗世生活的喧嚣情趣

这就是广州人啊

城市的发展是必然的。广州近几年的发展飞速，老城区渐渐进入拆迁重建的节奏中。

但还有事物在证明这座城市的过去。曾走过的幽深小巷，曾和家人早起排队喝的早茶，和小伙伴一起去过的东湖公园……都还在。如果想享受比平日慢的生活步调，你可以去老城区的巷子里，找找阿婆牛杂、红豆钵仔糕、大排档烧烤。城市的记忆，大多就停留在这些最具口腹之欲的饮食味道上。

最妙的是早上买一份报纸，到酒楼里点几个小吃，一边看报纸一边吃东西——这是广州极其平常的早晨。特别是老人，早起到公园里做完晨练后，便约上几个茶友或者家人，一边喝早茶一边聊天，一坐便是一整个上午。早茶的食物也非常丰富，但都是最寻常不过的粤式早茶点，肠粉、虾饺、烧麦、艇仔粥……满是浓浓的“粤味儿”。

岭南自古产茶，但饮茶成为广州的社会风气，则是近百来年之事了。广州成为对外通商口岸之后，对外贸易兴旺，生意洽谈、政治交易和其他礼俗往来渐渐被转到茶楼、酒馆里进行，饮茶渐渐不再是单纯的“喝茶”，而成为一种社交方式，茶楼自然也相应地成为社交场所。至20世纪二三十年代，广州开设的茶楼越来越多，饮茶成为市民生活的一大

广州生活一瞥

景观，著名的老字号茶楼也多半开设于这一时期，如咸丰年间的成珠茶楼、1875年的惠如楼、1880年的陶陶居、1889年的莲香楼、1897年的妙奇香酒家、1914年的东亚大酒店、20世纪20年代的北园酒家等。

“饮茶”，是最能见出粤人精神特质的一件事。在中国传统文化中，茶事之重要，上升到了“道”的高度。所以同居岭南，潮汕人就在工夫茶上表现出了全神贯注的茶道精神，严谨以待；但到了广州人这里，茶是放到“茶市”来对待的，表现的是无与伦比的商业性。

可见粤人重商。

追究其原因，大概与岭南的区位特征有极大关系。广州背靠南岭而面向大海，养成了向北相对封闭、向南极为开放的特征。有关于海洋对人类文化的贡献，德国哲学家黑格尔在其《历史哲学》一书中是这样描述的：“大海给了我们茫茫无定、浩浩无际和渺渺无限的观念，人类在大海的无限里感到自己的无限的时候，他们就被激起了勇气，要去超越那有限的一切。大海邀请人类从事征服，从事掠夺但同时也鼓励人类从事商业与正当的利润。”

的确，正是这种面向大海、江海相通、远离中原政治中心的特殊地理环境，“邀请”岭南先民“合理合法”地走上了与海内外交往、从事商业贸易一途。从广州成为南海海上丝绸之路发祥地起，广州一直是长盛不衰的千年商都，商业与其带来的财富所拥有的影响力席卷整个珠江三角洲，深入渗透到先民的血脉中，使得重商成为粤人共同接受、认可的一种社会风习与价值取向。他们对商业金钱的追求直接且毫不做作。这一情况，与屈大均在《广东新语》的描述是暗相吻合的：“广州望县，人多务贾与时逐”，因此“粤中处处有市”。

当摆脱贫困、追求财富成为粤人普遍的目标，日常生活也就处处体现出了这一内在需求的外在表征。

在这里，民间对财神的崇拜颇盛。岭南百姓家居的正堂上，赵公明元帅占有着最显赫的位置；年夜饭的菜式，必名为“发财就手”“金钱满屋”“年年有余”“财源滚滚”等；春节必食“发菜”；郊区农历正月二十四有生菜节，年下节庆舞狮也定需“采青”——所采之“青”，实则也是一棵生菜……凡此种种，皆因“菜”谐音“财”。

这种重商逐利之特质，是粤人在江、海交织的水网中形成的水文化特征中的突出一环。然而又不仅止于此。水文化所影响于这块土地及其子民的，还有开拓而非保守的进取意识。所以生活在这块土地上的人们，向来是开放、务实而善变的。

先民的商船在海上来来去去。去来之间，带进来的可不止是货物，还有外来的观念、意识与文化。它们滋润、影响、推动着岭南文化的发展，天长日久，赋予了它勃勃生机和别具一格的地域文化特色。粤人“对于外来文化的进入从容相待，有一种较为自觉的拿来主义的适应性。从得风气之先到领风气之先，已经形成了一种潜质，渗透到广府文化的各个领域。”凡能为我用者，何所不能用？遇事说实话，做事求实效，结果讲实惠，便最好。

“讲求实惠”的特征在日常生活中体现得尤为明显：对粤人来说，穿衣舒服适意即可，不需要那么讲究，可是饮食却万万马虎不得的。“衣食住行”四个字，“食”为首，“穿”则敬排末座。趿拖鞋、披睡衣上街觅大排档揾食，有什么不对吗？没有，舒适最重要。所以这个城市从来以“商都”闻名，却很少与“时尚之都”相联系，因为它务实，它的子民是平民化的、享乐至上的。

所以说，粤人勤劳善良精叻诙谐，他们做得又捱得，识食又识变通。他们都相信，在这片又湿又热却丰腴富饶的土地上，只要落手落脚肯做肯捱，桑基果基上长年花香果硕、应有尽有，一定能令它所奉养的人群安居乐业，温饱富足。

到海珠大戏院，看精彩绝伦的大戏

戏曲乃国之精粹，在时间的积淀中，无数剧种不断兴起发展，粤剧便是其中之一。

听戏的人在或悠扬或激昂中，体味感受的不独是唱腔之多变、韵律之优美、扮相之惊艳，往往更多的是故事中的百态人生。俗世生活的烦琐纷扰，在戏曲中获得了片刻的净化，寻得了某种仪式化的升华。这大概是老广州们痴迷醉心于粤剧的一大原因。

1902年，长堤大马路292号开设了一间戏院，挂牌为“同庆戏院”，两年后，戏院易主，更名为“海珠大戏院”。

戏院内部可容纳1900余人，它拥有三层楼的观众大厅，中央顶部为“倒锅”形状的钢筋混凝土结构，其容量之大，当属广州市所有戏院之最。戏院装修风格别致独特，座位被设计成了可移动式的，方便观众寻找到最佳的观赏位置。

海珠大戏院在装饰和陈设上也下足了功夫，花费了诸多心思：舞台口正上方，镶嵌了一块凸出的“二龙戏珠”的彩色图案，有着独特的色彩斑斓交融、相互辉映的大气美感；大门口和戏院的正面，则安装着极其吸引人目光的霓虹光管招牌，上面大书“海珠大舞台”数字——即使站在几百米远处，都能看得一清二楚，足见其恢宏大气。

而在对外宣传或在报纸上刊登宣传文章时，戏院又往往搬出“海珠大戏院”或“海珠院霸”之名号，自称为广州戏院之王、之霸，以此招揽票友。凭借其优越的地理位置、独特的装修风格，以及威震四方的名气，海珠大戏院在粤港澳地区声名远播，生意兴隆。不管哪里的戏班子，但凡是途经广州的，都希望能在海珠大戏院演上一场，以便“一登龙门，

海珠大戏院

位于长堤大马路，前身是建于光绪二十八年（1902）的同庆戏院，1904年改名为海珠大戏院。1926年，改建为钢筋混凝土结构和砖木结构，中央大厅为圆拱锅形盖顶，盖顶上有瓦八角亭一座，甚为壮观。三层的观众席共设座位1900多个，为了增加座位，院主甚至还压缩后台空间至3米宽，故当时因容纳观众多而被称为“院霸”，是当时广州规模和影响最大的戏院。因为海珠大戏院的规格高、客源大，即便在日本侵华和解放战争时期广州戏院纷纷倒闭之际，仍能演演停停的维持营业。海珠大戏院是广州绝无仅有的从清朝营业到中华人民共和国成立后的戏院。

新中国成立后，戏院经过两次改造，扩建舞台，加装天花、更换座椅、装设先进的灯光音响等，使之成为一个现代化的综合性多功能文化娱乐场所。

则声价十倍”。粤剧的各大名伶都将在海珠大戏院唱戏视作他们戏剧生涯中的无上荣光，甚至著名艺术大师——梅兰芳，也曾在海珠大戏院的舞台上登台亮相，悦耳之音，令人心驰神往。海珠大戏院一时如繁花着锦。

在老广州戏迷的眼中，到海珠大戏院去看一场精彩绝伦的大戏，是无比隆重的事情。每当好友前来拜访，相约听戏总是少不了的：品一杯香茗，哼一句老曲儿，台上精致美妙的步态唱嗓，台下发自内心的喝彩叫好，无疑为这座城市增添了一丝鲜活的人情味儿，也汇成了一幅生动形象、富有烟火气息的市井画卷。不论身份不论年龄，在这个和谐精彩的戏园子里，所有人都只是一个喜爱听戏的票友：卸下一身的疲惫，闭上眼，仔细聆听，这一刻，戏比天大。

1948年，海珠大戏院被改成了夜总会继续经营。中华人民共和国成立后，海珠大戏院被移交至广州市演出公司管理，经营慢慢回到了正轨。

随着时代的发展，诸多新奇事物被引入老百姓的生活中，海珠大戏院不再如昔日一般门庭若市。没有戏迷的探访，这座戏院逐渐失去了其鲜艳明媚，只有一帮老戏迷们依然流连于此。可是，100多年的经历还是让它宠辱不惊，与周围那些起于清末民初、见证过老广州戏剧文化繁荣时期的著名戏院一起，静默地在时间之河中流转成广州现存戏院里首屈一指的“长者”。

近几年，当人们再次走在长堤大马路上的时候，会惊讶地发现，经过改造后的海珠大戏院又开始焕发出新的活力。尽管外观重现的是20世纪30年代所独具的老广州风情，但戏院内部装修则是现代化的：可以拖拉升降的舞台，依然可以移动的座椅……那个似曾相识的舞台上，演出的已非旧时剧目：“栋笃撑”的粤剧大戏被时髦的蒙太奇多媒体戏所取代。戏院致力于将这里打造成广州乃至全国最先进前卫的“商旅剧院”。

对于广州的老戏迷们来说，这就意味着从此再难有嗑着瓜子，喝着暖茶，看台上一出出粤剧大戏的时光了。

每个飞速发展的城市，都会有一些这样的角落，聚集着这样一群人，努力寻找并保存城市记忆深处的温情。当日夜轮转的节奏太快，让人们挣扎前行的同时慢慢多了回望，那便说明我们也许需要停下来，与过去的生活做一次对话了。

粤剧之于现代生活，大概也是这样：哪怕剧院的表演形式已随时代发展的潮流被改变，老戏迷们对粤剧大戏的痴迷与传承仍在。长堤路上的街头巷尾，还是偶尔能够听到咿咿呀呀、味道正宗的粤剧大戏。

粤剧艺术博物馆：身临其境也声临其境

让我们去永庆大街，街道的最末端，有粤剧艺术博物馆。

里面有戏服，有头饰，有关于粤剧历史的故事，有或无声或有声的粤韵。这里没有你找不到的历史故事，只有你未曾听过、未曾接触过的戏剧温柔。

粤剧艺术博物馆位于广州市荔湾区，与广州许多著名建筑一样，也拥有浓烈的岭南风格。它还是具有水乡特色的中国园林式博物馆：青瓦白墙里，精心安顿着许多错落有致的假山以及花草树木；回廊月门，花格小窗，各在各应有的位置上；馆中央流淌不息的瀑布，是全馆活力的来源。整体看，

在曲艺茶楼后台化妆的粤剧演员。

这个大院落吸取了岭南庭院“连房广厦”式布局的精髓，精致典雅而大气优美。

荔枝湾涌是一条分界线，将博物馆分成了南北两岸。北岸主要集中于文物修复功能以及粤剧的传承及保护工作，南岸则是主馆，展览、演出等公共类活动均集中于此，为仿古园林风格的建筑，由一个中心大水庭配合着“别院声歌、普天叹曲、梨园种声、銮舆载乐、吉庆别馆、琼花畅曲”6组别院。广福戏台临水而建，隔湖听曲，有格外悠远空旷的味道。

馆内搜集了大量的音频资料，让来访者能够听到不同的唱腔，身临其境也声临其境；还能让大家直观地对比多种乐器，听每一种乐器的独特声音，享受一场听觉盛宴。视觉的冲击也是必不可少的——馆内有专门录制的视频，具体地演示了粤剧演员的各种身法、步法、功架等，内容极为丰富。

粤剧之萌芽和兴起，在明末清初。其时，广州、佛山等地商业兴盛，客商云集。每逢神诞佛降等节日，多省外戏班来此演戏，成为自娱、娱神的重要方式。受此影响，本地戏班也开始组建——这大概就是粤剧之发源了。

粤剧艺术博物馆展出的粤剧服饰。

一年四季，只要遇上节日，广东各地往往“结彩演剧”。当时的戏剧多以民间故事为题材，外出演出时也多乘红船（故也称粤剧演员为“红船子弟”）。表演时，“鸣金吹角，目眩耳聋。然其服饰豪侈，每登场金翠迷离，如七宝楼台，令人不可逼视”，可见其盛况。

“粤剧”之称，始于清光绪末年（在此之前，曾先后有“本地班”“广腔班”“锣鼓大戏”“广府戏”“广东大戏”等称谓）。这个时期的粤剧，声腔已形成了以梆子、二黄为主的格局，角色共分为十大行当，表演的剧目，既有动作紧凑、武打精彩的正本戏，也有文静的折子戏，以及柔和委婉的文人戏，最终成就了粤剧这颗南国红豆“热情如火，缠绵悱恻”的兼容特色。

八和子弟心中不变的信仰

除了粤剧艺术博物馆以外，与粤剧相关的建筑，当属八和会馆，一个由邝新华、独脚英、林之等粤剧艺人所建立的粤剧全人的行会组织。其成立，让粤剧的传唱人达到了空前的团结，保障戏班在清廷解除了对粤剧的禁令后快速恢复其正常的营业状态。

八和会馆刚成立不久，粤剧各个行当里出类拔萃的带头人薛觉先、马师曾、桂名扬、任剑辉、白雪仙、罗品超、陈笑风、林小群等都先后加入该馆，八和会馆更显得如虎添翼。

清光绪十五年（1889），八和会馆在广州黄沙海亭街（今梯云西路附近）悄悄成立，标志着广州粤剧本地班终于有了自己的行业组织，也标志着粤剧的活动中心从佛山转移

粤剧艺术博物馆全景。

八和会馆内的粤剧演出。

到了广州。原会馆于1937年毁于日机轰炸，1946年，新八和会馆落成于恩宁路。所谓“八和”，即和合八方之意。

在此之前，广东曾先后有过琼花会馆、吉庆公所两个粤剧艺人行会组织。粤剧行内至今仍有“未有八和，先有吉庆；未有吉庆，先有琼花”之说，可见其先后传承关系。

八和会馆按照艺人的行当和在班内的职务，将他们分别划归八堂：永和、兆和、福和、庆和、新和、德和、普和、慎和等八堂口。八和会馆顺理成章地成为广东粤剧行业的首脑机构和艺人集中地。鼎盛时期，八和会馆共有6000多名会员，190多位粤剧名伶围绕着它择居，恩宁路一时成为名副其实的“粤剧之街”。

当时会馆各堂均设有宿舍，用以安置失业艺人和每年散班后无家可归的艺人。不同行当的艺人们住在不同的堂馆内。馆内还设有养老院（收容赡养老年无依的艺人）、安息所（料理去世艺人的后事）等机构，且开办了八和子弟小学、八和粤剧养成所等学校和科班。从这些设置中不难想象，当时的八和会馆在团结艺人、协调戏班关系、倡办艺人福利事业等方面，一定是发挥了不小的作用的。

没有规矩，不成方圆，在成立八和会馆之后，会馆内实行行长制，第一位行长为邝新华。行长在行内具有至高权威，从戏行事务到艺人家庭生活，无所不管。以当时的情况来衡量，会馆的管理算得上颇为严谨。

除此之外，师徒传承也是戏班制度中的一大特色。演员的师徒关系规定要有三任世班，一任世班为6年，也就是说，只有18年以上工龄的名演员才能收徒，因而十分难得。

随着粤剧体系的完善，粤剧开始不断向各地扩张发展，它们就像蒲公英的飘絮一样飞向各处，根茎却始终扎在那片最初的土地中，因此广州的八和会馆始终是海内外粤剧人士心中无比神圣的“母会”，是百年来粤剧艺人们的“根”。

西关大屋，身份与地位的象征

你一定得去看看西关大屋。

“西关”，指的是广州荔湾区一带，它北接西村，南濒珠江，东至人民路，西至泮塘南岸，因明、清时地处广州城西门外而得名。这块冲积平原地势低平，河涌交错，其东北部略高，称为上西关；西南部和南部则较低，称为下西关。

根据记载，直至明初，此地还大部分为池塘、菜地。到明朝中叶，大量人口、物资、财富汇聚于此。根据屈大均《广东新语》所记，西关一带“百货之肆，五都之市，天下商贾聚焉”，西关水域更是“番舶衔尾而至”。当时，下西关涌中游在多宝坊东分为两支，上支向东延伸至华林寺南，下支则南入大观河，西关最早的商业区——十八甫街墟即大半沿着此大观河建立，成为西关最繁华之地。原大观河河面狭窄，阔不过二三丈，宽处能容三船并排，窄处仅能容一船游弋，两面商铺林立，烟馆、赌档、妓寮等，时时掺杂其中。直到清中叶，西关十三行兴起，同治、光绪年间又开辟宝华坊、

逢源大街、多宝大街等新街道，方才陆续形成了今天西关旧街巷的原始布局。

由于商业繁荣、居民密集，这里在岭南原有民居样式的基础上，吸取了苏州等地大宅院的主要厅堂布局特征，发展成既彰显身份与地位、又与西关的环境特征相适应的特有的民居样式——西关大屋。

典型的西关大屋一般占地500 ～ 900平方米，为砖木结构建筑，看上去古朴威严。青砖石脚，麻石装嵌的高大正门，极尽细节之美；屋内装饰精美华丽，明亮通透，大厅与花园相结合，视野尤显开阔。

大屋布局工整，有一条明显的中轴线：从临街凹入的门廊沿中轴线依次为门官厅、轿厅、正厅（神厅）、头房（长辈房）、二房（饭厅）、尾房。其中，门官厅、轿厅、正厅均为金字顶，各厅之间以小天井相连接，上有通透且采光良好的天窗——秋气深浓时，透过天窗远眺，格外高远辽阔。居屋讲究“风水”，故为免“散气”“漏财”，后墙通常是封闭无窗的，同时也可挡隔北风和屏蔽。中轴线两侧为“书偏”，即书房、偏厅，是家属休闲与接待客人处。偏厅前临街的倒朝房，通常为宾客临时用房。“书偏”之后，为卧室和楼梯间，最后是厨房。

左起：西关大屋的厅堂和天井、庭院、满洲窗。

全屋以正厅居中，是供奉祖先、接待重要客人、全家聚集之处。卧房全用屏门与满洲窗灵活间隔。总体来说，整幢大屋采用了左右对称原则，其布局层次分明、长幼有序、尊卑有别。

西关大屋的正立面独有风貌：明间檐下有雕花封檐板（花荏），正门有“三件头”（脚门、趟栊和大门），墙壁则开创广州地区建筑采用饰面砖的先河——以水磨大青砖以及花岗石贴脚。而正门中的脚门既可遮掩视线又可通风，趟栊则兼具防范外人与通风之功能，都是适应南方炎热气候而出现的建筑构件。

至于室内装修，则木雕、石雕、砖雕、陶塑、灰塑、壁画、石景、玻璃花、铁漏花、蚀刻彩色玻璃等工艺，同时兼收并蓄。最值得一提的，是后来也被应用到骑楼建筑中的满洲窗，这是西关大屋最富有特色的元素之一。这些窗格由许多五颜六色的蚀刻玻璃制成，制作工序极其繁杂，往往需耗费很多人力物力。

荔枝湾的小画舫斋也值得一观。小画舫斋建成于1902年，是一座环形园林式西关大屋，中间围着一座花园。整个建筑的设计与陈列于简朴之中又不失大气，具有浓厚的岭南建筑气息。舫斋门口的匾额之下，有一方石头，上面刻着清末书法家苏若瑚的亲笔题字——小画舫斋。建筑以白色花岗岩贴脚、水磨青砖砌墙，明净整洁。正门一进门，有一座木雕通花套石刻红花玻璃大屏风，屏风后面便是门厅。门厅连着长廊，长廊上置一座半边亭，名为“诗境亭”——各建筑细节安排流畅，绝无违和感。西边设有“船厅”。门厅的形状神似船舫，院落因此得名“小画舫斋”。

此外还有多宝坊的李文田探花第。探花第距今已有100多年的历史，其中仅存的西关大屋式建筑，名为“探花书轩”。原屋在1989年修缮时，存有正厅，左、右偏间，门厅，外廊和书偏。从它的格局上看，大厅对向天井，内院枕临多宝涌畔，全屋环境清幽，舒爽畅快。

除此之外，多宝路、逢源路、龙津西路一带，也还仍然能够发现一些存留的西关大屋建筑。

上下九恩宁路老骑楼的阳台。

左：永庆坊。右：李小龙祖居。

最“广味”的老街：恩宁路

恩宁路是个值得细细品味的去处。

恩宁路与上下九之间，只隔了短短一条第十甫路。广州“一口通商”之后，西关成为最为繁华的商业地带。上西关是成片的纺织业工场，下西关则挤满了众多富商豪绅以及社会名流的庭台宅院。恩宁路上便集合着西关骑楼的建筑精髓，是全广州最完整和最悠长、最具“广味”的一条老街。

虽然老街长仅1115米，可是从头走到尾，你便能轻易地捕捉到老广州旧时的优雅和从容：骑楼街、西关麻石巷、趟栊门、小洋楼、竹筒屋密集于此，永庆坊、詹天佑故居、李小龙祖居、李文田书斋、粤剧博物馆、八和会馆、金声电影院……也密集于此。它们毫不张扬，但却植根在岭南文化最深层悠远的记忆中。

永庆坊，就躲在骑楼与骑楼之间的小巷里。

在完成渐进式的微改造后，老街老房有了新颜色。今日之永庆坊，有渐行渐多的游人，有满洲窗、趟栊门、黄包车、活字印刷等，这些元素共同组成了永庆坊新貌，成为年轻人的打卡圣地。可见旧时风物所代表的并不只是厚重的历史，也足以成为新一代年轻人追根溯源的依据与指引。

恩宁路十二甫西街颇具园林特色的拱门后，青石板路末梢，是詹天佑故居。这座青砖砌就仿古围墙的西关大屋，除侧墙外，其余均为参考清末民初的民居样式而还原的。屋内所有陈设均按詹天佑旧时生活环境的原貌摆放，趟栊门、酸枝家具、彩色玻璃屏风，以及墙上悬挂的国画，年深日久后，已明显有了磨损痕迹。

故居的后院，是詹天佑小学，里面的京张铁路小样景，定格了詹天佑毕生的追求与成就。

将名人故居与学校融为一体的，还有培正小学内的李小龙祖居。

永庆一巷从头走到尾，不过百来米而已，李小龙祖居就在巷尾。这幢三进深、一正两偏的砖木结构建筑曾年久失修、残旧破落，修缮改造后，其面貌便清晰显现：有雕花大梁，有彩色雕花，也有玻璃屏风。正是西关大屋的典型标志。

广东的李小龙祖居，一共有两处。一处在佛山，为其祖父李震彪所建，面积仅51平方米；广州的李小龙祖居则为其父李海泉所建，建筑面积约400平方米，比佛山的翻了三倍。

今天我们登上銮舆堂（前身为八和会馆下的德和堂）的天台，即可尽观恩宁路永庆大街的全貌。鳞次栉比的西关大屋、红筒瓦坡的屋顶、青砖砌就的围墙、斑驳剥落的墙体，与不远处的高楼共立于一片天空下，新与旧，过去与现在，在这里奇异地和谐着。

要让城市留下记忆，让人们记住乡愁。

传统骑楼建筑的前世今生

既到恩宁路，如何能不说说另一传统建筑——骑楼。

广州市区内，如今仅存36条骑楼街。其中，恩宁路、龙津西路和上九路、下九路、第十甫路相连，是广州最长、最完整、最具传统特色的骑楼街。

长堤一带保留的完整且最有特色的骑楼，是在时任两广总督的张之洞倡议下修筑的。当时广州市区道路狭窄而闭塞，不利于车马往来，为改善交通问题，张之洞根据香港的建设经验，建议在拟修筑的长堤上建骑楼。在给光绪皇帝的奏折中，张之洞这样描述："一经修筑堤岸，街衢广洁，树木葱茂，形势远在其上，而市房整齐，码头便利，气象一新，商务自必日见兴起。……修成之堤一律建筑马路以便行车，沿堤多种树木以荫行人，马路以内通修铺廊，以便商民交易，铺廊以内广修行栈，鳞列栉比。"但张之洞不久便调离，于是他所设想的"铺廊"，便仅仅出现于奏折中。

直至陈炯明治粤，骑楼建设计划才真正提上日程，并最终得以实现。三四层高的小楼，一楼经营商铺，二楼以上住人。二楼向外伸到人行道上方，由两根柱子支撑，形成凹廊。这就犹如二楼"骑"在一楼之上，于是得名"骑楼"。

但真正决定骑楼命运的，是广州的自然地理气候。广州属亚热带气候，冬无严寒，春无沙尘，所以沿街店铺并不需要像北方那样门面封闭。骑楼一层的铺面内缩所自然形成的人行道，于春夏多雨季节时可避风雨，于夏秋阳光酷烈时又可防日晒，让老广们如何不喜欢！

除此之外，骑楼两侧的商店也可以敞开各自的门面来陈列商品，吸引过路的人群。骑楼连绵成街，其商住合一的建筑风格为广州居民带来了巨大的便利，让他们的衣食住行更为舒心畅快。

随着越来越多骑楼建筑的落成，这种风格与形式的建筑便逐步地形成广州街景的主要格局，构成了广州旧城的骨架，更反映着20世纪初的广州的城市发展状态，是具有里程碑式意义的标志。

骑楼的起源，最早可以追溯到古希腊时期的帕特农神庙。较为新式的现代骑楼则起源于英国殖民者在印度所建造的“廊房”，此后渐渐传到东南亚其他地区。而广州人最终打造出来的骑楼，在西方建筑风格的基础上，还结合了中国传统的干栏式建筑元素，更实用、更商业、更平民。总体来说，它可分为三部分：廊部、楼身、楼顶。

廊部在一楼，其高度一般为4 ~ 6米，偶尔也高达8米。建筑的前部为柱廊，后部为店铺，连续的柱廊和沿街建筑立面组合在一起，便形成了富有岭南特色的骑楼街。

二层以上为楼身，一般为住宅。楼身临街立面多为西式造型，墙面的浮雕图案、窗洞形式、线角以及阳台的铸铁栏杆等，都融合了西方的巴洛克或洛可可装饰风格，再加上多道腰线与线脚的融会贯通，整个墙面便层次清晰而富有变化了。色彩上则以当地盛产的贝灰的白色和调加的米黄色为主，淡雅、清新而和谐。

楼顶有山花和女儿墙。山花是在立面上的一种三角形山墙花饰，有意设计成曲线型和半圆形，是屋顶的重点装饰部分。山花两边的矮墙即女儿墙，出现在天台边缘以及檐上以上的位置。骑楼上的女儿墙图案相对简单，以实用性为主。

骑楼的形式多样，但大都没有跳脱出西式人文的内核。然而，广州骑楼的建筑风格实际上并不是完全一致的，还可以有西关骑楼与东山骑楼之区分。

西关骑楼是早期骑楼建筑的代表，其外观主要以巴洛克风格的装饰为主，楼身的设计元素也大多直接彰显了古罗马的装饰特征，如罗马柱、卷曲花纹等。此外，西关骑楼还在相当大程度上融入了中国传统建筑的特色，如墙体多使用中式的清水砖材料。当然，最具中式建筑特色的，则是满洲窗——它是由一块块细小

恩宁路的骑楼街。

的彩色玻璃组合而成的方形窗，并且顶部的山花挑檐也特地做成了独具柔和意境的拱形顶。

相较而言，东山骑楼出现时间较晚，其建筑风格中所涉及的现代化构思也较西关骑楼突出，整体造型上更为简洁。

中西方建筑形式相遇，然后有了独具广州特色的骑楼。不同文化间的碰撞与结合常有，不常有的却是攫取精华为我所用的独到眼光与老练智慧。在这一点上，粤人有着当之无愧的精明。

垂涎欲滴，欲罢不能之舌尖广州

说广州的传统文化，粤式美食是避不开的话题。

广州人在美食上的造诣是天下闻名的。自古以来，粤菜就位列中国传统八大菜系中，它由广州菜、潮州菜以及东江菜这三种地方风味共同组成，每一种风味都自有其独特性。

近百年来，粤菜已经成为国内最具代表性和最有世界影响的饮食文化之一。在世界各国的中餐厅里，粤菜都被视为主打菜系。

食在广州，不仅仅因为广州的饮食丰富及美味，更因为广州的饮食之道有着深厚的文化内涵，可以淋漓尽致地反映出这里的人们开放、务实、善变的特性。

广州如此“讲饮讲食”，不是没有原因的。

外地人常说，“广州人什么都敢吃”，一个“敢”字，揭露了广州人在饮食上取材百无禁忌、用料驳杂的秘密。这种食材上的“拿来主义”，大体与广州所处的地理气候密切相关。这里地处亚热带，紧邻热带地区，依山面海，河网密布，自古气候湿热，“瘴疠”“蛮荒”的同时，也适宜于动植物生长——对于能吃好吃敢吃的广州人来说，这些丰富的物产，何啻于上天送到嘴边的美食！

天赐之物，不可糜费。家禽家畜、鱼虾贝蛤、瓜果蔬菜，无一不可端上餐桌、送入嘴中。

此外，就是唐代段成式在《酉阳杂俎》中提到岭南食俗时曾经概括的：“物无不堪啖，唯火候，善均五味。”也就是说，在无所不食的前提下，粤菜的美味秘诀，还在于火候与调味。

粤菜之美味，还得益于珠江三角洲在商业上所取得的成就。对外贸易的繁盛，使珠江三角洲成为富庶之地，广州更是商业兴旺、经济发达。来自国内各地的食材以及外国的舶来品齐聚，各种风格迥异的饮食流派共存，彼此碰撞的结果，便是极大地丰富了岭南饮食文化。不管是北京的，浙江的，山东的，四川的，福建的……广州人不问出处，不管来路，以开放而务实的心态，灵活通变，只取自己所需熔为一炉。正是这种十足自信的姿态，终于使粤菜在保持、发展自身特色的同时，于当地传统美食的基础上，形成了兼容南北、合璧中西的风格，确立了粤菜在全国的名菜地位——这是风味独特的粤菜长盛不衰的完整秘密。

粤菜的历史十分悠久，起源可远溯至距今2000多年的汉代初期，在中原的移民进入广东之前，岭南的先祖们就已经形成了不同于中原的饮食风格。由于物种丰富，狩猎和获得的途径便利，便于直接烹饪，岭南先民们便养成了喜好鲜活、生猛的饮食习惯。其后，随着中原民族的不断迁入，“脍不厌细，食不厌精”的中原饮食风格才慢慢地与本地饮食习俗融合起来。

汉代以后，广州成为中西海路的交通枢纽；唐代，广州成为我国主要的进出贸易口岸，是世界上都能排得上号的大港口，外商集聚，商船不断；南宋都城南迁，众多御厨和技艺高超的厨师都云集于广东；元代以后，广州是内外贸易集中的口岸和港口城市，商业兴旺繁盛……这些因素共同带动了城市的饮食服务，为粤式饮食提供了非常重要的场所与契机，促使粤菜的烹饪方式和风格渐趋成熟。

明清两代是粤点、粤式饮食真正自成体系，进入成熟和发展的时期。这时的广州已经成为一座商业大都市，商业模式的发展空前繁荣，闹市通衢遍布茶楼、酒店、餐馆和小食店，各个食肆争先恐后地推出不同的新鲜菜品，希望留住过路食客的“芳心”。一时之间，百家争鸣，百花齐放，食品之丰，款式之多，世人称绝，“食在广州”这一说法便自此流传。

粤菜的主体和代表是广府菜。广府菜的烹调方法达二十一种之多，最常用的便是炒、煎、焖、炸、煲、炖、扣等，讲究火候，其菜品注重色、香、味、形，口味上则以清、鲜、嫩、脆为主，清而不淡，鲜而不俗，嫩而不生，油而不腻。除此之外，广州菜的时令性非常强，在夏季和秋季更偏向于清淡的口味，但是一到冬春之交，则更为喜好浓郁的口味。其实广州菜最擅长的还是小炒，要求火候及油温都恰到好处，在摆盘及设计上都更加注重菜的气势和档次。较为常见的广州菜色有白切鸡、白灼海虾、明炉乳猪、挂炉烧鸭、蛇羹、油泡虾仁、红烧大裙翅、清蒸海鲜、虾籽扒婆参等，无不让人食欲大增，垂涎欲滴。

潮州菜发源于广东潮汕地区，是粤菜中的主干菜系，汇闽、粤两地之长，风格独特，擅烹海鲜，味道鲜美。潮州菜中最具特色的是素菜、汤类，以及甜菜。

东江菜则是客家菜中的一派，起源于东江流域，菜品制作时大多使用各种肉

类，很少使用水产食物，下油重，味偏咸，其中最具特色的便是砂锅类，有独特的乡土风味。

三种菜各有所长，各擅其味。历经时间的淘洗，粤菜其实已经不仅仅是一个简单的菜系，更多的时候，它入于口而咀嚼于心，是一种情怀，一种传承，以及一个族群的延续。

粤菜并不一味地追求味美，也常常体现其“务实”的一面。这一点，在“靓汤”上面有完整的体现。靓汤是广州人传承数千年的食补养生秘方，不仅要精选物料，精心烹调，还必须根据物候变化、身体状况来调养身体。在这点上，“什么能吃”已经不是最重要的问题，而是“什么时候吃”“吃什么”和“怎么吃”的问题了。这些慢火煲煮的老火靓汤，火候足，时间长，中和了的药味融入美食中，既能起到中药材的药效，又不像普通中药一样苦涩，难以下咽。

“饮茶粤海未能忘。”喝茶是广州饮食文化中一件极重要的事。

广州人有喝早茶的习惯。在广州的街道上，清早相逢，人们互致问候时往往并不如其他地方那样惯常地问“吃早饭了没？”而是“饮咗茶未？”

但广州人的早茶可不只是简单地喝一杯茶而已，它自有一套完整的程式：需上茶楼，不仅饮茶，还要吃点心。以肠粉、叉烧包、虾饺、烧麦等为代表的广式小食与点心，花样繁多，只需三盘两碟，便可悠然恣意。

在“饮茶”一事上，粤人之“务实”特征表现得尤为淋漓尽致：普天之下，除了无处不商业的粤人，还会有哪个地方的人将原本如此清逸雅致之品茗，实现为如此接地气、如此闹哄哄的“茶市”？洽谈生意会见客人，请上茶楼饮茶；亲朋相聚好友探访，请上茶楼饮茶。所以“饮茶”之意不在茶，而在于商业与交际活动——除了填饱肚子，再扯上几句家长里短，分享一些鸡毛蒜皮的小事，又或是谈一次生意上的合作。这一方式，人情味儿浓，烟火气息也重。

街边摊档上的诸多美食，最接地气。它是抚慰乡愁的最好去处。想要触摸一个城市最隐秘而有力的脉搏，非此莫属。

萝卜牛杂是其中最有名的。这是老一辈广州人内心深处的记忆：脆爽的白萝卜、新鲜的牛杂，再辅以佐料长时间炖煮，香味便慢慢钻出来，飘荡在广州各个大小街巷中。买上一份，边走边吃，是街头常见的风景。

甜食则一向能修复你的心情。广州有特色的甜食不少：清甜的西米露，香浓的芝麻糊，醇香甘甜的双皮奶，姜味浓郁的姜撞奶……都是非常有名的糖水甜品。坐在古色古香的店铺里，慢慢地品味一份甜品，是茶余饭后最温暖舒适的放松方式。

在并不以面为主食的南方广州，云吞面也是老广们钟爱的早餐小食。一碗上乘、正宗的云吞面，总需云吞皮滑馅多、竹昇打的银丝面柔韧有弹性、汤底滋味浓郁，最后一定要放上些韭黄，才能令老广们食得心满意足。

烧味食物在广州也十分有名。烧腊其实分为“烧”和“腊”两种，是色香味俱全的传统名菜，包括烧鹅、乳鸽、乳猪、叉烧以及一些卤水菜式。广式烧腊的口味略带广东人喜爱的甜味，口感则老少皆宜。摆上一桌子的烧味，再煲上一锅浓厚香醇的广府靓汤，你一定会感受到前所未有的平静与满足感，快节奏的生活中需要的，恰恰是这种宁静致远的安宁。

及第粥是粤式粥点的代表。以腐竹、白果、大地鱼等为粥底精细熬煮，粥色鲜白，米水交融，味鲜香厚，口感绵滑。食用时，加猪心、猪肝和猪粉肠滚熟，撒上花生米和切碎的油条，再配上一小碟蛋散，便是绵滑鲜味。

…………

美食是可以治愈灵魂的良药。倦怠而孤独时，不妨如《深夜食堂》又或是《孤独的美食家》中那样，漫步广州街头，去邂逅几个小摊，吃上几味经典的美食。当甜分与热量充盈体内，便足可让你在疲惫不堪中得到一丝温暖的慰藉。

“老广州”风情

对一个地区来说，风俗应当算得上是该地文化系统中最具有传承性的一个层面了。所谓风俗，“相沿成风，相习成俗”“千里不同风，百里不同俗”，因自然条件相同而形成的习尚，称为“风”；因社会环境不同而各自形成的习尚，谓之“俗”。这样看来，节令、婚嫁、丧葬、祭祀、饮食、生育、礼仪、风尚、习惯等社会现象，均可纳入“风俗”之范围。

如此，我们来看看老广州的“风俗”。

以岁时节庆为例，广州地区保留了不少在中原已淡化或变革了的传统节俗。例如冬至。这个节气，民间称之为“冬节”，向来有“冬至大如年”之说。然而在广州，却常称“冬大过年”，将这一节庆看得比春节还更重要。每到冬至，家人团聚，共吃汤圆。这一习俗，即沿袭的是我国殷商以来的旧俗。时至今日，当国内大部分地区已渐渐不再注重这一节庆，广府地区仍一如既往地重视着。

此外，现代广府的各种节俗活动中，最具特色的还有迎春花市和七夕乞巧。

广州向称“花城”，一年一度的迎春花市是当地人的盛大节日，近年来更是发展到广州市区各区分别设市。每年当春节即将来临前约半个月始，广州的大街小巷就开始清理道路，腾出空间，陆陆续续地摆满年橘、红掌、兰花等应节花卉。迎春花展在各个公园被举办，特别是除夕前三天，各区的主题街道上搭起彩楼，摆放好花架，十里八乡的花农都纷纷涌来，摆开阵势，售花卖橘。

张心泰在《粤海小识》中有这样的描述：“每届年暮，广州城内卖吊钟花与水仙花成市，如云如霞，大家小户，售

荔枝湾的水上婚礼。

南海神庙“波罗诞”上的“波罗鸡”。

天河珠村七夕乞巧文化节。

除夕夜的广州迎春花市。

供坐几，以娱岁华。”十里长街张灯结彩，“岁暮尤甚”，至农历除夕当夜，花市达到高潮，人潮汹涌，熙熙攘攘。整个花市上，百花斗艳，灯影与花容相映，喜庆热闹，人声鼎沸。

这一盛况在除夕的午夜时分戛然而止：当新年钟声响起，花市即收市。

每年农历七月初七，是乞巧节，又称女儿节、姑娘节，根据中国的民间传说，当夜是天上牛郎、织女夫妇一年一度鹊桥相会的日子，又是地上人间女儿聚会乞巧、斗艺祈福的节日。

广州乞巧之俗，向来颇为讲究。按照旧俗，未出阁的姑娘们要在这个晚上摆出用彩绸、珠片、色纸、芝麻、米粉等制成的花果、仕女、器物等模型，向天上神仙“七姐”跪拜，并于月下穿针乞巧。已出嫁的女子，按习俗是不能参加这些活动的，唯新婚女子例外——出嫁后的第一个七夕，这些女子要在初六晚举行“辞仙”仪式，告别姑娘节。然而随着生活节奏的日渐加快，人员流动的日益频繁，女子七夕乞巧之俗也渐行渐远了。

广州还有属于自己的嘉年华，那就是“波罗诞”庙会。这是广州最大的民间传统庙会之一，距今已经过去了一千多个年头，当地向来有“第一游波罗，第二娶老婆”的说法。逛“波罗诞”庙会，必买“波罗鸡”——这是决不可忽略的程式。“波罗鸡”是一种纸糊的民间工艺品，据说这是一种“神鸡”，在10万只纸鸡中，会有一只像真鸡一样在清晨啼叫，只有运气绝佳者才能买到，之后便会顺风顺水，万事顺遂——传说自然只是传说，但美好的愿望却总是存在的。

此外还有欢乐节、八音节等极具鲜明艺术特色的传统习俗，即使摆上小桌，说上三天三夜也不能详细说尽。

广州的传统民俗需要新一代的年轻血液来发展、继承。不论是一个国家，还是一座城市，底蕴有多么深厚，就能够支撑它走多远。

游走广州　自在随行——广州旅游攻略

01 吃喝玩乐IN广州

广州建城两千多年以来，城址从未变动。这座沿着珠江生长起来的城市，最开始不过是珠江北岸的一爿小城，其后用了两千多年向东西南北扩展，代代更迭，日新月异，所以即便在广州，不同的区域，也拥有着不同的外貌和气质。既有曾是西城之外，如今是老城中心的西关恩宁路、上下九一带，也有作为三大国家级中央商贸区之一的天河CBD核心的珠江新城……

我们把广州城区根据不同气质分为若干片区，并奉上该区"最广州"的旅游资讯，让你体验一个最地道的广州。

一江两岸

从白鹅潭到琶洲会展、金融城的珠江两岸，是近代以来广州城市化的一条实体化了的时间线，西端的长堤是广州乃至全中国最早的现代化大马路，而东端的琶洲会展和金融城正成为广州对外经贸的新中心。这一段珠江同时还贯穿了广州古代中轴线、近现代中轴线和还在生长中的新中轴线。

"珠水古韵"整条步径都在这一片区。

岭南风物

海幢寺素以环境清幽、园林优美而著名，为广州"四大丛林"之冠。

位置：海珠区同福中路和南华中路间

人民南骑楼街是广州岭南建筑艺术的典型范例之一，集岭南建筑艺术之大成，拥有全市连续度最高、最精华的骑楼之一——嘉南堂。

位置：荔湾区人民南路

其他推荐

推荐地点	位置
黄大仙祠	荔湾区古祠路
小蓬仙馆	荔湾区芳村大道
琶洲塔	海珠区琶洲公园内

历史印迹

孙中山大元帅府纪念馆为国家二级博物馆。广州大元帅府旧址的前身是兴建于清光绪三十二年（1906）的广东士敏土（水泥）厂办公楼，因孙中山1917年和1923年两次在这里建立革命政权而得名。

位置：海珠区纺织路

其他推荐

地点	位置
沙面历史文化街区	荔湾区
广州十三行博物馆	荔湾区文化公园内
沙基惨案纪念广场	荔湾区新基路
粤海关博物馆	荔湾区沿江西路
广州邮政博物馆	荔湾区沿江西路
塔影楼	荔湾区沿江西路
海珠广场	越秀区起义路
爱群大厦	越秀区沿江西路
石室圣心大教堂	越秀区一德路
东亚大酒店	越秀区长堤大马路
海珠大戏院旧址	越秀区长堤大马路
长堤	越秀区长堤大马路、沿江西路
豫章书院	越秀区长堤大马路真光中学内

行知无限

广东美术馆位于风景秀丽的二沙岛上。美术馆总建筑面积约2.2万平方米，馆内有12个展览厅和户外雕塑展示区，长年有国际和国家一流水准的艺术展览，是国家4A级旅游景点。

二沙岛总面积约126万平方米，是珠江中的一个沙洲。二沙岛屹立于珠江边，珠水环岛而过，环境优雅，是广州最具现代风情之所在，岛上建有星海音乐厅、广东美术馆等艺术文化设施，与一片片高尚生活住宅小区、广东省体育训练基地一道掩映在广阔的绿地中。

位置：越秀区二沙岛烟雨路

其他推荐

地点	位置
中国（广州）民间金融博物馆	越秀区长堤大马路
星海音乐厅	越秀区二沙岛晴波路
广州地铁博物馆	海珠区新港东路万胜广场内
廖仲恺何香凝纪念馆	海珠区纺织路仲恺农业工程学院内

玩乐得fun

珠江琶醍啤酒文化创意艺术区由珠江啤酒厂旧厂房改建，和珠江新城隔江相望。琶醍经常举办各种创意活动和展览，中国出口商品交易会期间还会举办珠江琶醍国际啤酒节。保留下来的珠啤大烟囱充满工业朋克感，而灯影摇曳的江边酒吧又显得特别浪漫。琶醍有德、法、意、韩、日、泰、墨西哥等国际美食主题餐馆数十家，是广州最具国际范儿的酒吧街。

位置：海珠区新港东路磨碟沙大街

北岛创意园原来是广州十三行航运起点码头与仓库遗址，就在珠江边上。创意园中最特别的是涂鸦墙，白墙绿树，是一处小清新打卡地。

位置：海珠区新港东路

其他推荐

地点	位置
白鹅潭风情酒吧街	荔湾区

买了个爽

一德路·海味街，是广州历史上有名的“海味干果一条街”，汇集了全国各地的副食品和杂货，且价格低廉。一德路也是精品文具的集散地，全国近三分之一的玩具、精品、家居饰品等产品，都出自以万菱广场为中心的一德路商圈。

一德路也是广州老骑楼最集中的街道之一，骑楼底下金灿灿的海味干货，已经成为最有广州风情的景观之一。

位置：越秀区一德路

其他推荐

地点	位置
万菱广场	越秀区解放南路
西城都荟购物广场	荔湾区黄沙大道
清平市场	荔湾区
琶洲保利世贸博览馆	海珠区新港东路
永旺梦乐城（番禺店）	番禺区亚运大道

食得招积

广州酒家以粤菜驰名，素有“食在广州第一家”之美誉。它主打精品粤菜，秉承广州传统饮食的精髓，经典广式茶饮体现独特的茶楼文化。

位置：海珠区滨江西路

惠食佳是广州著名传统粤菜餐厅。惠食佳·啫八（滨江店）更是唯一获得《2018首版广州米其林指南》中，首次设置的特别奖项“活力粤菜奖”得主，啫八同时获得BibGourmand（必比登美食推介餐厅）名誉。

位置：海珠区滨江西路

其他推荐

地点	位置
食尚居窝篮肠粉	荔湾区东漖北路自编涌岸街
鸿星海鲜酒家（茶香居分店）	荔湾区花地大道
温祈福酒家（芳村店）	荔湾区花蕾路
榕树头叹佬鸡煲（总店）	荔湾区陆居路
广东胜利宾馆	荔湾区沙面大街
白天鹅玉堂春暖	荔湾区沙面南街白天鹅宾馆
侨美食家（沙面总店）	荔湾区沙面南街
八珍（起义路分店）	越秀区起义路
鸿星海鲜酒家（侨光路店）	越秀区侨光路华侨大厦

住得舒适

酒店	地址
白天鹅宾馆（五星）	荔湾区沙面南街1号
广州香格里拉大酒店（五星）	海珠区会展东路1号
广东胜利宾馆（四星）	荔湾区沙面北街53号
华厦大酒店（四星）	越秀区侨光路8号
凯旋华美达大酒店（四星）	越秀区广州大道中明月一路9号
新珠江大酒店（四星）	海珠区滨江东路795号
爱群大酒店（三星）	越秀区沿江西路113号

老西关

古代广州（番禺）城的西部地带通称“西关”，以其在古城西部关口而得名，传统上主要位于越秀山以南，珠江以北，东到珠江，西至西濠口（今人民南）。

西关是广州最早的商贸区，明代接待外商的官方机构怀远驿和清代十三行夷馆区都在这里。老西关也保留了最有广州味道的居民区，骑楼连缀，老树婆娑，老字号和百年小店散落，如果想深入体验广州风情，这一片区绝对不可放过。

岭南风物

荔枝湾又叫荔枝湾涌，是荔湾路、中山八路、黄沙大道（北段）、多宝路（西段）、龙津西路一带纵横交错的水系的总称，是广州市历史悠久的风景名胜，素有“小秦淮”之称。

沿荔枝湾可至仁威庙、文塔、小画舫斋、海山仙馆、粤剧艺术博物馆、梁家祠及多位名人故居。这里也是西关大屋、西关美食及粤剧曲艺等老广州文化符号的发祥地、集中地，别具浓厚的人文气息与高雅生活艺术气息，有“岭南西关文化博览园”之誉。

位置：荔湾区龙津西路

陈家祠（广东民间工艺博物馆）是广东现存规模最大、保存最完整、装饰最精美的古代岭南艺术建筑，为全国重点文物保护单位。陈家祠被誉为“岭南建筑艺术明珠”，它集中了广东民间建筑装饰艺术之大成，在建筑构件上巧妙地运用木雕、砖雕、石雕、灰塑、陶塑、铜铁铸和彩绘等。陈家祠同时作为广东民间工艺博物馆，收藏、研究、展出以广东为主的历代民间工艺品。

位置：荔湾区中山七路恩龙里

恩宁路、龙津西路与第十甫、上下九步行街是广州市最完整和最长的骑楼街，分布了十几处文物古迹。

位置：荔湾区

其他推荐

地点	位置
五仙观	越秀区甜水巷
华林寺	荔湾区下九路
仁威祖庙	荔湾区泮塘路
逢源路历史文化街区	荔湾区逢源路
恩宁路历史文化街区	荔湾区恩宁路
耀华大街历史文化街区	荔湾区长寿路

历史印迹

地点	位置
詹天佑旧居纪念馆	荔湾区恩宁路
广东八和会馆	荔湾区恩宁路

行知无限

荔湾博物馆是以收藏、陈列和研究荔湾历史、文化、民俗为主要内容的广东省首家区级博物馆，馆址是民国初期英商汇丰银行买办陈廉仲先生的故居，庭园面积达1000多平方米。

博物馆内的西关民俗馆通过家居摆设、情景陈列局部再现传统西关大屋的典型模式及西关住家的生活情态和文化景观。西关大屋则恢复了昔日古老大屋的建筑模式和风格。

位置：荔湾区龙津西路逢源北街

粤剧艺术博物馆是一座具有岭南风格、水乡特色的园林式博物馆。博物馆融入了岭南传统三雕（石雕、木雕、砖雕）、两塑（灰塑、陶塑）、嵌瓷、彩画等民间传统手工艺，并结合当代艺术创作。为了尽量还原传统风格和特色，粤剧艺术博物馆建设所用砖、瓦，是在全国范围内收集到的。粤剧艺术博物馆隔壁就是永庆坊。

位置：荔湾区恩宁路

买了个爽

地点	位置
恒宝广场	荔湾区宝华路
新光百货	荔湾区康王中路
华林玉器街	荔湾区下九路
东急新天地	荔湾区下九路
“老字号一条街”	荔湾区荔湾公园旁

食得招积

宝华面店是不开分店、不做外卖的30年老字号。蚝干、大地鱼、虾米、干贝及猪骨头熬制的汤头加上弹牙的蛋面和皮薄馅靓的云吞，广州本地人也百吃不腻。

位置：荔湾区宝华路

开记甜品里的品种多到眼花缭乱，但是陈皮绿豆沙是到店必吃的，是最正宗的广州味道。

位置：荔湾区多宝路、荔湾区龙津西路恩洲北横街

其他推荐

地点	位置
陈添记鱼皮	荔湾区宝华路
顺记冰室	荔湾区宝华路
吴财记云吞面	荔湾区大同路和隆里
莲香楼（第十甫店）	荔湾区第十甫路
陶陶居酒家（第十甫店）	荔湾区第十甫路
南信牛奶甜品专家（总店）	荔湾区第十甫路
新联肠粉店	荔湾区多宝路
广州酒家（泮塘店）	荔湾区龙津西路
点都德（大茶楼店）	荔湾区龙津中路
凌记濑粉	荔湾区泮塘路
火车头法国西餐厅	荔湾区沙面北街
上下九、宝华路美食街	荔湾区上下九
银记肠粉（总店）	荔湾区文昌北路
西关婆婆面（总店）	荔湾区文昌北路
广州酒家（文昌总店）	荔湾区文昌南路
坚记面店（总店）	荔湾区长寿东路

住得舒适

酒店	地址
广州十甫假日酒店（四星）	荔湾区第十甫路188号
广州路客BC1570精品民宿	荔湾区耀华西街24号

旧东山

“东山”之名，得自广州城东的东山寺，但庙已无存，只留下庙前直街、寺贝通津（“贝”通“背”）这样的路名。“东山区”于1917年建立，2005年撤区并入越秀区。东山的兴起是因为清末新式学堂的进驻，使这里成为时代先驱。随后华侨入住，西式洋楼纷纷建起，形成岭南和西方风格合璧的近代建筑群——东山小洋楼群。

岭南风物

东山小洋楼群是指恤孤院路、新河浦路、培正路一带的民国小别墅区，这里是广州最早的西式住宅区群落。小洋楼连片错落，小巷幽深宁静，巴洛克立面和柯林斯柱形成的光影效果，仍和百年前一样。

位置：荔湾区恤孤院路、新河浦路、培正路

东山湖是一座由广州人亲手挖出来的城市湖泊。1958年市政府组织市民义务挖湖造园，于1959年5月建成开放。公园绿草茵茵，波光粼粼，富于中国古典园林韵致的九曲桥横跨水面，静谧闲适，是广州人心中的城市净土。

位置：越秀区东湖路

其他推荐

地点	位置
广东粤剧院	越秀区东风东路
东濠涌博物馆	越秀区越秀北路

历史印迹

黄花岗公园即黄花岗七十二烈士墓园，是为纪念于1911年广州“三·二九”起义战役中牺牲的烈士而建。园内集中了辛亥革命时期重要人物如孙中山、章炳麟等的手书碑刻。园内还有中国第一个飞机制造家和飞行家冯如之墓、被孙中山称作“为共和殉难之第二健将”的史坚如

之墓。公园建筑规模宏大，气魄雄伟。被列入全国第一批重点文物保护单位。

位置：越秀区先烈中路

其他推荐

地点	位置
广东革命历史博物馆	越秀区陵园西路
十九路军淞沪抗日阵亡将士陵园	越秀区水荫路
中共三大会址纪念馆	越秀区恤孤院路
广州起义烈士陵园	越秀区中山二路

行知无限

逵园1922艺术馆由一座建成于1922年的洋楼改建而成，是一个独特的艺术空间。一楼的画廊会不定期展出不同的艺术作品，二、三楼将装置艺术与挂画融入空间当中，同时兼营cafe（二楼）。三楼也是古董旧货店和分享空间。

位置：越秀区恤孤院路

其他推荐

地点	位置
扶光书店	越秀区建设大马路保利中环广场内
中山大学医学博物馆	越秀区中山二路中山大学北校区内

玩乐得fun

广州动物园是国内展览动物种类和数量最多的城市动物园之一，与北京动物园、上海动物园并称为全国三大城市动物园。

位置：越秀区先烈中路

买了个爽

地点	位置
广州友谊商店（环市东店）	越秀区环市东路
地王广场	越秀区较场西路
王府井百货	越秀区农林下路
广州美东百货	越秀区农林下路
中华广场	越秀区中山三路
流行前线	越秀区中山三路

食得招积

建设六马路酒吧街可能是广州最安静的酒吧街，这里集中了一批主题酒吧和外国餐厅，隐藏在民居楼房之间，装修浪漫，别有风致，是适合和好友谈心或者放空自己的地方。

位置：越秀区建设六马路

其他推荐：

地点	位置
惠食佳（东风店）	越秀区东风东路
芬芳甜品（利群店）	越秀区东华东路
广州酒家（东山店）	越秀区龟岗大马路
温祈福酒家（建设中马路店）	越秀区建设大马路保利中环广场内
佳叔汤丸王	越秀区中山三路

住得舒适

酒店	地址
花园酒店（白金五星）	越秀区环市东路368号
亚洲国际大酒店（五星）	越秀区环市东路326号之一
白云宾馆（五星）	越秀区环市东路367号
远洋宾馆（四星）	越秀区环市东路412号
觉园1984	越秀区署前二街7号
东山别院客栈	越秀区东山口瓦窑后横街12号
1号别墅·肆	越秀区中山大学北校区内

北京路

北京路是广州古代中轴线所在，是建城的城市原点，及广州的政治、文化、商贸中心。其周边有南越王宫署遗址、南越国木构水闸遗址、千年古道遗址、拱北楼遗址、大佛寺、药洲遗址、城隍庙、万木草堂、庐江书院等多个朝代的具有较高历史文化价值的文物古迹。

岭南风物

六榕寺始建于南朝梁武帝大同三年（537），寺内有一座专门用以供奉佛舍利的塔，寺名为苏东坡所题。它与光孝、华林、海幢寺并称广州佛教四大丛林。

位置：越秀区六榕路

光孝寺是岭南历史最为悠久、影响最为深广、规模最为宏大的寺院，建寺至今已有1700多年。光孝寺尚存不少历史文物古迹，如始建于东晋的大雄宝殿，南朝达摩开凿之洗钵泉，唐代六祖惠能的瘗发塔，密乘之陀罗尼石经幢，南汉铸造的千佛铁塔，宋代修建的伽蓝殿、六祖殿，以及碑刻、佛像、菩提树等。寺院气势雄伟，殿宇优美庄严，至今香火不绝。

位置：越秀区光孝路

其他推荐

地点	位置
大佛寺	越秀区惠福东路
酱油博物馆	越秀区中山四路致美斋内
城隍庙	越秀区忠佑大街
大小马站书院群	越秀区西湖路

历史印迹

南越王宫博物馆是依托南越国宫署遗址而建的大型遗址博物馆。宫署遗址以南越宫殿与御苑遗迹为核心，叠压秦汉以来12个历史时期的考古遗迹。馆内开放南越国曲流石渠遗址、南汉国宫殿遗迹、广州古代水井等遗址区，并展出遗址出土的历代建筑构件、生活用器等文物，浓缩展现两千余年广州城市变迁与历史文化精华，是广州作为岭南中心地的历史见证。

位置：越秀区中山四路

其他推荐

地点	位置
广州起义纪念馆	越秀区起义路
中共广东区委旧址纪念馆	越秀区文明路
中华全国总工会旧址纪念馆	越秀区越秀南路
团一大纪念广场	越秀区越秀南路
毛泽东同志主办农民运动讲习所旧址纪念馆	越秀区中山四路
广州东平典当博物馆	越秀区中山四路
药洲遗址	越秀区北京路

行知无限

岭南金融博物馆是华南地区首个综合性金融博物馆，馆舍前身是200多岁的庐江书院，展出各种近现代货币、汇单、证券、保险单、金融机构模型和珍贵文献。

位置：越秀区西湖路流水井

其他推荐

地点	位置
浩天旧书店	文明路文德六巷
联合书店（北京路店）	越秀区北京路
越秀区博物馆	越秀区惠福西路

买了个爽

北京路步行街是商业步行街，以大型百货和连锁品牌为主。北京路上的骑楼也是广州大型商铺骑楼的代表之一。步行街上还挖出了自南汉以来共五朝11层的路面和宋代拱北楼基址，如今原址被用玻璃罩保护起来，游客可以近距离观看这条千年古道的遗址。

位置：越秀区北京路

动漫星城位于公园前地铁站，是一个大型的集美食、休闲、购物、娱乐于一体，引领广州年轻、时尚、潮流的主题式购物中心。喜欢动漫的朋友不可错过。

位置：越秀区吉祥路

其他推荐

地点	位置
天河城百货（北京路店）	越秀区北京路
新大新（北京路总店）	越秀区北京路
广百百货（总店）	越秀区北京路
粤海仰忠汇	越秀区北京路
光明广场	越秀区西湖路

食得招积

太平馆西餐厅是广州最早的西餐厅，也是第一家广州人自己开的西餐厅。1925年周恩来和邓颖超同志在广州结婚后，曾在太平馆餐厅宴客，太平餐馆享负盛名的“总理套餐”和“总理夫人套餐”就源于此。

位置：越秀区北京路

达扬原味炖品店面极小，但每日都排长队，为的是喝上这里一份热辣辣的原只椰子炖竹丝鸡。广东人好喝汤，达扬的炖汤鲜甜够料火候足，如果嫌去大饭店点一煲老火汤喝不完的话，不妨到达扬来喝一碗靓汤。

位置：越秀区文明路

其他推荐

地点	位置
莲香楼饼屋（北京路店）	越秀区北京路步行街
美利权冰室	越秀区北京路太平馆
陶陶居酒家（北京路店）	越秀区北京路粤海仰忠汇
林师傅（总店）	越秀区海珠中路
玫瑰甜品店	越秀区文明路
九爷鸡（文明路店）	越秀区文明路
百花甜品店	越秀区文明路
点都德（中山四路店）	越秀区中山四路信德大厦

住得舒适

酒店	地址
喜尔宾酒店（四星）	越秀区越秀南路208号
广东大厦（四星）	越秀区东风中路309号
广东迎宾馆（四星）	越秀区解放北路603号
广州大厦（四星）	越秀区北京路374号

江南西

江南西路是海珠区最大的商圈，位于海珠区西部，拥有一系列的特色产业，形成了自己的生态链。走在江南西一带，所感受到的繁华是厚重的，既不像北京路、上下九那样古朴，也不像天河、珠江新城那样前卫，更像是一个功成名就过的中年人，淡淡地抿一口咖啡。

岭南风物

十香园建于清代道光年间，现辟为纪念馆，分为遗址区域和美术展览区域，总占地面积3879平方米。因园中种植有素馨、茉莉、夜合、夜来香、鹰爪、鱼子兰、瑞香等十种香花，故名“十香园”。遗址区域是晚清广东著名画家居巢、居廉的故居及作画之所。居廉在此设帐授徒，培养了岭南画派创始人高剑父、陈树人等一批美术人才，故十香园又称“岭南画派的摇篮”。

位置：海珠区江南大道中怀德大街

历史印迹

邓世昌纪念馆主体建筑为邓氏宗祠，是广州市第一所经中宣部批准成立的名人纪念馆。邓氏宗祠主建筑内常年陈列“民族英雄邓世昌”展览，介绍其生平和爱国事迹。邓氏宗祠后花园环境优雅，古树婆娑，芳草如茵，世昌井、萍婆树珠联璧合，涓流水榭与岭南古祠相映生辉。

邓世昌纪念馆同时也是海珠区博物馆。

位置：海珠区宝岗大道

行知无限

地点	位置
潘鹤雕塑园	广州大道南后滘西大街
广州美术学院美术馆	海珠区昌岗东路

玩乐得fun

太古仓码头由原英商太古洋行始建于1904年，2008年原有码头区的仓库被改建成咖啡馆、电影院和各种个性小店，并引进国际葡萄酒采购中心、展示库、商务港、电影库、游艇会、特色中西餐饮以及休闲酒吧等业态。太古仓码头现已成为集文化创意、展览展示、观光旅游以及休闲娱乐等功能于一体的城市客厅，成为广州的“渔人码头”。

位置：海珠区革新路

买了个爽

江南西被称为“河南北京路”，是“珠江以南”最旺的一条商业街。巨大的地下商业广场，从地铁江南西站出来就可以直接逛街，刮风下雨也无妨。

位置：海珠区江南西路

其他推荐

地点	位置
广百新一城	海珠区宝岗大道
江南新地	海珠区江南西路
富力海珠城	海珠区江南西路

食得招积

江南西美食街其实不是一条街，而是江南西路两旁的小店，面积不大，有些只有几个位置，但装修颇有情调，是和朋友小酌一杯的好去处。

位置：海珠区江南西路

其他推荐

地点	位置
莲香楼饼屋（江南西店）	海珠区江南西路
广州酒家（江南西店）	海珠区江南西路
温祈福酒家（江南西路店）	海珠区江南西路富力海珠城
生力强面店	海珠区江南西路青柳大街

住得舒适

酒店	地址
广州珀丽酒店（四星）	海珠区江南大道中348号

潮流天河

过去，广州的经济中心是城市中部的北京路和西部的西关上下九一带。天河建区后，商业中心东移，天河路两侧建起众多大型商厦，到石牌桥华师、华工一带，更是渐渐形成了电脑商城。随着购买电脑越来越便利，石牌桥一带的电脑城风光不再，但百货业却活力十足，从群集时尚小店的时尚天河，到多番升级的天河城百货，再到奢饰品聚集的太古汇，天河一直走在潮流前。

行知无限

广州购书中心是广州最早最大的书城，开业已有25年。2014年重新装修后，把书店和创意园结合起来，打造了一个氛围时尚、轻松、多元的阅读空间。

位置：天河区天河路

方所是广州市最早和文创结合的书店之一，富于空间感的布局和内饰使这里远超一个卖场。这里还经常举办读书会和作者分享会，让读书成为一种更立体的精神和感官享受。

位置：天河区天河路太古汇内

1200BOOKSHOP是一家24小时营业的书店，散布各处的桌椅成为一个舒适的阅读区，这里还提供打工换宿和沙发客服务。

位置：天河区体育东路、天河北路

其他推荐

地点	位置
广州亚运会亚残运会博物馆	天河区体育西路
33当代艺术中心	天河区体育西路维多利广场内
西西弗书店（万菱汇店）	天河区天河路万菱汇内
树德生活馆（正佳广场店）	天河区正佳广场内
凡向书店	中信广场中天购物广场内

买了个爽

太古汇云集逾180家知名品牌，其中70%为国际品牌，多个国际知名品牌在此设立旗舰店或概念店。

位置：天河区天河路

天河城广场是内地首座超大型购物中心，除了有众多知名的服饰品牌外，还有大型超市、食街、电影院、游戏娱乐中心，一个商场就能消磨一整天的时间。

位置：天河区天河路

其他推荐

地点	位置
东方宝泰购物广场	天河区林和中路
维多利广场	天河区体育西路
天河又一城	天河区体育西路
时代广场	天河区天河北路
正佳广场	天河区天河路
广百百货（天河店）	天河区天河路
天娱广场	天河区天河路
万菱汇	天河区天河路
时尚天河商业广场	天河区天河路

食得招积

炳胜品味长年占据广州人气餐厅席位，它主打新派粤菜，又以脆皮叉烧、豉油皇鹅肠等为金牌。每家分店都富丽堂皇，是能把家常菜吃出宴会感的地方。

位置：天河区天河东路

体育西横街是一条聚集了众多排档食肆的横街，其中最多的是牛杂煲，冬天围炉而坐，在闹哄哄的烟火气中大啖浓香滑韧的牛腩牛杂，一乐也。

位置：天河区体育西路

其他推荐

地点	位置
点都德（和兴楼店）	天河区林和中路嘉逸豪庭
山泉公馆（中怡店）	天河区林乐路

住得舒适

酒店	地址
广州建国饭店（五星）	天河区林和中路172号
嘉逸国际酒店（五星）	天河区天河北路468号
广州海航威斯汀酒店（五星）	天河区林和中路6号
广州市圣丰索菲特大酒店（五星）	天河区广州大道中988号
嘉逸豪庭酒店（四星）	天河区林和中路148号
华威达大酒店（四星）	天河区黄埔大道西499号
燕岭大厦（四星）	天河区燕岭路29号
华厦国际商务酒店（四星）	天河区林乐路39-49号
威尼国际酒店（四星）	天河区林和西路167号

珠江新城

天河CBD是中国三大国家级中央商务区之一，而珠江新城正是其主要组成部分，珠江新城处于天河、越秀及海珠三区的交接处，东起华南快速干线，西至广州大道，南临珠江，北达黄埔大道，并被规划成14个各具功能的地块，包括商务、商住、金融、酒店区和文化娱乐综合区等。这里是广州财富的生长点，也是文化艺术的大客厅。中国第一高、世界第二高的广州塔在珠江边俯瞰珠江新城的主动脉——广州城市新中轴线。从这里辐射出去的，是一个充满着活力和无限冲劲的广州。

行知无限

广东省博物馆是一座省级综合性博物馆，新馆是广州的新名片之一，其设计理念是“宝盒”，概念源于广东传统的工艺品象牙球，并使用中国传统漆器的红黑二色，体现中国传统文化的神韵。博物馆共地下一层，地上五层，展览以广东历史民俗、艺术、自然为主要陈列方向，包括历史馆、艺术馆、自然馆三部分。

位置：天河区珠江新城珠江东路

广州大剧院由第一位获得“普利兹克建筑奖”的女性、英籍伊拉克设计师扎哈·哈迪德设计，形状宛如两块被珠江水冲刷过的灵石，造型独特，充满奇思妙想。顶级声学大师哈罗德·马歇尔爵士精心打造的声学效果近乎完美，获得全球建筑界及登台艺术家的极高评价，被国际舆论评为“世界十大歌剧院”“世界最壮观剧院”。

位置：天河区珠江新城珠江西路

广州图书馆是世界上规模最大的城市图书馆之一。新馆建筑构思以“美丽书籍”为概念，并以此组织空间形体。新馆建筑平面和立面相互以汉字“之”形契合，无论从馆外的哪个角度看，都会产生一种“堆砌的书本”的感觉。其屋顶还被开发利用为观景平台，可供散步嬉戏。

位置：天河区珠江新城珠江东路

其他推荐

地点	位置
唐宁书店	天河区珠江新城广粤新天地内
言几又书店	天河区珠江新城广州K11购物艺术中心内
联合书店（高德置地广场·冬）	天河区珠江新城高德置地冬广场内
学而优书店（天河博物馆店）	天河区珠江新城广东省博物馆内

玩乐得fun

广州塔又称广州新电视塔，昵称“小蛮腰”，屹立在广州城市新中轴线与珠江景观轴线的交会处。广州塔创造了一系列建筑上的“世界之最”：世界最高户外观景平台——广州塔488米摄影观景平台；世界最高惊险之旅——广州塔极速云霄；世界最长的空中云梯——天梯；世界最高的旋转餐厅——424米高的106层旋玑地中海自助旋转餐厅；世界最高的横向摩天轮——在450米露天观景平台外围的横向摩天轮；世界最高的空中邮局等。

在摩天轮上可以360°饱览整个广州的美景，特别是日落时分，珠江映着金光蜿蜒而去，随便一拍就是大片。

位置：海珠区阅江西路

其他推荐

地点	位置
海心沙亚运公园	天河区临江大道
289文艺Park	越秀区广州大道

买了个爽

广州K11购物艺术中心是全球第四家K11购物艺术中心，不但集合了众多国际一线品牌和米其林星级餐厅，还有许多独具特色的创意品牌。整个商场的设置富于现代艺术气息，更是以艺术装置作为商场摆设，一开业即已成为网红自拍地。

位置：天河区珠江新城珠江东路

其他推荐

地点	位置
广州友谊商店（国金）	天河区广州国际金融中心内
高德美居购物中心	天河区花城大道
GBF风尚百货	天河区珠江新城高德置地春广场内
太阳新天地	天河区珠江新城马场路
高德置地广场·春	天河区珠江新城花城大道
高德置地广场·秋	天河区珠江新城珠江东路
高德置地广场·冬	天河区珠江新城珠江东路
高德置地广场·夏	天河区珠江新城珠江西路

食得招积

兴盛路汇集了众多酒吧和特色咖啡馆，每当夜幕降临，这里就开始灯火通明，并且由于周边的华利路、华穗路、华就路、华迅街也是美食聚集地，整个区域洋溢着一股浓浓的吃货氛围。如果想和朋友吃饭夜宵直落，兴盛路一带是最合适不过的选择，吃完还可以去花城广场和珠江边散散步、消消食、吹吹水。

位置：天河区兴盛路

其他推荐

地点	位置
点都德（花城店）	天河区花城大道柏林国际公寓
山泉公馆（珠江新城店）	天河区花城大道名悦大厦
毕德寮	天河区华夏路
莲香楼饼屋（天河东店）	天河区天河东路
陶陶居酒家（西塔国金店）	天河区珠江新城国际金融中心
炳胜品味（珠江新城旗舰店）	天河区珠江新城首府大厦
侨美食家（珠江新城分店）	天河区珠江新城兴盛路

住得舒适

酒店	地址
丽思卡尔顿酒店（五星）	天河区珠江新城兴安路3号
君悦酒店（五星）	天河区珠江新城珠江西路12号

水乡古港

包括黄埔、南沙和番禺三个区，这里是珠江出海口的顶端，珠江三角洲从这里开始水网汊流遍布，一片水乡景致。

自然生态

南沙湿地公园地处珠江入海口西岸，是珠三角地区保存较完整、生态良好的滨海河口湿地。这里是候鸟东亚泛太平洋迁徙路线的重要一站和食物补给地，因而是广州著名的观鸟地。公园有红树林、芦苇荡、莲花池等湿地植物景观，游客可以沿着榕荫绿道和海景长廊步行，也可以搭乘游船深入芦花深处，近距离观赏飞鸟。

位置：南沙区万顷沙镇新垦十八涌

莲花山位于珠江口狮子洋畔，海拔108米，素有“岭南一秀”的美誉，新世纪羊城八景之一——莲峰观海即在此地，自然景色秀丽无匹。但最特别的却是从西汉到清光绪年间都在使用的莲花山古采石场，因千年采石而导致巨石如剑，幽深若谷，是难得一见的地质遗址。

位置：番禺区石楼镇西门路

百万葵园是国内首个将向日葵作为观赏性植物并设计成超大型主题园林的公园。20多个品种由欧洲及日本等地引进，其中包括一万株荷兰印象派画家凡高最爱的名贵向日葵品种——凡高向日葵。

位置：南沙区新垦镇

岭南风物

南海神庙俗称“波罗庙”，是我国古代四大海神庙中唯一遗存下来的最完整、规模最大的建筑群，也是我国古代对外贸易的一处重要古迹。距今已有1400多年的历史。自隋唐以来，历代皇帝都派官员到南海神庙举行祭典，留下了不少珍贵的碑刻，有“南方碑林”之称。南海神庙庙宇规模宏大，中轴线上由南而北依次为牌坊、头门、仪门、礼亭、大殿和昭灵宫，两侧有廊庑；西南章丘岗上有浴日亭，亭内立有苏东坡和陈白沙的诗碑，是古代观望海上日出之地，为宋、元时羊城八景的首景“扶胥浴日”所在地。庙内东复廊有一座达奚司空塑像，举左手于额前作遥望大海状，相传他漂洋过海来到广州，携来波罗树种植于庙内，后化为神，南海神庙因此又被称为“波罗庙”。

位置：黄埔区庙头旭日街

沙湾古镇始建于宋代，在800多年的发展历程中，形成和保留了独具特色的岭南文化，先后获得“中国历史文化名镇”“中国民间艺术之乡——飘色之乡、广东音乐之乡”国家4A级旅游景区等荣誉。在沙湾古镇景区，可以清晰看到古镇发展的历史脉络，“石阶石巷”的古村落格局依旧保存完好，宗祠古屋错落有致，檐椽梁枋巧饰雕琢。古镇核心区打造了10个主题鲜明的展馆，包括沙湾何氏大宗祠（留耕堂）、广东音乐纪念馆（三稔厅）、何炳林院士纪念馆（衍庆堂）等。沙湾古镇尤以建筑雕塑艺术、广东音乐、飘色、龙狮、私房美食最为著名。

位置：番禺区沙湾镇大巷涌路

其他推荐

地点	位置
岭南印象园	番禺区大学城外环西路
宝墨园	番禺区沙湾镇紫坭村
莲花塔	番禺区石楼镇西门路
南沙天后宫	南沙区天后路

历史印迹

黄埔军校是中国近现代最著名的一所军事学校，培养了许多优秀的军事指挥官。原址设于广州市黄埔区长洲岛。

位置：黄埔区长洲军校路

粤海第一关纪念馆位于海珠区黄埔古港景区，是依据历史资料原貌修建的仿古建筑群。纪念馆主体建筑包括前后共两进的黄埔税馆、永靖兵营、买办馆和“古港遗风”纪念牌坊等。

位置：海珠区石基路

其他推荐

地点	位置
长洲岛历史文化街区	黄埔区
辛亥革命纪念馆	黄埔区馆西路

行知无限

广东科学中心坐落于广州大学城，是全国乃至亚洲规模最大的科普教育基地之一，同时也是“最大的科技馆/科学中心”吉尼斯纪录获得者。馆内设有12个常设主题展馆，540多件（套）展品，拥有包括IMAX巨幕影院、4D影院、球幕影院、虚拟航行动感影院在内的4座科技影院，以及融自然、科技和艺术为一体的室外科学探索乐园，拥有8万平方米生态湖、2000多种岭南特色植物和数十个室外展项。

位置：番禺区小谷围大学城科普路

其他推荐

地点	位置
广东中医药博物馆	番禺区大学城外环东路
番禺博物馆	番禺区沙头街银平路

玩乐得fun

广州长隆旅游度假区是全国首批国家5A级景区，包括长隆欢乐世界、香江野生动物世界、长隆水上乐园、长隆国际大马戏、长隆酒店、广州水鸟世界、高尔夫练习中心、香江大酒店、香江酒家等，集主题公园、豪华酒店、商务会展、餐饮及娱乐休闲等营运于一体。

位置：番禺区迎宾路

食得招积

十九涌是广州陆地的最南端，素有广州“南极”之称，作为广州一个咸淡水交界的区域，这里的海鲜极富盛名。这里不仅是广州的候鸟自然保护区，还是果菜生产基地及海鲜批发市场——南沙十九涌渔人码头。海鲜一条街，海产干货又一条街，干果、水果又一条街，除了可以自购海鲜交给饭店帮忙加工，饭后还可以品尝南沙本地产的热带水果，回程再捎上海味干货，吃饱了还能兜着走。

位置：南沙区十九涌海翔路

其他推荐

地点	位置
猫记艇仔粥	海珠区石基村西堤
洛溪食街	番禺区北园西路

住得舒适

酒店	地址
星河湾酒店（五星）	番禺区番禺大道北1号
科尔海悦酒店（五星）	番禺区番禺清河东路288号
广州市海怡星河湾酒店（五星）	番禺区南村镇新基村沙滘禺东端海怡花园会所
南沙大酒店（五星）	海滨新城商贸大道南二路1号
番禺宾馆（四星）	番禺区市桥大北路130号
祈福酒店（四星）	番禺区市广路8号
喜临院精品酒店	番禺区洛浦街上漖村龙舟西街

文化海珠

海珠区是夹在珠江前后航道之中的岛屿，因四周环水，犹如海中之珠而得名（古时珠江江面开阔，故称“海”），因位于珠江之南，又称“河南”。海珠区西有江南西商圈，东有琶洲会展中心，北部临珠江干流，而中部则有中山大学南校区，环绕这所百年老校的，则是众多的独立书店和创意园。

自然生态

海珠湖是广州新世纪以后建设的三大人工湖中最靠近市中心、交通最方便的一个，地铁三号线大塘站出来就是公园大门。一进门仿佛就从石屎森林进入了自然仙境，开阔的湖面上小岛星落，湖边木栈道旁种满各种水生植物，在掠过湖面的风中摇曳。

位置：海珠区新滘中路

海珠湿地公园其实囊括了海珠湖，但和以休闲为目的的海珠湖不同，湿地公园的目的是保护湿地自然生态。它主要包括万亩果园、海珠湖及相关河涌39条，主要景点包括世外花溪、果林栈道、花洲古渡等，在这里游客可零距离亲水，接触果林，领略“生态、岭南、水乡、野趣”的湿地特色风貌。

位置：海珠区新滘中路

岭南风物

小洲村始建于元末明初，是目前为止广州城区内发现的最具岭南水乡特色的古村寨，已被列为广州市首批14个历史文化保护区之一。村民世代以种果为生，果树成片，瀛洲生态公园与附近的果林共约2万亩。村中还保留了大量的传统民居和宗祠，包括极具广州水乡特色的蚝壳屋。因为景色别致，吸引了一些艺术家和画家来此写生及居住，小洲村成为著名的“画家村”。

位置：海珠区万亩果园小洲村

其他推荐

地点	位置
纯阳观	海珠区瑞康路
赤岗塔	海珠区赤岗五凤村

行知无限

陈李济中药博物馆是岭南首家中药行业博物馆。博物馆陈列以场景复原为主，借助声、光、电等手段，并采用大量的实物和栩栩如生的人物造型，将中药制作工艺过程反映出来，尤其是再现了很多已经失传的中药传统制作流程。整个展览通过药厂的历史、发展过程，反映、折射了中国中医药发展的历程。

位置：海珠区广州大道南

小古堂书店坐落于中山大学东门对面马路，是一家售卖二手学术书籍的书店。从一道狭窄的楼梯上去，在狭窄得可能分分钟碰到书架上的书的走道中，却氤氲着浓稠的学术氛围。窗边一张小桌两张椅子，可以看到对面中山大学的红墙绿树。

位置：海珠区新港西路

其他推荐

地点	位置
中山大学	海珠区新港西路
学而优书店（新港店）	海珠区新港西路

玩乐得fun

广州T.I.T创意园前身为创建于1956年的广州纺织机械厂，通过对历史建筑的活化利用，遵循“修旧如旧、建新如故”的原则，巧手改造，实现了园区生态原貌、纺织工业元素和时尚创意的完美结合。园区定位主题“时尚、创意、科技”，有不少独立品牌和个人工作室进驻。

位置：海珠区新港中路

食得招积

南园酒家是广州曾经的四大园林酒家之一（如今只有南园和北园酒家还在营业），是广州的老字号茶楼，酒家内青砖绿瓦、翘角飞檐、亭台楼阁、小桥流水，极富岭南园林韵味。

位置：海珠区前进路

胜汇里是一条新兴的食街，集中了不同菜系的餐馆，是海珠区的吃喝新地标。

位置：海珠区东晓南路

其他推荐

地点	位置
芬芳甜品（同福路店）	海珠区同福东路
点都德（凤凰楼店）	海珠区新港西路 广州轻纺交易园
山泉公馆（客村店）	海珠区新港中路影星宾馆

住得舒适

酒店	地址
广州进士第客栈	海珠区小洲村拱北大街

越秀山

越秀山是白云山南入城区的余脉，虽然海拔不足百米，但已是踞高仗险之地，在广州近现代史上曾写下了浓墨重彩的一笔。作为广州近代中轴线的北端，越秀山南瞰中山纪念堂和市府，西望流花湖，往东北远眺，便是白云山尾脉围成的山间谷地，也是广州明代的小北城门，今称小北。这里曾是广州城的北部防线，但如今仅存镇海楼下的一段明城墙。

岭南风物

三元宫在越秀山南麓，始建于东晋，初名越岗院，据说为南海太守鲍靓之女鲍姑修道行医之所，因地处市北，后人又称“北庙”，是岭南现存历史较长、规模较大的道教建筑。

位置：越秀区应元路

历史印迹

西汉南越王博物馆的建筑面积为17400多平方米，主要展示南越王墓原址及其出土文物。博物馆还设有杨永德伉俪捐赠的陶瓷枕专题陈列和不定期的临时展览。1996年被列为全国重点文物保护单位，2004年入选国家4A级景区，2008年被评为国家一级博物馆。

南越王墓是中国20世纪80年代重大考古发

现之一，是岭南地区所发现的规模最大的汉代彩绘石室墓，藏有“文帝行玺”金印、丝缕玉衣、玉角杯等稀世珍品，被誉为“展示岭南文化艺术的殿堂”。

位置：广州市解放北路

其他推荐

地点	位置
中山纪念堂	越秀区东风中路
越秀公园	越秀区解放北路
杨匏安旧居陈列馆	越秀区越华路
“三·二九”起义指挥部旧址纪念馆	越秀区越华路

行知无限

广州博物馆成立于1929年，是中国最早的综合性博物馆之一，也是华南首座公立博物馆，现为国家一级博物馆。主馆址镇海楼于1929年被辟为“广州市市立博物院”（广州博物馆的前身）的馆址，并一直延续至今。楼内设展览“城标·城史：广州历史陈列”展览，通过近千件文物展品，系统展示广州城市发展与地域文化等变迁的轨迹。

镇海楼始建于明代洪武十三年（1380），雄踞于越秀山小蟠龙岗古城墙的最高处，是广州著名的地理坐标，也是全国重点文物保护单位。其名取自“雄镇海疆”之意，因楼分五层，又俗称“五层楼”。广州民间素有“未登五层楼，不算到广州”的说法。

位置：越秀区解放北路越秀公园内

广州美术馆位于越秀山镇海楼东侧，是一座具有中国传统建筑风格的建筑。1930年建成，式样仿北京故宫的文华殿，青砖绿瓦、重楼飞檐，富丽典雅。原为纪念辛亥革命将领邓仲元而建的仲元图书馆，后改为广州美术馆，成为中国最早成立的美博馆之一，经常展出历代书画名家的美术作品。广州美术馆是国家藏画单位之一，现拥有宋、元、明、清、近代、现代8000多件美术藏品，包括国画、书法、油画、水粉画、水彩画、版画、素描、速写、雕塑和碑石、拓片等，其中不少为国家的一级、二级文物。

位置：越秀区解放北路越秀公园内

玩乐得fun

OE原创元素创意园前身是广州啤酒厂，再之前是广州饮料厂，始建于1934年，至今已有80多年历史。园中摆放了很多以前的工厂设备，老墙壁上爬满了蔓藤，园区整体色调为柠檬黄、粉红色等，静谧而娇俏，适合喜欢凹造型的你。

位置：荔湾区西增路

食得招积

西华路是广州的一条老街，各种广味小吃店联行成市，虽然周边没有购物商圈，但正宗广州风味小店仍吸引了不少游客来此觅食。

位置：越秀区西华路

沙湾甜品食馆的总店其实位于中山八路，但出名甚早，游客络绎不绝。有人觉得西华路分店味道更好，大概是因为游客相对较少，多为本地客帮衬。

位置：越秀区西华路

其他推荐

地点	位置
点都德（盘福路店）	越秀区盘福路泰峰大厦内
北园酒家	越秀区小北路
鹿鸣酒家	越秀区麓湖路
大可以肠粉店（六榕店）	越秀区解放北路六榕街
腾元生煎（西华路店）	越秀区西华路
食盈碗仔翅（西华路分店）	荔湾区西华路金平大厦内
芳记小食店	荔湾区西华路

住得舒适

酒店	地址
东方宾馆（五星）	越秀区流花路120号
中国大酒店（五星）	越秀区流花路122号
流花宾馆（四星）	越秀区环市西路194号
越秀宾馆（四星）	越秀区小北路198号

白云山

白云山素有“南越第一山”之称，最高峰摩星岭海拔382米，是广州市最高峰，又称“天南第一峰”，比起较为低矮的越秀山，白云山更有山幽林深之意。山麓的麓湖环湖更有众多人文景观。白云区便是沿着白云山和流溪河向北延伸的一片区域。

自然生态

白云山位于广州市东北部，是国家5A级风景名胜区，自古有“羊城第一秀”之称，面积为20.98平方公里，主峰摩星岭高382米。每当秋晴，山间白云缭绕，蔚为奇观，白云山也由此而得名。白云山具有丰富的自然风景、名胜古迹等旅游资源。九龙泉、能仁寺、郑仙岩、双溪古寺、白云仙馆等名胜古迹遍布山间，“白云晚望”“白云松涛”“蒲涧濂泉”“摩星岭”等自然景观都是广州城历代的“羊城八景”之一。后来又开辟“鸣春谷”“广州碑林”“云台花园”“雕塑公园”“桃花涧”等景点，与原有的风景名胜一起构成了多姿多彩的风景线。

位置：白云区广园中路

麓湖公园位于白云山风景区南麓，依山傍水，登高可眺望市区全景。1948年建成。因为小北登峰路一带是广州北部一个洼地，经常水淹泛滥，就建了麓湖水库阻截。麓湖公园是一处大型山水园林公园，园内山清水秀，鸟语花香，以马尾松、台湾相思桉、竹构成混交林，春、秋季节十分绚丽。聚芳园、簪香展馆、荷花池、半山植谊亭和山上的五层阁、翠云亭掩映在草木之间。园中的星海园是为纪念我国伟大的人民音乐家冼星海而建的。

位置：越秀区麓湖路

其他推荐

地点	位置
白云湖	白云区向西大道

岭南风物

白云仙馆原名云泉仙馆，位于麓湖公路旁，昔日此地为白云山脚，为上山必经之路。直上是姑嫂坟、百步梯、能仁寺。云泉仙馆已毁于20世纪初，1946年又再修复，为文人雅集之所，时任中山大学校长邹鲁题有石刻。

位置：越秀区麓湖路

历史印迹

地点	位置
三元里人民抗英斗争纪念馆	白云区广园中路

行知无限

中国科学院华南植物园是我国历史最悠久的植物学研究机构之一，前身为国立中山大学农林植物研究所，由著名植物学家陈焕镛院士于1929年创建，1954年改隶中国科学院，2003年更名为中国科学院华南植物园，拥有一系列获得社会广泛赞誉的科学研究成果。作为我国历史最久、保存物种最多、面积最大的植物园之一，华南植物园建有木兰园、姜园、竹园、兰园、棕榈园、苏铁园等30余个植物保育专类园，保存植物1.3万多种，被誉为“中国南方绿宝石”。

位置：天河区天源路

广州城市规划展览中心由何镜堂院士及其团队设计，馆内采用各种光影设备和模型、展品等展示广州两千多年的城建史，互动展项约占全馆展项的30％以上。还有一个广州全域物理沙盘，浓缩了广州城的全景，以令人震撼的声、光、电元素，共同描绘广州城市发展的宏伟蓝图。

位置：白云区展览路

其他推荐

地点	位置
西西弗书店（凯德云尚店）	白云区云城西路凯德·云尚内
西西弗书店（云门NEWPARK店）	白云区百顺北路岭南新世界内
广州艺术博物院	越秀区麓湖路
广州货币金融博物馆	天河区金融学院图书馆内
神农草堂中医药博物馆	白云区沙太北路
时代美术馆	白云区黄边北路

买了个爽

地点	位置
白云万达广场	白云区云城东路

食得招积

沙河粉村以售卖沙河粉为特色。沙河粉是广州一种大众化米制品，因最早出自沙河镇而得名，并以“薄而透明、韧而爽滑”为其特色。沙河粉始于广州，流传于广东、广西、海南，并随着华侨的足迹传至东南亚乃至欧美各国。沙河粉制作以手工制作为主，其传统做法是取白云山上九龙泉水浸泡大米，将大米磨成粉浆蒸制后切条而成。整个工艺中，最重要的是四点：用水、选米、磨浆、蒸粉。

位置：白云区广园中路

住得舒适

酒店	地址
广东威尔登酒店（五星）	白云区永和大道花轮一路1号
南航明珠大酒店（四星）	白云区白云国际机场南工作区空港西路
科学城华厦国际商务酒店（四星）	白云区科学城揽月路1号
广州保利假日酒店（四星）	白云区科学城揽月路99号

不得不吃的广式点心

所谓“食在广州”，吃货到了广州，难免迷失在食物的汪洋大海中。广州素以兼容并包的城市精神而著名，其食物也不例外，不仅有来自全中国乃至全世界的各种菜系，也往往本土化了这些外地菜系，另一方面，因为外地人口多，本土食物也会被改造以适合更多人的口味。但对“食”之一道异常执着的广州人还是保留了很多正宗的“广味”传统食品，比如下面这些：

虾饺、干蒸烧麦、鲍汁凤爪、叉烧包、布拉肠、白粥配油炸鬼、腊味萝卜糕、洋塘马蹄糕、陈皮牛肉球、荷香糯米鸡、云吞面、牛腩猪肠粉、干炒牛河、沙河粉、萝卜牛杂、烧腊、卤味、白云猪手、白切鸡、煲仔饭、双皮奶、姜撞奶、凤凰炒奶糊、陈皮红豆沙、海带绿豆沙、杏仁糊、花生糊、芝麻糊、炼奶龟苓膏、番薯糖水、莲子百合雪耳糖水、香芋西米露、腐竹鸡蛋糖水、手工濑粉……

花城赏花月历

月份	花类与推荐赏花地
1月	 樱花 华南农业大学、华南师范大学、南沙黄山鲁森林公园、花都梯面横坑村、创业公园
	李花 从化吕田镇桂峰村、大溪村
	茶花 帽峰山天湖茶花园、动物园茶花园 
2月	 桃花 白云山桃花涧、白云石马村、荔湾海北村
	郁金香 百万葵园、云台花园、海珠湖
	梨花 萝岗十八罗汉山森林公园 
	 油菜花 白云山明珠楼、从化石门黄金花海、花都红山村、海珠湿地
	玉堂春 陈家祠、烈士陵园、大夫山森林公园
	黄花风铃木 临江大道、烈士陵园、黄花岗公园、广州动物园、华南植物园、华南农业大学、白云山 
3月	 木棉花 中山纪念堂、海珠桥、烈士陵园、越秀山
	宫粉紫荆 华南农业大学、中山大学、麓湖、海珠湖、花都湖、白云新城、大学城 
	薰衣草 增城二龙山景区 
4月	 禾雀花 华南植物园、天鹿湖森林公园、流溪河国家森林公园
	杜鹃 华南植物园、白云山明珠楼、烈士陵园、莲花山、齐心路、从化通天蜡烛 

月份	花类与推荐赏花地
5月	 凤凰木 六榕路、光孝路、朝天路、中央公园、华南农业大学、纯阳观、广州大道南、T.I.T创意园
	蓝花楹 暨南大学南门、天河公园、二沙岛、福今东路、大象岗森林公园
6月	 荷花 烈士陵园、莲花山、宝墨园、螺涌公园、荔湾湖公园、大夫山森林公园、流花湖公园、南沙湿地公园、沙河湿地公园
7月	紫薇花 天河公园、珠江公园、黄花岗公园、广州市儿童公园、流花湖公园 
8月	 向日葵 百万葵园、云台花园
9月	玫瑰 宝趣玫瑰世界、云台花园玫瑰园、流花湖玫瑰园、百万葵园 
	 木芙蓉 华南植物园、流花湖公园芙蓉洲、晓港公园
10月	三角梅 市区内人行天桥、立交桥 
	水杉 黄婆洞水库、华南植物园
	红枫 帽峰山
11月	 异木棉 华南师范大学、广州大学华软软件学院、华南师范大学生物园、海心沙、流花湖公园、荔湾儿童公园、火炉山、莲花山、琶洲国际会展中心、广州南站、番禺大道、凤云岭公园
12月	梅花 流溪河国家森林公园、萝岗香雪公园 
	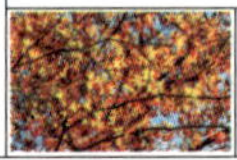 红叶 流溪河国家森林公园

羊城节俗地图

花都区
除夕·行花街
八月十二·盘古王诞

越秀区
除夕·行花街
元宵·赏灯
中秋·赏灯
重阳·登高

荔湾区
除夕·行花街
正月廿四·观音诞生菜会
端午·扒龙舟

白云区
除夕·行花街
端午·扒龙舟
中秋·赏灯
中秋·舞火龙
重阳·登高

海珠区
除夕·行花街
端午·扒龙舟

从化区
除夕·行花街
元宵·掷彩门
重阳·登高

增城区
除夕·行花街
端午·扒龙舟

天河区
除夕·行花街
元宵·赏灯
端午·扒龙舟
七夕·乞巧
重阳·登高
九月廿八·华光诞（粤剧八和祖师诞）
公历11月·广州国际灯光节

黄埔区
除夕·行花街
二月十三·南海神诞
端午·扒龙舟

番禺区
除夕·行花街
端午·扒龙舟

南沙区
除夕·行花街

行花街　逛迎春花市，俗称“行花街”，是广州春节期间最重要的民俗活动。传统花市由春节前年廿七开始，至年初一凌晨结束。

元宵灯会　文化公园、越秀公园、花城广场每年元宵期间都会举办大型灯会。文化公园是广州人的集体回忆；越秀公园的花灯和山湖结合，灯景合一；花城广场林立的现代摩天大楼背景下的传统花灯，则别有一番魔幻感。

掷彩门　掷彩门活动起自明清年间。“彩门”寓意着“彩数”“好彩”，意即好运气、吉祥之兆。每年正月元宵前后，从化各处乡村皆举行掷彩门活动，亲戚朋友和邻村群众也前来观赏。

生菜会　广州及其近郊都有，荔湾区坑口最为热闹，一般为农历正月廿五、廿六举行，廿六当日为“观音开库”日。活动包括朝拜观音、摸螺求子、食生菜包等，祈福的市民在公德箱投入10元，就可领走一袋生菜。

南海神诞　又称“波罗诞”，是现今我国唯一对海神进行祭祀的活动，每年农历二月十一日至十三日（海神诞期）在黄埔庙头村的南海神庙举行，是广州最热闹的民俗节庆之一。去逛“波罗诞”，务必记得买转运风车、“波罗鸡”、波罗粽，把全年好运气带回家。

洪圣诞　海珠区土华村洪圣古庙建于明永乐年间，是供奉南海神洪圣爷的古庙。每年农历二月初九举行洪圣诞庆典活动。活动以洪圣庙为核心，以土华村为行乡场地，包括行乡前、行乡、行乡后三个阶段，集巡游、美食、民俗拜祭于一体，每年都有上万群众参与，热闹非凡。打醮、舞狮、舞龙、斋宴、烧幽等仪式活动有着明显的岭南文化特色。

北帝诞　农历三月初三。每年此日，自子夜起，荔湾区泮塘的乡民和信众们都会前往仁威庙参拜北帝。醒狮队一早去仁威庙磕拜后，乡民们抬出北帝神像，一路游行庆祝。诞会期间会举办各种祀神庆典活动，如赴庙拜祭、贺寿开筵、演戏酬神、北帝巡游等。

天后诞　南沙天后宫依山而建于南沙大角山东南麓，面对烟波浩渺的伶仃洋，规模为世界同类建筑之最。每年农历三月廿三的天后诞，都有众多游客前来拜祭，参加搭灶夜香、祭祀妈祖、乐舞、演粤剧、妈祖巡游等仪式。

金花诞　每年一次的“金花诞”送子降福庆典在农历四月十七举办，是长洲岛的一项特色民俗文化活动，“金花娘娘的传说”已被列入广州市非物质文化遗产名录。“金花诞”活动的最重要环节为祝礼仪式，包括头炷香祭拜活动、醒狮“庆”长洲、“金花娘娘”祝礼等。

扒龙舟　广州龙舟习俗别具特色，主要在天河区、荔湾区、海珠区、黄埔区、番禺区、增城区等地流传。习俗主要包括起龙、采青、趁景、斗标、吃龙船饭、送龙等。其中，“趁景”是指各方龙船前来应景，只表演技巧，不排名次，从农历五月初一开始，至农历五月二十止，每天一景，轮流在各乡举行。“趁景”热身之后就是“斗标”，即龙舟竞渡。广州每年还会举行国际龙舟邀请赛，国内外都会派出队伍参赛，乃全城盛事。

乞巧　广州乞巧节仪式包括摆巧、拜仙、乞巧、吃七娘饭、看七娘戏等诸多内容，是目前国内乞巧习俗保留较完整和特色鲜明的地区，尤以天河区珠村和黄埔区横沙、文冲、茅岗等传统村落最具代表性。

盘古王诞　花都狮岭镇一带的盘古王诞是汉族盘古崇拜与瑶族盘瓠崇拜在岭南的融合。每年农历八月十二为盘古王诞日，整个诞庆活动持续四天四夜。活动期间除祭拜仪式外，还有大戏（粤剧）演出、闹花灯、醒狮表演等。

中秋赏灯　越秀公园、文化公园、白云山云台花园每年中秋都有赏灯活动，并于此前举办花卉节，看灯、赏花两不误。

舞火龙　广州白云区江高镇、均禾街、白云湖街及周边地区每年中秋节都会开展舞火龙活动。村民事先用竹篾、榕枝、草藤等扎制好一条长龙，中秋节当夜，长龙被抬到祠堂，点燃香火并插满龙身，举行隆重的舞火龙仪式。之后火龙出巡，舞龙珠者前后倒走，左转右跳，引动龙头摆动龙尾，游街过巷。村民拜祭火龙，祈祷风调雨顺、国泰民安、五谷丰登。

重阳登高　广州地处平坦的珠江三角洲平原，山地不多，市区内重阳登高的去处，主要是白云山和越秀山，但自广州塔建成以来，重阳登广州塔已经成为这种老风俗的新时尚。

华光诞（粤剧八和祖师诞）　据传华光为火神，过去粤剧下乡演戏要搭戏棚，戏棚乃竹木所搭，易于失火，故演戏前都会先拜祭华光，以求保佑。清光绪年间，邝新华创建八和会馆后，开始在八和会馆内供奉华光祖师像，每年逢华光诞（农历九月廿八），粤剧艺人在此举行大型祭祀活动。活动费用多由粤剧艺人集资，常见的祭祀用品为烧猪、香烛、生果等。祭祀时由艺人演奏寓意团结的“封相锣鼓”助兴。

广州国际灯光节　和法国里昂灯光节、澳大利亚悉尼灯光节齐名的世界三大灯光节，一般在每年的11月举办。国内外著名的灯光秀设计团队通过高科技手段，以炫酷的灯光与音乐打造出视觉盛宴，使整个花城广场犹如一个狂欢大party。灯光节在花城广场主会场往往会持续近十日，结束后沿江灯光作品还会继续数月。

广州市主要艺术表演场馆信息

名称	地址
广东演艺中心大剧院	天河区广州大道中
广州大剧院	天河区华夏路
广州芭蕾舞剧院	天河区天源路
广州十三号剧院	天河区沙河顶新二街
广东歌舞剧院小剧场	天河区水荫四横路
广东粤剧院	越秀区东风东路
中山纪念堂	越秀区东风中路
星海音乐厅	越秀区晴波路
南方剧院	越秀区教育路
黄花岗剧院	越秀区先烈中路
友谊剧院	越秀区人民北路
蓓蕾剧院	越秀区人民北路
平安大戏院	荔湾区第十甫路
江南大戏院	海珠区昌岗中路
广州木偶艺术中心	海珠区洪德路
光明大戏院	海珠区南华中路
丽江明珠歌剧院	番禺区迎宾路丽江明珠酒店内
郭兰英剧院	番禺区市广路

02 交通指南

广州的公共交通发达，可通达广州的每一个角落，为每一位希望深入探索广州的游客提供了安全又多样的出行选择。

航空

广州新白云国际机场是国内三大航空枢纽之一，拥有两座航站楼、三条跑道，可满足A380等大型宽体客机起降及停放需要。航线网络已覆盖全球210多个通航点。2019年5月1日起，正式实施144小时过境免签政策。

机场免费 WIFI：AIRPORT-FREE-WIFI

往返机场

空港快线

白云国际机场已开通空港快线省内巴士和市内巴士，游客可关注“白云机场空港快线”微信公众号查询、购票、获取路线和班次信息。

空港快线24小时服务热线：020-36063156

售票柜台分布

T1航站楼A区：A5号门、A11号门内柜台

T1航站楼B区：B3号门、B5号门、B12号门内柜台，B10号门外柜台

T2航站楼：交通中心西客运站

上客点

T1航站楼A区：A9 ~ A12号门外

T1航站楼B区：B10 ~ B13号门外

T2航站楼：交通中心西客运站

地铁

广州地铁3号线北延段，又称作“机场线”，是现广州地铁3号线的主线（番禺广场站—机场北站）的一段。广州地铁3号线北延段运行区间：机场北站至体育西路站。

T1航站楼位于3号线北延段的“机场南”站，T2航站楼位于3号线北延段的“机场北”站。

公交车

708路（站名：白云机场一号候机楼）

人和墟总站→金港城总站　首班06:45 ~ 末班22:00

金港城总站→人和墟总站　首班06:00 ~ 末班21:00

机场穿梭

空港1号线（环线）

可达T1航站楼26号门、28号门、30号门，南航明珠酒店，国航大厦，机场南出口，口岸综合楼，机场信息大楼，T2东客运站，民航技术学院，广州国际物流中心等

运营时间：周一至周日及节假日

04:00 ~ 22:00（约每10分钟一班）

22:00 ~ 00:00（约每15分钟一班）

00:00 ~ 04:00（约每30分钟一班）

温馨提示：07:30 ~ 09:00时段在T1航站楼28号门坐满即走

值班咨询电话：020-86122102

地铁

地铁运营时段内，两个航站楼之间有免费的转乘通道，可以在两个航站楼之间进行免费转乘。

机场南（T1航站楼）至机场北（T2航站楼）

首班车：06:15　末班车：23:37

机场北（T2航站楼）至机场南（T1航站楼）

首班车：06:00　末班车：23:15

铁路

广州火车站

位置：越秀区环市西路

地铁（站名：广州火车站）：2号线、5号线

公交（站名：广州火车站总站）：201路，210路，211路，211路短线，254路，257路，30路，529路，52路，550路，803路，807A路，807路，

840路，862B路，B10路，B2A路，B2路，商务专线3路，夜11路，夜14路，夜18路，夜25路，夜41路，夜55路，夜77路，夜79路，夜7路，夜88路，夜8路，夜94路，夜96路，节假日公交专线2路，高峰快线21路

广州火车东站

位置：天河区林和西路

地铁（站名：广州东站）：地铁1号线、3号线北延段

公交（站名：广州火车东站）：B17路，旅游公交3线

广州南火车站

位置：番禺区钟村镇石壁村

地铁（站名：广州南站）：地铁2号线、7号线

公交（站名：广州南站）：312路，K330路/K330路快线，K6路快线，K990路/K990路快线，专线广州南站—顺德容桂客运站，专线顺德容桂客运站—广州南站，佛211路，南沙64路快线（直达），南海快3路，广州南站至顺德容桂，番100路，番129路，番南站夜1路，番南站夜2路，番南站夜3路，番南站夜4路，西樵山旅游专线

广州火车北站

位置：花都区新华街站前路

地铁（站名：广州北站）：地铁9号线

公交：

（站名：广州北站）花27路，花81路，花39路，花63路，花17路，花92路，花11路，花80路

（站名：广州北站总站）花84路，花27路，花85路，花84B线，花80路，花4B线，花10路，花17B线，夜87路

（站名：火车北站）花6路，花63儒林村班车路，花73路

长途客运

客运站	详细地址	联系电话
票务中心	广州市广园中路388号广州公路主枢纽指挥中心大楼407室	96900
省汽车客运站	广州市环市西路145号	020-86661297
市汽车客运站	广州市环市西路158号	020-86684259
天河客运站	广州市天河区上元岗广汕公路旁	020-37085070
芳村汽车客运站	广州花地大道中251号	020-81405555
越秀南客运站	广州市越秀南路东园横路2号	020-83833949
罗冲围客运站	广州市增槎路251～255号	020-81982052
滘口汽车站	广州市芳村大道西（广佛路口）	020-81546602
广园客运站	广州市广园中路283号	020-86379888
海珠客运站	广州南洲路182号	020-84013301
天河大厦站	广州市体育西路133号天河大厦内	020-38864843
广佛汽车站	广州市中山八路95号	020-81815490
东圃客运站	广州市中山大道东1011号	020-82575100
夏茅汽车站	广从公路一级路夏茅村口	020-86082959
永泰汽车站	广州市永泰路段东平南路1号	020-36200122
黄埔客运站	广州市黄埔广深公路以南石化路以东段	020-82383168
东站汽车客运站	禺东西路43号	020-87705008
南站汽车客运站	番禺区钟村南站南路	020-39267222
南沙汽车客运站	南沙区虎门联络九皇庙村旁	020-39091251

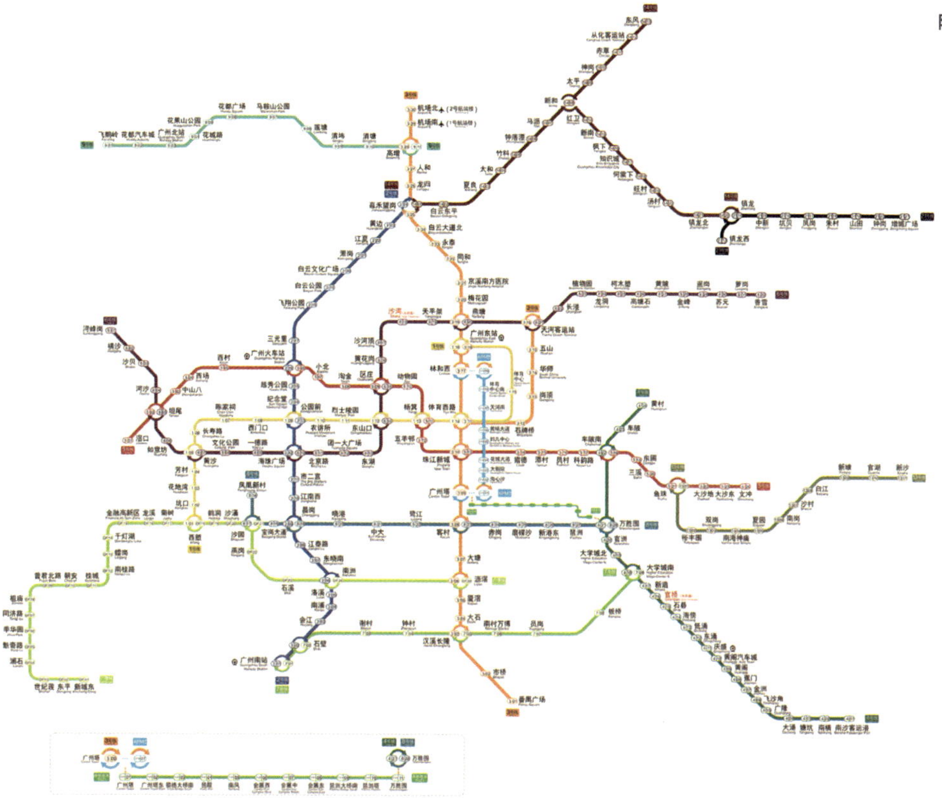

地铁

广州地铁包括地铁和珠江新城旅客自动输送系统（简称APM线），铁线网票价按里程分段计价，APM线实行票价2元的单一票制。

购票

使用羊城通普通卡、普通广佛通、全国一卡通、一日票、三日票、单程票、广州地铁乘车码、银联信用卡闪付、银联手机闪付、地铁云卡可搭乘地铁。

●地铁一日票：每张20元，不设押金，首次进闸起24小时内可无限次乘坐地铁。

●地铁三日票：每张50元，不设押金，首次进闸起72小时内可无限次乘坐地铁。

●一日票、三日票一经使用不可退票，未使用的车票可在广州地铁线网车站办理退票。

●地铁单程票：乘客可在进站车站购买单程票，或通过网络预支付后到选定的起始站取票。车票当天在购票或取票站进站乘车有效。

●乘客已在闸机上验票而未进闸的，可在20分钟内在验票站免费处理。超过20分钟乘客未进闸的，单程票作废予以回收。

●乘客每次乘车从进闸到出闸的有效时限根据线网允许的最远乘车里程、列车的速度及乘客候车、换乘所需的合理时间确定。

●乘客乘坐地铁超过有效时限的，乘客除须缴交当次车程费用以外，还须按出闸站线网单程最高票价缴交超时车费，但因广州地铁运营方面的原因导致的除外。

APP及小程序

【广州地铁官方app】可获取线网图、站点信息、客流实况、洗手间分布、失物招领、进行地铁博物馆参观预约。

【花生地铁app】可连接站内wifi，查询地铁站点信息。

微信【广州地铁乘车码】小程序，支付宝【广州地铁乘车码】可扫码购票搭乘地铁。

旅游公交

广州观光巴士·西关风情线

运营时间：09:00～17:00

途经站点：北京路步行街—城隍庙—六榕寺—光孝寺—陈家祠—荔枝湾老街—荔湾博物馆—粤剧艺术博物馆—上下九步行街—沙面—沙面欧式建筑群—西堤码头（轮渡码头）—石室圣心大教堂—海珠广场

广州观光巴士·城市新中轴线

运营时间：09:00～19:00

途经站点：广州塔总站—广州塔西广场站—中山大学—大沙头游船码头—星海音乐厅—海心沙亚运公园—广州国际金融中心—天河购物中心

广州观光巴士·千年古城快线

运营时间：09:00～17:00

途经站点：北京路步行街—天字码头—大沙头游船码头—中山纪念堂—南越王博物馆

广州观光巴士·珠江夜景线

运营时间：19:00～21:30

途经站点：北京路步行街—天子码头—大沙头码头—二沙岛—广州大桥—海心沙

广州观光巴士·中轴夜景线

运营时间：19:00～21:30

途经站点：广州塔—广州大桥—海心沙—猎德大桥

广州旅游观光1线（珠江泳场总站⇌黄埔古村总站）

运营时间：07:00～21:00

途经站点：

珠江泳场总站—中大北门西站—中大北门站—珠江广场站—广州大桥底站—新鸿花园站—赤岗塔站—广州塔东—阅江西路西站—阅江西路中站—阅江西路东站—会展公园站—阅江中路站—会展中心码头站—会展中心北站—阅江中路东站—琶洲塔站—琶洲村站—万胜围—杨青村站—黄埔村站—黄埔古村总站

广州旅游观光2线（环线）

运营时间：07:00～21:00

途经站点：

珠江新城总站（海风路）—马场路南（南国花园）—临江大道东（海滨花园）—猎德码头—海心沙公园—猎德码头—临江大道东（海滨花园）—马场路南（南国花园）—珠江公园南门—猎德5号线—珠江西路北（花城汇北）APM线—珠江西路中（花城汇中）APM线—华成路口（花城广场西）5号线—花城广场（广州大剧院南门）—市政务服务中心3号线—猎德东—珠江公园南门—珠江新城总站（海风路）

●票价：30元/人（24小时内有效）或50元/人（48小时内有效）；每张车票可免费携带1.4米以下儿童1名。

●凭车票可在运营时间内在车票制定线路的停靠站点无限次随意上下车。

●车票首次使用时，可以获赠一份都市观光旅游地图指南，一副耳机，聆听观光车内八种语言讲解。

有轨电车

运营时间 7:30～23:26

途经站点：

万胜围—琶洲塔—水博苑—会展东—会展中心—会展西—华南大桥—啤酒博物馆—猎德大桥—艺苑东路—广州塔

●广州塔和万胜围站分别接驳地铁3号线、APM线和地铁4号线、8号线。

●支持羊城通和地铁一日票、三日票。

羊城通

羊城通已覆盖广州市区内的公共汽车，电车，轮渡，水巴，地铁已开通线路，部分室内外停车场，路边泊车咪表，部分出租车、村巴等交通领域；在羊城通专用IC卡公共电话上打电话等电信领域；便利店、超市、菜市场、自动售货机都可以用羊城通刷卡消费。

●全国通用标准版羊城通卡、普通卡等，售价18元/张，不办理退卡。可在羊城通客服中心、地铁票亭、7-11便利店、全家便利店、OK便利店等购买。

●地铁站内自动充值机、服务柜台，市面部分便利店、天天洗衣店可充值。以50元的倍数充值，最高可充值500元或1000元。

●羊城通普通卡、普通广佛通、全国一卡通：一个自然月内，持同一张卡乘坐公交或地铁次数累计15次后（公交地铁乘坐次数可合并计算），从第16次开始乘坐公交或地铁均可享受票价6折优惠。

03 广州旅游信息咨询中心（截至2019年7月）

名称	地址
花城广场旅游信息咨询中心	广州市天河区花城广场靠近广州市第二少年宫东面
广州塔旅游信息咨询中心	广州市海珠区阅江西路222号广州塔东106B铺
广州新白云国际机场旅游信息咨询中心	广州市花都区机场路新白云国际机场T1航站楼A区国际到达厅9号门、B区国内到达厅12号门；T2航站楼主楼一层交通中心主通道东侧
北京路旅游信息咨询中心	广州市越秀区北京路名盛广场西门前广场南侧
广州火车南站旅游信息咨询中心	广州市番禺区南站出站层北侧通道7号廊桥下
广州火车东站旅游信息咨询中心	广州火车东站出口处（到达层2号门）附近
广州东站汽车客运站旅游信息咨询中心	天河区禺东西路43号东站汽车客运站售票大厅内
广州芳村客运站旅游信息咨询中心	广州市荔湾区花地大道中51号芳村客运站大堂左侧
越秀南客运站旅游信息咨询中心	广州市越秀区越秀南东园横路2号
流花地区旅游信息咨询中心	广州市越秀区环市西路147号、149号
白云区神农草堂旅游信息咨询中心	广州市沙太北路389号
番禺区莲花山港旅游信息咨询中心	番禺区石楼镇港前路1号莲花山港
番禺区广州南站（东广场）旅游信息咨询中心	番禺区石壁街广州南站东出口5号门
番禺区广州南站（到达厅）旅游信息咨询中心	番禺区石壁街广州南站首层15号到达口附近
从化区良口镇旅游旅游信息咨询中心	从化良口镇黄龙带路口旅游文化服务中心
从化区莲麻旅游信息咨询中心	从化区吕田镇莲麻村入口广场旁
增城区荔城街旅游信息咨询中心	荔城街金竹南路荔城文化活动中心
增城区正果镇旅游信息咨询中心	正果镇正麻路九峰山农庄对面
增城区白水寨旅游信息咨询中心	广州市增城区派潭镇北山路74号白水寨风景名胜区游客服务中心
南沙湿地景区问询中心	广州市南沙区万顷沙镇南沙湿地景区正门
南沙天后宫问询中心	广州市南沙区南沙街道天后宫景区东门
广州国际邮轮港问询中心	广州市南沙区广州国际邮轮港内
百万葵园景区问询中心	广州市南沙区万顷沙镇百万葵园景区正门
南沙客运港问询中心	广州市南沙客运港内
蕉门问询中心	广州市南沙区南沙街道蕉门公交总站

04 旅游集散中心

集散中心	地址	联系电话
广州集散中心（芳村站）	广州市荔湾区花地大道中51号	020-81405555、81505555
广州集散中心（大沙头站）	广州市越秀区沿江东路466号	020-83050858
广州集散中心（滘口站）	广州市荔湾区芳村大道西533号	020-81546139
广州集散中心（南站）	广州市番禺区钟村南站北路 广州南汽车客运站	020-39267219
广州集散中心（海珠站）	广州市海珠区南洲路182号	020-84013330
广州集散中心（东站）	广州市天河区禺东西路43号 东站汽车客运站	020-87725800、87705008、87705009
广州集散中心（流花地区站）	广州市越秀区环市西路147号、149号省汽车客运站	020-86690352
广州集散中心（越秀南站）	广州市越秀区越秀南路东园横2号	020-83833949
广州集散中心（罗冲围站）	广州市白云区增槎路251-255号	020-81999065、81991295、81991758

致谢

01 参考文献

[1] 陈代光. 广州城市发展史[M]. 广州：暨南大学出版社，1996.

[2] 黄伟宗. 珠江文化论[M]. 汕头：汕头大学出版社，2003.

[3] 陈泽泓. 广府文化[M]. 广州：广东人民出版社，2007.

[4] 司徒尚纪. 中国珠江文化简史[M]. 广州：中山大学出版社，2015.

[5] 何锦洲. 叶剑英与广州的解放[J]. 广东党史，2009，（5）：15-16.

[6] 段澜. 中国共产党第三次全国代表大会召开前后的广东党组织[J]. 经济研究导刊，2011，（21）：229-230，240.

[7] 李忠杰. 广州起义为探索中国革命新道路作出重要贡献[J]. 广东党史，2008，（1）：4-9.

[8] 彭蕙. 广州起义与中国第一个城市苏维埃政权的建立[J]. 江苏教育学院学报（社会科学版），2012，（1）：82-85.

[9] 杨林，张继焦. “凡俗”与“神圣”之间——广州中山纪念堂探析[J]. 文化遗产，2017，（4）：91-95.

[10] 刘丹枫，程建军. 中山纪念堂：一座中国固有式建筑的重读与解析[J]. 南方建筑，2016，（5）：102-109.

[11] 王浩然. 广州农民运动讲习所与马克思主义大众化[J]. 广东省社会主义学院学报，2012，（3）：95-98.

[12] 肖淑娥. 陈独秀与广州地区社会主义青年团的创建发展——兼论早期党团关系的处理[D]. 中共中央党校，2014.

[13] 李超. 中共三大与广州——兼论中共三大精神的传承[J]. 广东省社会主义学院学报，2017，（4）：89-93.

[14] 刘鹏. 省港大罢工中廉政反腐机制的构建[D]. 北京：首都师范大学，2003.

02 图片作者名录

视觉中国 / 全景网 / 摄图网 / 朱敏光 / 胡瀛斌 / 孙兰 /
陈永善 / 谭敏仪 / 林保翠 / AQUA设计 / 杨璟